本教材系国家社会科学基金重点项目"高效能治理视域下的县域营商环境优化研究"（21AZZ011）阶段性研究成果

营商环境治理概论

宋林霖　主编

·北　京·

国家行政学院出版社

图书在版编目（CIP）数据

营商环境治理概论 / 宋林霖主编 . -- 北京：国家行政学院出版社，2025.1. -- ISBN 978-7-5150-2856-9

Ⅰ.F832.48

中国国家版本馆 CIP 数据核字第 2024F3Q342 号

书　　名	营商环境治理概论
	YINGSHANG HUANJING ZHILI GAILUN
主　　编	宋林霖
责任编辑	王　莹　王　朔
责任校对	许海利
责任印制	吴　霞
出版发行	国家行政学院出版社
	（北京市海淀区长春桥路 6 号　100089）
综 合 办	（010）68928887
发 行 部	（010）68928866
经　　销	新华书店
印　　刷	北京九州迅驰传媒文化有限公司
版　　次	2025 年 1 月北京第 1 版
印　　次	2025 年 1 月北京第 1 次印刷
开　　本	170 毫米×240 毫米　16 开
印　　张	18
字　　数	275 千字
定　　价	66.00 元

本书如有印装问题，可联系调换，联系电话：（010）68929022

前　言

党的二十大报告指出，"营造市场化、法治化、国际化一流营商环境"。营商环境作为影响国家或地区经济软实力的重要因素，内涵丰富且外延广泛，既涉及市场主体准入、运营与退出等企业全生命周期的体制机制，又涵盖经济、政治、文化、社会、生态等市场经济活动所涉及的环境，其优劣直接影响市场主体的兴衰、生产要素的聚散、发展动力的强弱，是建设现代化经济体系的关键内容。当前，营商环境建设呈现出党中央和国务院高位推动、地方政府发挥自主性和首创精神、技术治理与制度治理相融合、空间布局立体式和全覆盖等特点，对加快形成国内国际双循环新发展格局、构建高水平社会主义市场经济体制、推动区域经济社会高质量发展发挥积极作用。

与此同时，国内如火如荼的营商环境改革发展实践对专业人才队伍建设提出更高要求。从规范意义上讲，营商环境治理人才是能够适应新时代国家经济治理需求，拥有政治、经济、管理、法律等专业知识、技能和能力，为推动和改善营商环境发挥积极作用的专业人才。在具体工作中，营商环境治理人才需要及时捕捉到市场动态、产业趋势等变化，同市场主体建立并保持良好关系，精准识别企业需求。国内部分高校已着手探索打造营商环境培养方向，通过开设营商环境改革、政企合作实务等课程，培养营商环境领域专业人才。但鉴于营商环境研究呈现出较为明显的学科分野，政治学、公共管理学、经济学、法学、企业管理学等学科缺少建设性理论对话，对营商环境构成要素、重点议题、评价标准等未能形成一致性看法，也未触及营商环境的本质特征，在一定程度上影响了营商环境治理人才培养的总体路径。同时，国内已经出版的营商环境著作，多偏向于案例研究、指标分析、政策梳理，无法满足教学研究等工作和实务的培养需求。

  天津师范大学国家治理研究院营商环境研究中心一直从事政府职能转变视域下的营商环境改革研究。研究团队坚持立足国内、放眼世界，先后调研走访境内外几百家政务服务中心、上千家市场主体，积极参与各层级政府部门调研，并结合实践需求和改革过程，致力于理论研究进行对话，发表的系列研究成果创新性地解释了"放管服"改革的行为逻辑和地方政府治理转型的实践规律，对营商环境改革进行破题性研究，扩宽了政治学和公共管理学科研究场域及学科间理论对话空间。2018年12月，研究团队出版《世界银行营商环境指标体系详析》，该书成为国内首部解析世界银行营商环境报告指标的著作，随后翻译世界银行《2019年营商环境报告》、《2020年营商环境报告》。本次由研究中心编写的《营商环境治理概论》，主要定位是面向高等院校教师教学和各级党校（行政学院）干部培训，力求全面完整展示营商环境在国内生成、转化、创新的全过程。

  本教材聚焦营商环境研究基本问题、中国营商环境改革方案与热点模块、营商环境改革的域外经验、营商环境改革的前瞻思考等方面展开，在具体编排过程中，力争达到内容设计全面、逻辑主线清晰、学科共融性强，不仅致力于打造高等院校师生开展营商环境研究的导读书籍，更致力于完善党员干部业务培训体系，弥补知识弱项、能力短板、经验盲区，提高党员干部胜任专项工作的专业能力和专业精神。教材出版后，研究团队将适时根据社会反响进行修订再版，以期为营商环境领域的人才队伍建设作出积极贡献。

  营商环境改革所涉及的知识体系庞大，学理研究和改革实践具有较强的发展性和动态性。本书的架构和内容尚有不完善之处，热诚欢迎广大专家和读者提出建设性批评意见。

宋林霖
于天津师范大学国家治理研究院
2024年11月

目 录

导 论 1

第一节 营商环境治理概述 2
    一、营商环境概念释义 2
    二、营商环境、投资环境、商业环境概念辨析 5
    三、营商环境治理的基本原则 6
    四、营商环境治理的重要意义 8

第二节 中国营商环境治理历程 9
    一、探索起步阶段（2013年至2017年） 9
    二、全面实践阶段（2018年至2019年） 10
    三、优化提升阶段（2020年至今） 10

第三节 营商环境治理的构成与范畴 11
    一、政务环境 11
    二、市场环境 12
    三、法治环境 12
    四、政策环境 13

第四节 营商环境治理的理论基础 14
    一、政府规制理论 14
    二、交易成本理论 15
    三、协同治理理论 16

第五节 营商环境治理研究 17
    一、营商环境治理研究的必要性 17

二、研究对象与研究范畴 ………………………………………… 18
　　三、营商环境治理研究方法 ……………………………………… 19
　　四、营商环境治理研究展望 ……………………………………… 20
　复习与思考 …………………………………………………………… 22

第一章　营商环境评估 ……………………………………………… 23

　第一节　世界银行营商环境评估体系的概述 ……………………… 24
　　一、世界银行营商环境评估的发展历程 ………………………… 25
　　二、世界银行新旧营商环境评估体系的变化 …………………… 28
　第二节　B-Ready 营商环境评估指标体系 ………………………… 30
　　一、市场准入（business entry）………………………………… 31
　　二、获取经营场所（business location）………………………… 33
　　三、市政公用基础设施报装（utility services）………………… 36
　　四、雇用劳工（labor）…………………………………………… 39
　　五、获取金融服务（financial services）………………………… 42
　　六、国际贸易（international trade）…………………………… 45
　　七、税收（taxation）……………………………………………… 47
　　八、争端解决（dispute resolution）……………………………… 49
　　九、促进市场竞争（market competition）……………………… 52
　　十、办理破产（business insolvency）…………………………… 54
　第三节　国内外营商环境测评 ……………………………………… 56
　　一、专项评估指标 ………………………………………………… 56
　　二、综合性指标涵盖营商环境 …………………………………… 58
　　三、营商环境细化性指标 ………………………………………… 59
　　四、国内营商环境指标的聚焦 …………………………………… 60
　复习与思考 …………………………………………………………… 62

第二章　政务营商环境治理 ………………………………………… 63

　第一节　政务营商环境概述 ………………………………………… 66

  一、政务营商环境释义 66
  二、政务营商环境建设的范畴 67
  三、政务营商环境建设的必要性 67
 第二节 政务营商环境治理重点 68
  一、标准化改革 68
  二、服务设施 74
  三、政务流程 75
  四、服务评价与反馈 79
 第三节 政务服务组织制度改革 80
  一、政务服务大厅建设 81
  二、政务服务中心建设 82
  三、行政审批局模式 83
 第四节 政务服务技术应用场景 84
  一、互联网＋ 85
  二、大数据技术 88
  三、人工智能 91
复习与思考 94

第三章 产业营商环境治理 95

 第一节 产业营商环境概述 96
  一、产业营商环境释义 96
  二、产业营商环境的研究对象 98
  三、产业营商环境建设与政府治理 100
 第二节 产业营商环境治理重点 101
  一、产业集聚与发展 101
  二、产业更新与转型 104
  三、新兴产业培育和监管 105
 第三节 产业政策制定与评估 108

　　　　一、产业政策实施的前提和作用渠道 …………………………… 108
　　　　二、我国产业政策的制定 ………………………………………… 110
　　　　三、产业政策绩效评估 …………………………………………… 111
　　第四节　招商引资与地方产业培育 …………………………………… 112
　　　　一、招商引资与政府经济职能履行 ……………………………… 112
　　　　二、优化营商环境视域下的招商引资模式转变 ………………… 113
　　　　三、产业链招商 …………………………………………………… 114
　　第五节　产业园区管理 ………………………………………………… 116
　　　　一、产业园区管理释义 …………………………………………… 116
　　　　二、数字时代的产业园区发展与转型 …………………………… 118
　　复习与思考 ……………………………………………………………… 120

第四章　数字营商环境治理 …………………………………………… 121

　　第一节　数字营商环境概述 …………………………………………… 122
　　　　一、数字营商环境释义 …………………………………………… 122
　　　　二、数字营商环境特征 …………………………………………… 124
　　　　三、数字营商环境建设与政府改革 ……………………………… 126
　　第二节　数字营商环境治理重点 ……………………………………… 128
　　　　一、数字市场准入 ………………………………………………… 129
　　　　二、数字基础设施 ………………………………………………… 130
　　　　三、数据开放共享 ………………………………………………… 132
　　　　四、数据监管规范 ………………………………………………… 134
　　第三节　健全数字营商环境法律体系 ………………………………… 135
　　　　一、完善数据治理规则 …………………………………………… 135
　　　　二、灵活调整监管制度 …………………………………………… 137
　　　　三、优化平台治理规则 …………………………………………… 138
　　第四节　构建数字营商环境评估体系 ………………………………… 140
　　　　一、数字营商环境国际评估指标 ………………………………… 140

二、数字营商环境中国评估指标 …………………………………… 144

　　三、科学优化数字营商环境评估 …………………………………… 146

复习与思考 ………………………………………………………………… 148

第五章　市场监管　149

第一节　市场监管与市场综合监管 ………………………………… 150

　　一、市场监管的产生 ………………………………………………… 150

　　二、市场监管释义 …………………………………………………… 153

　　三、市场监管的原则 ………………………………………………… 154

　　四、市场监管的主体与范畴 ………………………………………… 155

第二节　我国市场监管体制 …………………………………………… 156

　　一、市场监管部门组织框架 ………………………………………… 156

　　二、市场监管部门基本职能 ………………………………………… 158

　　三、市场监管干部队伍建设 ………………………………………… 160

第三节　市场监管的治理重点 ………………………………………… 163

　　一、市场准入制度改革 ……………………………………………… 163

　　二、反垄断监管 ……………………………………………………… 165

　　三、市场秩序规范 …………………………………………………… 168

第四节　现代市场监管的改革趋势 …………………………………… 170

　　一、深化综合执法体制改革 ………………………………………… 170

　　二、创新丰富市场监管工具 ………………………………………… 172

　　三、完善多元市场监管路径 ………………………………………… 174

复习与思考 ………………………………………………………………… 176

第六章　新型政商关系　177

第一节　政商关系概述 ………………………………………………… 178

　　一、政商关系释义 …………………………………………………… 178

　　二、我国政商关系的演进逻辑 ……………………………………… 179

第二节 我国政商关系改革的重要经验 …… 184
- 一、集体经济改革优化供销体制 …… 184
- 二、个体与私营企业发展推动审管关系变化 …… 185
- 三、工会与工商联建立化解劳资矛盾和保障商人权益 …… 186
- 四、公司制改革完善企业经营机制 …… 187
- 五、商品经济机制改革适配价值与价格规律发展 …… 187

第三节 新型政商关系的建构逻辑 …… 188
- 一、基于政治逻辑的新型政商关系建设 …… 188
- 二、基于行政逻辑的新型政商关系建设 …… 190
- 三、基于市场逻辑的新型政商关系建设 …… 192

第四节 亲清政商关系的构建 …… 193
- 一、坚定非公有制经济的重要作用 …… 193
- 二、维护非公有制的经济地位与正当利益 …… 195
- 三、完善政商交往的制度基础 …… 197
- 四、营造优良的社会文化氛围 …… 199

复习与思考 …… 200

第七章 地方营商环境治理创新 …… 201

第一节 地方营商环境治理创新概述 …… 204
- 一、政府创新与营商环境治理创新 …… 204
- 二、地方营商环境治理创新的动力 …… 205
- 三、营商环境治理创新的特征 …… 207
- 四、营商环境治理创新的行动逻辑与主要内容 …… 208

第二节 地方政府营商环境治理创新的典型经验 …… 210
- 一、浙江"最多跑一次"改革 …… 210
- 二、行政审批局模式的地方探索 …… 213
- 三、西南五省政务服务"跨省通办" …… 216

第三节 持续推进地方营商环境治理创新 …… 218

一、完善营商环境治理创新的组织制度保障 …………………… 218
　　二、建立营商环境治理创新的学习互鉴文化 …………………… 218
　　三、建立营商环境治理创新的良性府际关系 …………………… 219
　　四、完善营商环境治理创新的多元参与机制 …………………… 220
　复习与思考 …………………………………………………………… 220

第八章　营商环境治理的域外经验 ………………………………… 221

　第一节　新西兰营商环境 …………………………………………… 222
　　一、新西兰营商环境治理概述 …………………………………… 223
　　二、新西兰营商环境治理的典型举措 …………………………… 224
　　三、新西兰营商环境治理经验评述 ……………………………… 229
　第二节　新加坡营商环境 …………………………………………… 230
　　一、新加坡营商环境治理概述 …………………………………… 230
　　二、新加坡营商环境治理的典型举措 …………………………… 231
　　三、新加坡营商环境治理经验评述 ……………………………… 236
　第三节　美国营商环境 ……………………………………………… 237
　　一、美国营商环境治理概述 ……………………………………… 237
　　二、美国营商环境治理的典型举措 ……………………………… 241
　　三、美国营商环境治理经验评述 ………………………………… 243
　第四节　俄罗斯营商环境 …………………………………………… 243
　　一、俄罗斯营商环境治理概述 …………………………………… 244
　　二、俄罗斯营商环境治理的典型举措 …………………………… 246
　　三、俄罗斯营商环境治理经验评述 ……………………………… 248
　复习与思考 …………………………………………………………… 249

结语　迈向中国特色、国际一流营商环境的战略思考 …………… 250

　一、科学认识中国营商环境改革创新的基本定位 ………………… 250
　二、全面把握中国营商环境改革路径上的转型特质 ……………… 251

三、切实增强建设国际一流营商环境的行动自觉 ………… 253

四、大力弘扬企业家精神是推动营商环境持续良性
发展的重要支撑 …………………………………… 254

参考文献 …………………………………………………… 256
附录　首批在全国复制推广的营商环境创新试点改革举措清单 ……… 266
后　记 ……………………………………………………… 275

导　论

学习目标

1. 掌握营商环境的基本内涵与外延。
2. 熟悉营商环境治理基础理论。
3. 了解营商环境治理的基本原则。
4. 熟悉营商环境改革的重点任务。
5. 了解营商环境改革与研究中的前沿问题。

案例导入

杭州市钱塘区"六链融合"机制助力优化营商环境[①]

一粒创新药从实验室研制到进入临床试验阶段，是一个漫长的过程。

位于浙江省杭州市钱塘区的杭州医药港，像一块磁石吸引着全球各地的生物医药企业陆陆续续来到这里。2021年以来，平均一个工作日就有一家生物医药企业在此落户，全球十大药企中有7家在钱塘区落地。

艰难的生物医药创业之路，因为钱塘区能给企业带来"增值"的政务服务而有了更多保障。针对生物医药产业技术门槛高、人才密集度高、资金投入大等特点，钱塘区探索推动创新链、产业链、人才链、政策链、金融链、服务链"六链融合"改革。"杭州医药港的全链条服务，给我们的研究、审批、生产等环节带来极大便利。"当地一家药企的相关负责人说。

如产业链方面，钱塘区为临床前研究阶段提供了动物实验中心。在产业

[①] 参见施力维《25项最佳实践案例为浙江改革提供思路——营商环境新赛道上，怎样跑出加速度》，《浙江日报》2023年7月12日。

化生产环节，园区引进了药明生物、澳亚生物等头部企业，为企业提供专业化定制研发、生产服务；金融链方面，钱塘区建立规模达50亿元的产业基金，并以此撬动了19个知名投资基金。受益于全链条服务，在生物医药领域钱塘区已有20家上市和拟上市企业、30家"独角兽"和"准独角兽"企业。

钱塘区"六链融合"改革实践背后，是一次跨部门、跨层级、跨领域、跨系统、跨业务的系统性变革。营商环境改革，正从过去的局部探索、破冰突围到系统集成、全面深化转变。从此次营商环境最佳实践案例中，大多有这种"多跨协同"的特征，并不断释放改革叠加效应。

思考：为什么地方政府高度重视营商环境建设？

第一节 营商环境治理概述

营商环境是市场主体生存发展的土壤，是决定企业进入市场的"吸引度"、企业开办运营的"高效度"、企业长久发展的"可持续度"的关键因素。营商环境治理已成为目前受到国内外广泛关注的改革议题。在国际上，世界银行自2003年起每年都发布一份营商环境报告，对全球各经济体的营商便利度进行量化评估和排名，引起世界各国的关注，成为影响各国政府改革议程和企业投资预期的重要参考。近年来，随着优化营商环境改革的不断推进，营商环境治理研究受到学术界和实务界的重视，对相关理论和实践问题进行了深入探讨。

一、营商环境概念释义

营商环境是影响市场主体活动的各种制度性安排，包括体制机制、法律法规、规则程序。营商环境直接影响市场主体的成长、创新和发展，以及就业机会、生产效率、投资信心等，最终对经济发展和民生改善产生影响。关于营商环境的具体内涵，学术研究和实务工作中未形成统一的定义。世界银行将营商环境定义为企业无法控制的一系列条件，这些条件对企业整个生命周期中的行为有着重大影响。

在理论研究中,经济学领域着重从与企业密切相关的外部要素进行探讨,将营商环境看作一个动态有机的系统,即营商环境是商事主体从事商事组织或经营行为的各种境况和条件。作为制约投资行为的客观条件,营商环境主要包括经济政策的明确性、要素供给的支撑性、政府服务的便利性、法治体系的完备性、要素资源的流动性、市场体系的公平性及市场准入的统一性。[①]因此,国内营商环境改革,必须合理放宽束缚企业经营发展的制度性限制。在其中,改善产权保护、加大合同执行力度、缓解融资约束等方面是关键议题。法学领域认为,营商环境指向政府和市场关系的法律调整,需从经济法视角加以解析。新时代我国法治政府建设与营商环境改善在转变政府职能、推进政务公开、推行"权责清单"制度、促进公众参与、加强诚信政府建设、构建高效反腐败机制、建设服务型政府等方面取得了重大进展,但在不少领域不少方面也还存在进一步改善和优化的空间。[②] 行政管理学领域认为,营商环境在一定程度上反映着政府治理能力的高低,是经济社会可持续发展的关键影响因素。作为一种具有制度特征的公共产品,营商环境的建设过程也是一个公共治理过程,政府是营商环境最主要的治理主体。[③] 营商环境治理中的政府责任包括从顶层设计到地方政策落地的自上而下的实践逻辑、从地方政府改革试点到中央政府总结推广自下而上的实践逻辑及地区间对标先进的横向实践逻辑。[④]

结合上述研究成果,营商环境内涵有狭义和广义之分。狭义上,将营商环境领域限定在市场主体准入、生产经营和退出等活动中涉及的各种制度规则。例如,世界银行营商环境报告设计的指标体系,从可量化、可对比、可竞争和可改革的角度,覆盖了影响企业生命周期10个领域的监管制度,即开

---

① 张威:《我国营商环境存在的问题及优化建议》,《理论学刊》2017年第5期。
② 姜明安:《新时代法治政府建设与营商环境改善》,《中共中央党校(国家行政学院)学报》2019年第5期。
③ 娄成武、张国勇:《治理视阈下的营商环境:内在逻辑与构建思路》,《辽宁大学学报(哲学社会科学版)》2018年第2期。
④ 郭燕芬、柏维春:《营商环境建设中的政府责任:历史逻辑、理论逻辑与实践逻辑》,《重庆社会科学》2019年第2期。

办企业、办理施工许可、获得电力、登记财产、获得信贷、保护少数投资者、纳税、跨境贸易、执行合同、办理破产。这些领域的制度规则是代表性的，而不是全部。广义上，除了上述所指领域外，还包括宏观性的、非制度性的影响要素，如瑞士洛桑国际管理发展学院发布的《全球竞争力报告》，评估指标包括宏观经济、市场规模、基础设施、行政制度、金融市场、人才、创新、环境、教育、科技等领域，具有综合性，几乎涵盖了影响综合竞争力或发展环境的各个方面。

从国内相关研究和实践看，大多是从狭义上来理解营商环境涵盖领域的，同时又加入了一些符合我国国情的制度改革领域，覆盖范围更广些。例如，国家发展改革委研究组织的营商环境试评估，对标国际、立足国情，在借鉴世界银行营商环境报告10个衡量领域的基础上，叠加了反映城市投资吸引力、高质量发展等领域制度建设的评估指标。北京、上海等地推出的优化营商环境改革方案，在对标国际先进的同时，增加了投资、贸易、创新、人才、信用等制度改革领域。国务院《优化营商环境条例》针对我国营商环境存在的短板和问题，对标国际先进水平，增加了市场主体保护、信用体系、企业注销、公用事业办理等制度改革领域，更加适应我国改善营商环境的需要。[①]

因此，从性质上看，营商环境属于一种制度性环境。如企业开办要注册登记、企业融资要抵押担保、企业破产要清理债权债务，都属于市场主体活动中应当遵循的制度规则。为此，市场主体需付出经济、时间和机会等成本，即所谓制度性交易成本。从领域上看，营商环境涉及市场主体准入、生产经营和退出等企业生命周期全过程和各个领域。如市场主体的创业活动，必然涉及开办企业领域的办事制度：市场准入条件、政府办事流程、监管规则及相关法律规定等。从作用上看，营商环境事关企业兴衰、生产要素聚散、发展动力强弱。某一特定区域优质的营商环境往往成为市场主体高质量发展的重要驱动因素。总之，营商环境是涉及市场主体准入、运营与退出等企业全生命周期的体制机制及其所涵盖的政治、经济、社会、生态等市场经济活动

---

① 沈荣华：《优化营商环境的内涵、现状与思考》，《行政管理改革》2020年第10期。

外在环境的总称。

在此意义上，本书认为，营商环境治理主要体现为以政府为代表的公权力主体，有效整合司法机关、社会组织、中介机构、金融机构、公用事业单位、市场主体等各类主体资源，通过优化涉企政策法规和完整治理工具组合，持续降低制度性交易成本，为市场主体提供公平、透明、可预期的良好发展环境，助力经济高质量发展。国内经济步入新发展阶段，营商环境治理已成为各级政府高效履行经济治理职能的重要体现。

二、营商环境、投资环境、商业环境概念辨析

"营商环境"（business environment）、"投资环境"（investment climate）、"商业环境"（commercial climate）是在学术研究和调查报告中经常交叉使用的一组词汇，它们语义范畴大体相同，其差异主要体现在这些语词在不同语境中所覆盖的环境侧面。

"投资环境"主要是指在特定时期内，不同地区或行业对投资者在资金投入、回报预期、政策优惠等方面的综合吸引力，侧重评估各国对外商直接投资（foreign direct investment）综合政策效果。投资环境与市场投资风向、投资回报率、银行利率、政策匹配度、扶持力度等短期阶段性因素密切相关，受到当前市场投资风向、投资回报率、银行利率、政策匹配度、政府扶持力度等多方面因素的影响。这些因素通常具有明显的阶段性和时效性，也就是说，它们可能会随着时间的推移和经济环境的变化而发生变化。

"商业环境"是商业行为（活动）的一部分，侧重反映企业在当地经营过程中要素供给完备性、市场竞争秩序、商业文化氛围、商业风险类别等社会综合因素。商业环境对商业经营的影响巨大，一个真实有效的商业环境能针对商品性质、人文属性、周边环境及美学形式加以全面考虑，其所呈现的是带有明显商业诉求的思维形式。在加快营造推动消费升级的良好生态，发挥消费对经济增长驱动作用时代背景下，一流的商业环境能够对商品与需求做出合乎逻辑的诠释，引导消费者进行消费，甚至对包括社会环境、经济环境、全球环境等各种影响商业开展的因素产生助推作用。

上述关于"营商环境""投资环境""商业环境"在语用学上的区分并不绝对，仅是对概念使用的规范性作精细化的界定。一些境内外研究机构，在各类调查报告中有时也存在交替使用上述概念的现象。如在毕马威（KPMG）、德勤（Deloitte）、普华永道（PWC）、贝克·麦坚时（Baker Makenzie）等国际会计师事务所、律师事务所撰写的营商环境国别报告中，"营商环境"等同于"商业环境"；而在美国商务服务局发布的《美国企业营商国别指南》中，"营商环境"等同于"投资环境"。①

三、营商环境治理的基本原则

合法性、透明性、责任性、法治性、回应性和有效性构成公共事务善治标准的评估体系，也始终是政府高效能治理的目标追求。优化营商环境作为各经济体吸引域外资本的重要方式，始终是政府调节经济活动的重要发力点，也一直在寻求科学规范的改革目标指向。市场化、法治化、国际化分别表征营商环境治理的核心动力、规约方式和外部势能，三者间呈现目标一致、相向而行、彼此借力的态势，成为营商环境改革的基本原则。

一是市场化。市场化一直都是营商环境改革的基准线。市场化营商环境是指以政府为代表的公共部门为保障市场主体平等权利和市场在资源配置中的决定性作用而提供的体制机制性因素和条件。市场化行动逻辑注重围绕政府、市场、企业三元主体及其互动与合作而展开。具体而言，聚焦市场准入畅通、市场竞争充分、市场退出便利等环节，完善统一开放的"大市场"体系，为各类所有制企业打造一视同仁、公平竞争的市场环境。早期市场化改革较多依靠各类政府政策的推动，也就是发挥政策文本指向性、具体性较高的优势，依托自上而下的执行机制在短时间内达到预期成果，但政策稳定性和连续性方面较差，且合法性程度较低，无法起到固化改革成果的作用。因此，市场化营商环境改革过程中必须寻求一种稳定性强的规约机制。

二是法治化。法治化营商环境是指营商法律制度的完备程度，包括法律

---

① 张志铭、王美舒：《中国语境下的营商环境评估》，《中国应用法学》2018年第5期。

法规健全，法律面前各类市场主体一律平等，政府依法行政、市场监管统一，依法保护企业权益，司法保护公正等。法治化营商环境需要遵循的标准，主要体现在以下几个方面。第一，营商结果的可预测性。市场主体或者营商主体进行投资和生产经营，需要清醒、准确地意识到投资、生产经营的结果，这样才能够下定决心去开展相关的生产经营活动。如果一个地区的营商环境使市场主体无法判断投资的效益，这说明这个地方的营商环境是不理想的。第二，意思自治的广泛性。根据《中华人民共和国民法典》的规定，从事营商活动的民商事主体具有充分的意思自治，所有的生产经营活动必须由市场主体自己来做主，而不能由别人来强加，所以市场主体意思自治的广泛性就成为法治化营商环境的一个必要的条件或必需的标准。第三，权利义务的明晰性。作为一个市场主体，具有哪些基本权利，必须履行哪些义务，在特定的商事民事行为中有哪些义务、责任、权利，应当规定清楚。第四，公权干预的合规性。市场主体意思自治不是说公权力机关对市场行为绝对不能干预，而是干预一定要有限度和合规，一定是依法干预。第五，产权保护的严格性。包括财产权和知识产权，一定要严格予以保护。凡是侵犯企业产权的，都要依法予以追究；凡是产权受到侵害的，一定要给予有效的救济。第六，权益受损的可救济性。任何国家都很难绝对禁止侵权行为、不诚信的行为和损害他人利益的行为。但在一个法治国家，一个法治化的营商环境中，只要权益受到侵害，就一定能够获得有效救济。市场主体在这种营商环境下，才会安心经营、安心生产、放心投资。

三是国际化。营商环境的国际化是指营商制度安排与国际规则的相通对接程度，包括与国际衡量标准相近、与国际通行规则或国际惯例对接、涉外投资贸易开放程度等。第一，与国际接轨的经济运行方式。建设竞争、高效、规范的市场秩序，形成居于世界前列的对外开放程度，形成各种类型企业都能较为活跃且平等参与市场竞争的较好的创新环境。接轨国际规则、国际惯例，引入国际通用的行业规范和管理标准，支持企业积极参与制定国际标准。第二，开放型的新兴产业体系。紧紧追踪国际科技发展和国际产业布局调整的新趋势，加快推进产业结构调整，大力提升战略性新兴产业的科技水平和生产水平，通过改造升级把装备制造业做大做强。第三，国际化的政府运作制度。进一步理顺政府和市场关系，着力解决政府直接配置资源、管得过多过细及职能越位、缺位、不到位等问题，尽快形成以负面清单管理为核心的投资管理制度，以贸易便利化为重点的贸易监管制度，以服务实体经济发展为主的金融开放创新制度。第四，高度开放的社会文化环境。在公共安全、公共服务、文化氛围等方面形成与国际接轨的体制机制，吸引全球先进生产要素向我国集聚。加强国际社区建设，为国际人群提供良好的城市居住环境。形成多元包容的城市文化形态。建设多元开放的"文化城市"，打造国内外有影响力的文化艺术交流平台，提升城市文化品位和品质。

四、营商环境治理的重要意义

一是营商环境治理是坚持和完善中国特色社会主义制度，建立更加完善的市场经济体制，完善治理体系和提高治理效能的需要。优化营商环境要求必须处理好政府与市场关系、政府与社会关系、市场与社会关系，在关键性基础性重大改革上有突破有创新，解放、创造和保护先进的生产力，重点完善产权制度和要素市场化配置，创新政府管理和服务方式，完善市场经济法律制度，以高水平的开放推动深层次市场化改革，是体现制度优势，完善国家治理体系，增强治理能力，提高治理效能的迫切需要。

二是营商环境治理是政府精准推进供给侧结构性改革，增强发展动力和活力，持续推动经济健康发展的需要。优化营商环境是经济发展的重要条件，不仅为了宏观经济增长，也有助于以供给侧结构性改革为主线，在稳住经济基本盘的前提下，不断提高经济增长的质量，促进经济持续健康发展。这也就要求政府自身精准推进供给侧结构性改革，提供更好的公共产品和公共服务。

三是营商环境治理是维护产业链供应链安全稳定，维护国家产业和经济安全，提升国际竞争力的需要。要形成以国内大循环为主体、国内国际双循环相互促进的新发展格局，培育新形势下我国参与国际合作和竞争的新优势，必须保障产业链供应链安全稳定并提高竞争力。国际化营商环境建设，有助于增强对外资的吸引力和对现有外资企业的黏性，对冲不稳定不确定的外在环境。

第二节 中国营商环境治理历程

一、探索起步阶段（2013年至2017年）

2013年，党的十八届三中全会在《中共中央关于全面深化改革若干重大问题的决定》中首次提出"建设法治化营商环境"目标。2015年至2017年，时任国务院总理李克强连续3年在全国深化"放管服"改革电视电话会议中提到我国在全球营商环境排名中的变化，并以此来衡量国内"放管服"改革的进展，提出"营商环境就是生产力"的重要论断。2017年，习近平总书记在中央财经领导小组第十六次会议上强调要"营造稳定公平透明、可预期的营商环境"。优化营商环境成为以习近平同志为核心的党中央提出的经济发展新方略，也成为党的十九大之后"放管服"改革的新目标。

在这一阶段，中央政府不断完善简政放权，创新理念、强化监管、优化政府服务与公共服务供给的各项政策措施，以全面实现"五为"①和"六个一"②为改革新要求，持续将"放管服"改革推向纵深，改革的综合效应不断显现。探索起步阶段，国务院部门行政审批事项削减44%，非行政许可审批彻底终结，中央政府层面核准的企业投资项目减少90%，中央政府定价项目缩减80%，地方政府定价项目缩减50%以上。整体看来，"放管服"三管齐下、全面推进的格局推进了部门间的统筹协调，各级政府行政改革统筹谋划、整体推进，机构科学设置，职能合理配置，对改革中出现的不协同、不配套、不衔接问题及时应对解决。

---

① 为促进就业创业降门槛、为各类市场主体减负担、为激发有效投资拓空间、为公平营商创条件、为群众办事生活增便利。
② 企业开办时间再减一半、项目审批时间再砍一半、政务服务一网办通、企业和群众办事力争只进一扇门、最多跑一次、凡是没有法律法规依据的证明一律取消。

二、全面实践阶段（2018年至2019年）

2018年以来，国务院成立推进政府职能转变和"放管服"改革协调小组，并下设优化营商环境专题组。国务院办公厅出台《关于部分地方优化营商环境典型做法的通报》《关于聚焦企业关切 进一步推动优化营商环境政策落实的通知》等一系列政策措施。地方政府也积极行动，在放宽市场准入、扩大民间投资、鼓励科技创新、大幅减税降费等方面纷纷推出有针对性的举措。

2018年以来，按照国务院工作部署，国家发展改革委连续组织开展多批次营商环境评估，通过评估促进改革、激发市场活力，同时也为验证评估指标体系、探索评估方法、积累评估经验打下了坚实的基础。全国已有超过60个城市成为我国营商环境评估的参评城市，实现了对31个省、自治区、直辖市的全覆盖，以评促改、以评促优的积极成效正在持续显现。

世界银行发布的《2019年营商环境报告》显示，中国营商环境总体评估在全球190个经济体中已经跃居第46位，比2013年累计上升50位。其中开办企业便利度大幅度跃升至第28位，5年累计上升130位；世界银行发布的《2020年营商环境报告》显示，中国的全球营商便利度排名继2018年大幅提升32位后，2019年又跃升15位，升至全球第31位。世界银行称，由于"大力推进改革议程"，中国连续两年跻身全球优化营商环境改善幅度最大的十大经济体。

三、优化提升阶段（2020年至今）

《优化营商环境条例》自2020年1月1日起施行。该条例总结了近年来我国优化营商环境的经验和做法，将实践证明行之有效、人民群众满意、市场主体支持的改革举措用法规制度固化下来，重点针对我国营商环境的突出短板和市场主体反映强烈的痛点难点堵点问题，对标国际先进水平，从完善体制机制的层面作出相应规定。2020年5月18日，中共中央、国务院印发《关于新时代加快完善社会主义市场经济体制的意见》，对新时代加快完善社会主义市场经济体制的目标、方向、任务和举措进行系统设计，为在更高起点、更高层次、更高目标上推进经济体制改革提供行动指南。2020年7月15日，国务院办公厅印发《关于进一步优化营商环境更好服务市场主体的实施意见》指出，近年来我国营商环境明显改善，但仍存在一些短板和薄弱环节，特别是受新冠疫情等影响，企业困难凸显，亟须进一步聚焦市场主体关切，对标国际先进水平，更多采取改革的办法破解企业生产经营中的堵点、痛点，强化为市场主体服务，加快打造市场化法治化国际化营商环境。

在这一阶段，中央政府进一步简政放权，放宽市场准入，全面实施市场准入负面清单制度，清单管理措施比制度建立之初压减64%，将行政许可事项全部纳入清单管理。中央政府层面核准投资项目压减90%以上，工业产品生产许可证从60类减少到10类，工程建设项目全流程审批时间压缩到不超过120个工作日。改革商事制度，推行"证照分离"改革，企业开办时间从一个月以上压缩到目前的平均4个工作日以内，实行中小微企业简易注销制度。坚持放管结合，加强事中事后监管，严格落实监管责任，防止监管缺位、重放轻管，强化食品药品等重点领域质量和安全监管，推行"双随机、一公开"等方式加强公正监管，规范行使行政裁量权；加强反垄断和反不正当竞争，全面落实公平竞争审查制度，改革反垄断执法体制；依法规范和引导资本健康发展，依法坚决管控资本无序扩张。不断优化服务，推进政务服务集成办理，压减各类证明事项，加快数字政府建设，90%以上的政务服务实现网上可办，户籍证明、社保转接等200多项群众经常办理事项实现跨省通办。

第三节　营商环境治理的构成与范畴

一、政务环境

政务环境是优化营商环境的重中之重。《优化营商环境条例》明确提出打造优良营商环境的五个方面，"政务服务"位列其中。政务服务改革，有助于促进政商关系规范化，降低企业制度性交易成本，提升地区经济发展质量，以及增强区域竞争力。在推进高质量发展阶段，亟须从服务理念、服务设施、服务制度、服务流程、服务效能及评估标准等方面改进和优化政务服务。① 特别是现代信息技术引入政务服务改革后，"互联网+政务服务"优化营商环境存在线上驱动、线下驱动和全面融合三种组态，极大降低了行政负担、提高了行政效率。

二、市场环境

市场环境是市场经营秩序的重要体现。营造良好的营商环境必须建设良好的市场秩序，有效治理恶性竞争和不诚信行为。营商环境建设的根本目标之一是营造公平竞争的市场环境，促进民营企业，尤其是中小民营企业的健康发展，提升市场活力，最终实现经济的高质量发展。市场环境强调对各类企业一视同仁、平等对待，企业无论大小，属于何种类型，在市场经济活动中都能获得平等待遇、公平竞争，没有歧视性和差异化限制。公平性强的营商环境，可保证市场公平竞争，优胜劣汰，激发各类市场主体的活力和创造力，提高资源配置效率。近年来，从"投资环境"到"营商环境"体现了营商环境优化的演变逻辑，而公平竞争是市场经济的灵魂，是激发市场活力和创造力的内在动力，是市场力量能否发挥的关键。② 要落实公平竞争审查制度，确立竞争政策基础性地位；加快完善以负面清单为主的市场准入制度，保障各类市场主体依法平等进入负面清单以外的行业、领域和业务；反对垄断和不正当竞争，完善权利平等、机会平等、规则平等的市场环境。

三、法治环境

对优良的营商环境来说，法治是其重要内涵，稳定、公平、透明、可预

---

① 彭向刚、马冉：《政务营商环境优化及其评估指标体系构建》，《学术研究》2018年第11期。
② 姚雷：《营造促进企业家公平竞争诚信经营的市场环境》，《人民论坛》2019年第9期。

期是其重要特征，而法治又是稳定、公平、透明、可预期的重要保障。① 对我国而言，在经济实现转型升级、迈向高质量发展的新时代，法治化建设是当前我国优化营商环境的重点和难点，亟须打造良好的法治化营商环境以提升国家竞争力。法治环境是贯彻落实全面依法治国基本方略的要求，有助于稳定企业和社会预期，促进经济和社会长远发展，② 除了要构建相关的法律制度规范外，还应在法律制度落实、依法行政和各种所有制经济产权保护、完善法律维权服务、强化营商法律文化等方面做出更多的努力。优良营商环境需要公平正义的法治环境"护航"，③ 改善监管是世界银行发布营商环境报告的主旨之一，以加大对中小投资者保护为重点全面提高营商法治化水平是进一步优化我国营商环境的主要路径之一。

四、政策环境

"优化民营企业发展环境，破除制约民营企业公平参与市场竞争的制度障碍，依法维护民营企业产权和企业家权益，从制度和法律上把对国企民企平等对待的要求落下来，鼓励和支持民营经济和民营企业发展壮大，提振市场预期和信心。"④ 不断推动民营经济高质量发展，离不开良好的政策环境。一方面，当前全球经济增速放缓和产业链重构、主要经济体宏观政策调整等带来不确定性因素，需要通过提升政策的稳定性、连续性和可预期性，稳定民营企业的预期，增强企业家信心；另一方面，随着我国经济转向高质量发展阶段，政策创新所带来的发展环境和条件的改善能够成为经济持续增长的动力源泉，科学合理的政策设计可以极大地释放和激发民营经济的活力和潜力。

---

① 李洪雷：《营商环境优化的行政法治保障》，《重庆社会科学》2019年第2期。
② 陈伟伟、张琦：《系统优化我国区域营商环境的逻辑框架和思路》，《改革》2019年第5期。
③ 马相东、王跃生：《新时代吸引外资新方略：从招商政策优惠到营商环境优化》，《中共中央党校学报》2018年第4期。
④ 《习近平在看望参加政协会议的民建工商联界委员时强调　正确引导民营经济健康发展高质量发展》，《人民日报》2023年3月7日。

第四节　营商环境治理的理论基础

一、政府规制理论

政府规制政策先于宏观经济政策，政府规制理论滞后于宏观经济理论。发达国家政府规制政策始于19世纪中叶，政府规制系统理论成形于20世纪70年代末80年代初。1848年，约翰·斯图尔特·穆勒等经济学家开始研究自然垄断和经济规制问题，认为政府应对微观经济领域进行经济规制。美国政府认可了他们的观点，1887年美国国会通过《州际商业法》，并根据该法成立州际商业委员会。这是美国历史上第一个独立的联邦经济规制机关，负责对洲际铁路运输进行规制。随后，政府加强微观规制的政策延续数十年，但政府规制的理论研究却长期裹足不前，直到20世纪70年代末80年代初才形成系统理论。

政府规制理论主要分为两大类：强化政府规制和简化政府规制。20世纪30年代至70年代，强化政府规制理论占主导地位。20世纪30年代的经济大萧条使人们从自由经济转向政府干预，主张加强政府规制，直至20世纪70年代，发达国家政府都致力于扩张政府经济规制范围、制定强化规制政策。20世纪70年代，发达市场经济国家先后陷入滞胀困境，经济学家们重新审视政府规制政策，出现了主张放松政府规制的理论。20世纪80年代以后，简化政府规制的理论观点和政策主张逐渐被一些国家政府所接受，美国、英国、日本和韩国先后开始了简化规制的改革，明显地改变了市场结构和价格结构，提高了受规制产业的竞争力和效率，促进了产业结构调整和经济的发展。

我国学术界对政府规制理论和政策的研究经历了三个阶段。第一阶段是20世纪80年代末至90年代初的政府规制理论引进阶段。学术界开始翻译介绍国外的政府规制理论和著作。第二阶段是20世纪90年代中后期的研究国内垄断产业阶段。学术界开始用从国外引进的政府规制理论研究中国垄断产业的问题，主要集中于民航、电信、电力等部门的政府规制政策。第三阶段是本世纪初至今的政府规制研究拓展阶段。学术界对政府规制理论研究的领域逐渐扩大，成果日益增多。

规制通常被认为是政府及其部门在建立系统性的监管体制时，所进行的一种资源调控和制度安排。这一调控和安排包含两个特征：其一，总是建立在一系列社会所肯认的重要规则之上；其二，经常存在一个同时具备监督和执行功能的专门的公共机构。规制理论在发展过程中，正在逐渐吸纳非政府主体作为规制者的情形，并且越来越将规制看成一种动态的调控机制，而非静态的规则体系。近年来，规制这一概念在内涵和外延上均被不断扩张，这种扩张的背后，是对治理概念的全新理解，即治理包含了对人之行为的综合性控制，无论该行为是由公主体抑或私主体做出的，也无论该行为是依据公法抑或私法机制做出的。政府规制指的是为克服市场失灵带来的社会和经济弊端，政府运用法律、法规、规章等，对微观经济主体的不完全公正的市场行为进行直接的控制和干预。较为广泛的规制，是指依据一定的规则，对构成特定经济行为的经济主体的活动进行规范、引导和限制的行为。

二、交易成本理论

以往的经济学没有考虑到交易成本，或者说假设交易费用为零，这是不现实的。20世纪30年代，罗纳德·科斯率先在"生产成本"之外提出"交易成本"的概念。在科斯看来，收集价格信息、准备交易合同、协商并签订合同等市场活动都需要成本，这一成本被称为交易成本。他的核心观点是：通过建立非市场机制即能进行内部交易的组织，可以大幅降低交易成本。基于上述理由，出现了以权威关系和层级控制为特征的经济组织——企业。一般来讲，交易成本的构成至少包括：搜寻（产品价格、质量、合作者、代理人、生产要素等）成本、协商谈判成本、签约成本、监督成本、维护与执行成本、保护性成本等。在交易成本如何测量方面，威廉姆森利用各种经济制度安排来测算交易成本；K. 阿罗认为交易成本就是运行经济系统的费用；诺斯将交易成本定义为测量正在用于交换的有价值属性的成本及监督和履行协议的成本；张五常主张将交易成本视作制度成本。众所周知，企业的生产经营活动包含生产经营性活动和非生产经营性活动两种。其中，生产经营性活动包括企业日常的生产、经营和管理工作及研发、专利申请等创新活动；非生产经营性活动是指企业的生产经营之外，与政府之间的来往活动，如公关、招待等活动。部分企业加大对非生产经营性活动的投入，主要是因为在其生产经营过程中，政府扮演着十分重要的角色。与其他企业相比，政企关系密切的企业无论在融资，还是获取政府资源等方面均具有明显的优势，也较易获取政策变更的相关信息，并在政策执行过程中获得一定的特惠，这种现象直接成为政商关系异化的根源。这也直接引出了交易成本的另一重要构成——制度性交易成本。

制度性交易成本一直是"降成本"的重中之重，其衍生于宏观调控与微观规制相关的公共性制度，因有限理性和机会主义而产生，由主观的制度性交易成本和客观的制度性交易成本构成。与政府规制行为相关的制度性交易成本具有不易被发觉、不易量化及不易降低的特点，是未来"降成本"的重点领域。例如，我国"放管服"改革是降低与政府规制行为相关的制度性交易成本的重要手段，改革的动因在于现有的规章制度框架已经难以匹配经济发展的现实需求，不仅不能降低制度性交易成本，而且由于制度自身运转及各种投机行为等因素，导致市场准入、市场环境和市场运作等层面依旧存在着高昂的主客观制度性交易成本。

三、协同治理理论

营商环境本身是一个地区与市场主体经营活动相关的整体性体制机制。现代政府强调整体政府和整体性治理，营商环境优化也要注重系统性和协同性，坚持一体设计、整体布局和联动推进。具体而言，营商环境是一种"主体多元、要素异质、功能复杂交叉的特殊公共产品供给"。政府是营商环境供给最为重要的责任主体，在营商环境建设中起主导作用，市场主体是营商环境最直接的体验者和评判者，社会主体是营商环境的重要利益相关群体。营商环境改革协同治理包括决策协同、改革执行协同。其中，决策协同治理的主要目的是获得各主体对问题解决的参考意见，政府需通过与市场主体、社会主体凝聚共识，建立互信、理清边界，构建协作治理机制；改革执行协同治理是改革成果的体现，具体表现为纵向上发挥顶层设计的作用，实现从上到下各级政府层面的协同治理；横向上推进政府内部各部门之间、政府与市场主体之间、社会主体之间及区域政府之间的"块块"层面的协同治理，以此共建优质的营商环境。优化营商环境的协同治理，有利于防范受短期政绩和地方政府间竞争驱动影响导致的营商环境建设"专断化""碎片化""地区割裂"等趋势。协同治理过程中要解决好各主体之间的权力配置与利益归属问题，明确权力边界和利益归属，使治理主体对协同合作具有清晰的期望值，推进治理主体积极参与营商环境协同治理，实现营商环境协同治理的持续和良性运作。

第五节 营商环境治理研究

一、营商环境治理研究的必要性

一是理论价值。首先，开展营商环境治理研究有利于推进不同学科、理论话语之间的对话，在构建学术研究共同体的基础上，丰富和发展具有适应性和解释力的营商环境治理理论。其次，开展营商环境治理研究有利于深化国家经济治理规律的研究，并区分中外政治经济制度和经济发展程度不同，从理论上厘清中国特色营商环境与世界一流营商环境的张力及平衡。最后，开展营商环境治理研究有利于深化中国特色社会主义市场经济的特殊性及政府职能转变与互动方式的研究，理顺中国政府在营商环境治理中的职能作用、科学制策与精准施策、履责空间与形式、互动机制、创新扩散机制等内容。

二是实践价值。"十四五"时期，是开启全面建设社会主义现代化国家新征程的起步期，也是全面建成小康社会成果的进一步巩固期。面对推动经济社会发展再上新台阶的重要机遇和落实新发展格局的战略要求，优化营商环境具有特殊重要的实践意义。特别是坚持和完善中国特色社会主义制度，建立更加完善的市场经济体制，完善治理体系和提高治理效能的需要，处理好政府与市场关系、政府与社会关系、市场与社会关系,以及持续推动经济健康发展,维护国家产业和经济安全,提升国际竞争力都具有重要意义[①]。

二、研究对象与研究范畴

在现代市场经济体制发展进程中,经济治理围绕市场主体、市场体系、政府治理及其三者之间互动与合作而展开。相对市场主体和市场体系而言,政府在提供公共产品、治理外部性、平衡国民经济、限制垄断等方面有更大优势和作用。因此,高标准市场体系、高效能政府治理和高质量市场主体构成了优化营商环境治理和推进高水平社会主义市场经济体制建设的重点议题。

一是推进高标准市场体系建设。市场体系是市场经济体制的重要组成部分。高标准市场体系建设是适应经济高质量发展要求的必然选择和重要抓手,是市场主体竞争、创新等活力迸发的基本前提,是政府深化"放管服"改革和营造良好营商环境的市场基础,也是构成政府宏观经济治理的中间桥梁。高标准市场体系在内容上包括产品市场、产权市场和要素市场的统一体系;在空间上包括城乡、国内、国际市场统一、开放的体系;在构造上包括市场硬件(市场交易场所)和软件(市场经济规则)的完整体系。2021年1月,中共中央办公厅、国务院办公厅印发《建设高标准市场体系行动方案》,从夯实市场体系基础制度、推进要素资源高效配置、改善提升市场环境和质量、实施高水平市场开放、完善现代化市场监管机制等方面对建设统一开放、竞争有序、制度完备、治理完善的高标准市场体系作出系统性谋划,为构建高水平社会主义市场经济体制提供重要支撑。

二是实施高效能政府治理创新。政府是国家政治共同体履行其职能的组织实体,是有组织的权力系统,政府行政管理工作已广泛介入社会生活的方方面面。党的十九届四中全会指出,国家行政管理承担着按照党和国家决策部署推动经济社会发展、管理社会事务、服务人民的重大职责。当下,关于

---

① 张占斌:《"十四五"期间优化营商环境的重要意义与重点任务》,《行政管理改革》2020年第12期。

政府治理效能的讨论成为各界关注的热点话题。"放管服"改革以来,"政府改革"向"改革政府"加快转变,借助权力清单、责任清单和负面清单的设置有效框定了政府同市场主体的活动空间,积极主动为市场主体松绑、减负,推动政府职能履行方式从资源配置中的干预行为转向对市场主体进行普惠性和中立性赋能,实现增进市场信息发现和市场充分有效竞争。特别是优化营商环境目标的确立标志"放管服"改革进入 2.0 时代:改革的核心特征体现在,从服务市场角度出发,超越对行政审批事项"量"的控制,更加重视企业经营活动软环境"质"的提升。

三是加快高质量市场主体成长。市场主体是基于劳动分工和专业化的产物,是组织生产、流通、交易等市场活动的能动性竞争者。近现代以来,经商权作为商主体从事经营活动的基本权利,其本身是内生于商主体人格的一种自然权利,在一般民事主体成为商主体时就浸渗于主体的人格中。随着商事制度改革的深入推进,各地区积极实施"先照后证""证照分离""注册资本认缴登记制"改革,放宽注册资本和住所(经营场所)登记条件,实行"一照多址"、"一址多照"、住改商、集群登记等举措,为各类主体创新创业提供了重要激励政策。截至 2023 年底,登记在册经营主体达 1.84 亿户,同比增长 8.9%。其中,企业 5826.8 万户,个体工商户 1.24 亿户,农民专业合作社 223 万户。[①] 当前,我国商事主体呈现内资企业和外资企业、国有经济和民营经济、大型企业和中小企业等多种形态,不同类型企业的经营状况和盈利能力不同。以营商环境治理加快推动高质量市场主体成长应贯彻差异性理念,针对不同企业和不同行业的差异性,有的放矢、精准施策,切实破解其体制机制瓶颈和企业核心利益诉求。

三、营商环境治理研究方法

营商环境研究系统性较强,具有明显的跨学科特性,优化市场化、法治

---

① 《2023 年新设经营主体 3273 万户 持续提质扩容,结构进一步优化》,《人民日报》2024 年 3 月 14 日。

化、国际化营商环境问题研究各子课题涵盖法学、管理学、经济学等学科大类，研究方法与工具涵盖常用的社会科学基本研究方法。

本书的主要研究方法有三种。一是文献研究法，梳理营商环境、营商环境治理等相关概念，研究国内外理论流派及中国营商环境治理历程、营商环境测评、政务营商环境、产业营商环境等内容。二是比较研究法，借鉴国内外营商环境治理经验，选取新西兰、新加坡、美国、俄罗斯等国家和地区，分析域外营商环境改革举措。三是案例研究法，各章节选取相关领域经典案例进行分析，以"小切口"寻找"大问题"，提升理论与实践的结合水平。

四、营商环境治理研究展望

一是深化中国特色营商环境治理体系研究。党的二十大报告提出，中国式现代化的本质要求是："坚持中国共产党领导，坚持中国特色社会主义，实现高质量发展，发展全过程人民民主，丰富人民精神世界，实现全体人民共同富裕，促进人与自然和谐共生，推动构建人类命运共同体，创造人类文明新形态。"因此，具有中国特色的营商环境治理体系必然包含多方面特质。其一，坚持中国共产党领导。党的领导是实现"政治经济化、经济政治化"的内在要求，中国共产党作为核心因素作用于政府与市场的关系之中，形成一种特殊的资源配置和经济协调机制，通过与市场的有机结合坚持并完善了中国特色社会主义市场经济制度，使得营商环境改革中的"有为政府"和"有效市场"可以得到双重实现，为产业转型升级和建设现代化经济体系打下坚实基础。其二，政府与市场关系的核心议题。市场运行的有效性需要政府提供社会公益与公共产品等非经营性资源、实施产权保护等，政府治理的有效性需要通过政府购买公共服务等市场化手段弥补政府职能缺失，而合理确位与互融共生的有效市场与有为政府，是营商环境治理的关键。其三，营商环境治理的多元主体关系。营商环境治理涵盖区域协同、现代产业、发展要素等关键环节，其中包含府际关系、政商关系、政社关系等，而多元主体间的作用机制和治理绩效是营商环境治理效能的关键。

二是优化营商环境视域下的政府治理现代化路径。优化营商环境是坚持和完善中国特色社会主义制度，建立更加完善的市场经济体制，完善治理体系和提高治理效能的需要，也是政府精准推进供给侧结构性改革，增强发展动力和活力，持续推动经济健康发展的需要。政府是国家治理的主体之一，政府治理体系是国家治理体系不可或缺的重要组成部分，政府治理体系能否现代化，将直接影响国家治理体系和治理能力的现代化进程。因此，要实现国家治理体系和治理能力现代化，必须全面加强现代化政府治理体系建设。聚焦优化营商环境视域下的政府治理体系现代化路径，如何处理好政府与市场关系、政府与社会关系、市场与社会关系，在关键性基础性重大改革上有所突破和创新，解放、创造和保护先进的生产力，重点完善产权制度和要素市场化配置，创新政府管理和服务方式，完善市场经济法律制度，以高水平的开放推动深层次市场化改革，实现"产权有效激励、要素自由流动、价格反应灵活、竞争公平有序、企业优胜劣汰"的要求，是本书拟解决的关键问题。

三是区域营商环境治理中的府际协作与创新扩散。着眼未来，要重点研究府际关系对区域营商环境治理绩效和创新扩散的影响。在我国营商环境建设过程中，自上而下和自下而上的实践逻辑并行，既有从顶层设计到地方改革的过程，也有从地方试点改革到中央总结推广的过程，同时也包括地方政府间对标先进的模仿创新。一方面，随着信息化发展，地区之间的信息交流更加便捷和充分，一个地区的营商环境推进创新信息能够更加便捷地被其他地区获取，由于同一层级不同地方政府之间存在竞争关系，获取信息的一方会积极跟进竞争对手的政策改革和创新，形成政府营商环境建设的横向模仿实践逻辑；另一方面，由于历史、地理位置、政策和制度供给等原因，地方政府营商环境建设的价值导向、工具选择存在差异，表现在发达地区与欠发达地区营商环境治理效果上。因此，需要通过府际间创新扩散来实现营商环境治理的均衡发展。

复习与思考

1. 如何理解营商环境治理的基本内涵与范畴？
2. 中国营商环境治理遵循何种行动逻辑？
3. 营商环境治理基本理论包含哪些内容？
4. 为什么高标准市场体系、高效能政府治理和高质量市场主体构成了优化营商环境治理和推进高水平社会主义市场经济体制建设的重点议题？

第一章　营商环境评估

学习目标

1. 了解世界银行营商环境评估的由来及发展历程。
2. 掌握世界银行营商环境评估指标体系的主要内容。
3. 熟悉中国营商环境评估基本情况。

案例导入

贵州省营商环境的第三方评估[①]

营商环境已成为衡量一地乃至整个国家发展竞争力的重要指标之一。当前，各级地方政府意识到营商环境的重要性，在发展观念上也从"比拼GDP"转向"比拼营商环境"。为精准了解营商环境建设的总体水平、存在问题及改进方向等，科学合理开展营商环境评估既是对营商环境优化成效的有效检验工具，也是及时制定有针对性的改革举措挖掘改革潜力、解决企业关心的难点堵点问题增强改革活力的关键内容。

2017年以来，贵州省投资促进局委托厦门大学、贵州财经大学等第三方主体评估贵州省营商环境，经过连续6年开展年度营商环境评估，不断探索完善指标体系、优化评估方法，成功将世界银行营商环境评估指标本土化，制定出符合贵州实际的营商环境评估指标体系和评估方法，评估公信力和影响力不断提升，成为地方政府营商环境建设和优化提升的重要参谋助手。

在2019年营商环境评估中，厦门大学和贵州财经大学分别对省级层面和

---

① 参见《贵州营商环境怎么样，看看这份第三方评估报告》，澎湃新闻，https://m.thepaper.cn/baijiahao_6273855。

9个市（州）、贵安新区、88个县（市、区、特区）开展营商环境评估工作。省级评估主要选取贵阳市、遵义市作为样本进行考察，厦门大学中国营商环境研究中心根据世界银行《2020年营商环境报告》营商环境评估指标体系和评估标准，针对开办企业、办理施工许可、获得电力、登记财产、获得信贷、保护少数投资者、纳税、跨境贸易、执行合同、办理破产共10项指标展开评估。通过深入走访和调研贵州省相关典型企业、政府部门，关注企业对营商环境的实际获得感，收集、整理相关指标的数据及问题清单，按营商便利程度进行评估、计算。

市（州）、贵安新区、县（市、区、特区）的考核评估，由贵州财经大学就全省贯彻落实《贵州省营商环境优化提升工作方案》情况走访调研了88个县（市、区、特区）的中小企业、政府机构、中介机构，并采集相关数据分析，最终获得市（州）、贵安新区、各县（市、区、特区）的营商环境便利度分数。

从各营商环境评估指标中均能看到世界银行营商环境评估的相关指标，世界银行2003年发布首份营商环境报告，该报告披露后，短短一周之内就获得7000家媒体的引用，以及同期将近40000次的下载，几乎成为唯一被广泛认可的营商环境评估指标[1]，为构建良好的营商环境树立标杆，在全球范围内推动各国经济体制的众多改革。因此，了解世界银行关于营商环境的评估体系并选取其适用于中国治理实践的内容，是中国营商环境优化治理的"术与道"。

思考：关于世界银行营商环境评估指标体系你了解多少呢？

第一节　世界银行营商环境评估体系的概述

2001年世界银行提出"加快发展各国私营部门"新战略，旨在对一个国家内部的中小企业经营情况进行考察，并组建营商环境（doing business）评

---

[1] 罗培新：《世界银行新旧营商环境评估规则及方法》，《东方法学》2023年第4期。

估小组，专门负责研究营商环境指标体系的建构，自 2003 年起发布年度《营商环境报告》，同时发布有关各国营商环境评估的分报告。①

一、世界银行营商环境评估的发展历程

1. doing business 评估。世界银行关注政府政策在国内中小型企业日常运营中的作用，并引入具有可竞争、可比较、可量化、可改革的指标衡量经济体商业监管规则，鼓励政府高效、透明和易于实施的监管，使企业蓬勃发展。营商环境报告旨在对各国中小企业进行考察，并对在企业存在周期内所适用的法律法规进行评估，通过收集并分析全面的定量数据，对各经济体在不同时期的商业监管环境进行比较。② 基于"所测即所得"的理念，营商环境评估指标涉及涵盖企业从开办、运营至破产的全生命周期，在评估过程中，世界银行根据评估中展现的问题不断完善评估指标及其指标权重。

首份营商环境报告于 2003 年发布，该报告测评涉及 133 个经济体的 5 组评估指标：开办企业、雇用工人、执行合同、获得信贷、关闭企业。③ 在世界银行营商环境评估指标体系中，指标涉及领域逐渐丰富。2005 年增加 2 组评估指标：保护投资者、登记财产；2006 年增加 3 组评估指标：跨境贸易、缴纳税费、申请许可（2009 年指标更改为办理施工许可）；2010 年增加 1 组评估指标：获得电力；2011 年减少 1 组评估指标：雇用工人（与 2020 年世界银行将政府采购这一观察指标转为正式评估指标一样，不计算到总分内）。随后，世界银行营商环境评估指标体系长期稳定设立"开办企业、办理施工许可、获得电力、登记财产、获得信贷、保护少数投资者、纳税、跨境贸易、执行合同、办理破产" 10 组评估指标。

除了一级指标的测评范围调整外，二级指标内容也逐渐优化：2004 年增

---

① 世界银行关于中国的最新报告是 2020 年 7 月 27 日发布的《中国优化营商环境的成功经验：改革驱动力及未来机遇》，具体报告详见世界银行官网。
② 宋林霖、陈志超：《中国营商环境治理：寻求技术逻辑与制度逻辑的平衡》，《行政论坛》2022 年第 5 期。
③ 宋林霖、何成祥：《优化营商环境视阈下放管服改革的逻辑与推进路径——基于世界银行营商环境指标体系的分析》，《中国行政管理》2018 年第 4 期。

加雇用灵活性指数、雇用条件指数、解雇灵活性指数、就业法律指数等；2007年在总税负计算中剔除消费税，增加雇主为劳工负担的所有税负等；2015年将"公共信贷登记机构覆盖率（借方数量占成年人口的千分比）、私营信贷社覆盖率（借方数量占成年人口的千分比）"指标更新为"信贷登记机构覆盖率（借方数量占成年人口的百分比）、信用机构覆盖率（借方数量占成年人口的百分比）"；2016年增加在单证合规与边界合规方面增加进出口耗时（小时）、进出口成本（美元）、进出口国内运输成本（美元）、进出口国内运输耗时（小时）等。

2019年10月24日，世界银行发布《2020年营商环境报告》，该报告是系列年度营商环境报告的第17期，也是世界银行营商环境"doing business"项目的最后一期报告。面向从阿富汗到津巴布韦的190个经济体，采集其最大的工商业城市（2015年起对于人口超过1亿的11个经济体采集前两位大的工商业城市）在10项一级指标、43项二级指标（见表1-1）的数据，从而得出该经济体商业监管规则的优劣等级，并进行横向与纵向排名。

表1-1 世界银行营商环境doing business评估指标体系

一级指标	二级指标
开办企业	手续（数量）、时间（天数）、成本（人均收入百分比）、最低实缴资本（人均收入百分比）
办理施工许可	手续（数量）、时间（天数）、成本（仓库价值百分比）、建筑质量控制指数（0—15）
获得电力	手续（数量）、时间（天数）、成本（人均收入百分比）、供电可靠性和电费指数透明度（0—8）
登记财产	手续（数量）、时间（天数）、成本（财产价值百分比）、土地管理质量指数（0—30）
获得信贷	合法权利力度指数（0—12）、信贷信息深度指数（0—8）、信贷登记机构覆盖率（成年人百分比）、信用机构覆盖率（成年人百分比）
保护少数投资者	纠纷调解指数（0—10）、股东治理指数（0—10）、少数投资者保护力度指数（0—10）
纳税	缴税次数（每年）、时间（小时数/每年）、总税率（商业净利润百分比）、报税后程序指数（0—100）

续　表

一级指标	二级指标
跨境贸易	出口时间：边界合规（小时）、出口成本：边界合规（美元） 出口时间：单证合规（小时）、出口成本：单证合规（美元） 进口时间：边界合规（小时）、进口成本：边界合规（美元） 进口时间：单证合规（小时）、进口成本：单证合规（美元）
执行合同	时间（天数）、成本（标的额百分比）、司法程序质量指数（0—18）
办理破产	时间（年数）、成本（资产价值百分比）、结果（0 表示资产被分割；1 表示继续运营）、回收率（收回债务占债务额的百分比）、破产框架力度指数（0—16）

2. B-Ready 评估。2021 年 9 月，世界银行决定宣布取消原先营商环境评估体系 doing business，并停止发布世界营商环境报告。2021 年 10 月至 2022 年 2 月，世界银行团队与各地专家密切磋商，编写宜商环境评估体系（business enabling environment，BEE）概念书。2022 年 2 月，世界银行公布暂命名为 BEE 的宜商环境评估新体系的"前期概念说明书"（pre-concept note）征求意见稿，向社会公开征求意见，2 月 8 日至 3 月 15 日向所有世界银行成员体、相关智库、民间社会组织、私营部门组织、学术专家广泛征求意见，收到 410 个反馈方的 2000 多条反馈意见；12 月正式发布 BEE 概念说明书（concept note），并于之后将 BEE 更名为 business ready（B-Ready）。2023 年 5 月，世界银行发布了新营商环境评估（B-Ready）的《方法论手册》和《说明及指南》作为对概念说明书的补充。世界银行营商环境评估新体系 B-Ready 的框架初步搭建完成。

根据企业的生存周期及其对市场的参与，B-Ready 将企业全生命周期的经济活动划分为 10 个主题，并将从该十大主题出发对各经济体进行评估。在开办企业阶段，分为市场准入（business entry）和获取经营场所（business location）两个指标；在企业经营阶段，使用市政公用基础设施报装（utility services）、雇用劳工（labor）、获取金融服务（financial services）、国际贸易（international trade）、税收（taxation）、争端解决（dispute resolution）、促进市场竞争（market competition）进行评价；在企业退出阶段，使用办理破产（business insolvency）进行评价。

B-Ready 对各主题的评估将分别着眼于三大支柱：立法框架（regulatory framework）、公共服务（public services）和效率（efficiency）。其中，立法框架层面关注的是企业在设立、经营和关闭的过程中必须遵守的规则；公共服务层面关注的是政府通过直接或间接方式为企业提供的有助于企业合规经营或能够促进商业活动的服务和设施；效率层面关注的是立法框架和公共服务在实践中能够产生的助力企业运营的效用。

二、世界银行新旧营商环境评估体系的变化

世界银行营商环境评估项目名称由原来的"doing business（营商环境，简称 DB）"，变为"business ready（营商环境成熟度，简称 B-Ready）"，在指标内容、评估维度、数据收集等方面均进行改良。

一是指标内容更加丰富。新的指标体系与原有体系相比（见表 1-2），删除了保护少数投资者指标，增加了雇用劳工和促进市场竞争两个指标；将办理施工许可和登记财产两个指标合并为获取经营场所指标；将获得电力指标拓展为市政公用基础设施报装。

表 1-2 世界银行新旧营商环境评估指标比较

原评估规则 （DB）指标	新评估规则 （B-Ready）指标	新问题和 B-Ready 更广泛的范围
开办企业	市场准入	市场准入规定的质量；环境可持续性；国际方面；性别方面的数据
办理施工许可、登记财产（两项指标合并为一项指标）	获取经营场所	对财产租赁和所有权的限制；环境可持续性；建筑能源效率；国际方面；性别及相关职业领域的女性代表性
获得电力	市政公用基础设施报装	电、水和互联网连接；环境可持续性；公用设施连接的安全；客户调查中的性别维度
雇用劳工（观察指标）	雇用劳工（又译为"劳动就业"）	平衡职工和企业的观点；就业服务范围；职场中的性别平等情况

续　表

原评估规则 (DB) 指标	新评估规则 (B-Ready) 指标	新问题和 B-Ready 更广泛的范围
获得信贷	获取金融服务	关于在批准商业贷款时对客户进行尽职调查及电子支付和可持续融资的规则；获得贷款的便利度；进行和接收电子支付的便利度；获得可持续融资的便利度；不同性别获得金融产品的可获得性
跨境贸易	国际贸易	商品和服务贸易监管框架和公共服务的质量；数字贸易；环境可持续贸易；贸易协定中的女性参与度和性别承诺
纳税	税收	税务部门提供的服务；环境税；税务法规的质量；女性在税务机构中的代表性
执行合同	争端解决	国际方面：更加注重替代性解决商业纠纷（ADR）、执行和公共服务；女性在司法和替代性解决机制中的代表性；诉讼中的性别平等
/	促进市场竞争	DB 不涵盖的新指标
办理破产	办理破产	关于微型和小型企业的专门诉讼；跨国界破产；破产程序的基础设施
保护少数投资者	/	已终止。"保护少数投资者"指标侧重于上市企业和大型股份制企业的良好做法，这些企业只占企业的一部分。由于 B-Ready 旨在从整体上评估营商环境，并不针对特定的企业群体，该指标不包含在 B-Ready 中

二是评估范围更加广泛。新增市场准入限制、城市规划和土地管理、物业租赁、获得环境许可、市政公用设施共享、职工权益保护、用工灵活性、公共就业服务、绿色融资、边境碳调整、电子商务监管、海关合作、税收法规稳定性和透明度、商事纠纷多元解决、竞争法规质量、电子采购、中小微企业破产程序等评估内容。另外，DB 体系原有的指标通常预先假定某一类型化企业，再评估该企业从事某一行为（如办理施工许可、办理破产）需要经历的流程、耗费的时间和产生的费用。新指标从衡量单个企业办事便利化角度，转为评估有利于私营企业整体发展的各类相关法律与政策，除了评估办事便利度之外，还要考察诸如公平竞争环境、员工保护水平、环境可持续等非量化指标。

三是评估维度更加合理。原 DB 的评估维度为监管框架及办事便利度，而 B-Ready 关注评估监管框架的完备性、评估公共服务的可及性、企业办理便利度。绝大多数指标都包含数字技术运用、促进环境可持续、性别[①]等三个维度。环境可持续维度着眼于更为长远的私营部门的发展，在 9 个指标中均有体现。例如，"获取经营场所"指标评估环境许可要求，"市政公共基础设施报装"指标则评估能源及水资源的利用效能标准，"获取金融服务"指标评估为可持续的活动获取金融服务的便利度等。

四是数据采集方式更加多样。DB 主要选择经济体中最大城市[②]通过问卷调查专业机构（律师事务所、会计师事务所、咨询机构等）来采集数据，企业数据仅限于中小民营企业。B-Ready 数据采集方式则包括法律法规梳理、专业机构调查、企业感受度调查、政府数据核验等多种途径，同时更加注重政策的实际落地成效。此外，广泛采集企业数据，既包括中小企业，也包括大型企业；既包括民营企业，又包括国有企业，还包括外资企业。数据采集渠道的丰富性，为结果可比性的提升提供了条件。另外，不再采集考量企业办事需要经历多少流程的"程序"数据，而将其吸纳进时间与成本之中。[③]

第二节　B-Ready 营商环境评估指标体系

世界银行营商环境评估指标基于对标国际、国内可比原则，B-Ready 评估指标体系包含四级指标。每个主题（topic）为一级指标，如市场准入。主题中的每个维度（pillar）为二级指标，如市场准入指标中的维度Ⅰ监管框架：

[①] 有研究关注性别对于企业发展的影响，例如，程建青、罗瑾琏、杜运周、刘秋辰：《何种女性创业生态系统产生女性高创业活跃度——基于组态视角的 fsQCA 研究》，《科学学研究》2021 年第 4 期。

[②] 实践中，最大城市基本就是国家的首都，除了澳大利亚（墨尔本）、巴西（圣保罗）、加拿大（多伦多）、德国（法兰克福）、哈萨克斯坦（阿拉木图）、荷兰（阿姆斯特丹）、南非（约翰内斯堡）、土耳其（伊斯坦布尔）、美国（纽约），等等。

[③] DB 主要采集企业办事的程序、时间与成本。

市场准入法规。维度中的每个类别（category）为三级指标，如 1.1 市场准入法规的质量规定。类别中的每个子类别（subcategory）为四级指标，如 1.1.1 公司信息备案；子类别中的组成部分为指标测评点，如必须核实并批准公司名称、必须核实企业家的身份。经统计，世界银行 B-Ready 评估体系共包括 10 项一级指标、30 项二级指标、82 项三级指标、245 项四级指标、771 个测评点。[1]

一、市场准入（business entry）

（一）指标设置背景

"市场准入"[2] 是世界银行 B-Ready 评估指标中的第一项。该指标关注企业能够正式营业之前为满足法律要求所需要承担的制度成本。有证据表明，初创企业的高成本与较低的市场准入率和较低的就业生产率有关。在规则复杂的地方企业准入准营负担较重，简单的创业流程有利于激发市场活力。通过正规注册公司，创业者便可以获得一些优势和便利，包括法院和银行提供的法律和金融服务、社会保障等。总的来说，市场准入指标用来反映当地创业的便利度，与地区的就业、经济发展、提高生产效率是息息相关的。另外，数字技术和信息透明度可以鼓励私营部门增长。数字技术的广泛应用，可以降低经营主体与政府互动的合规成本。注册企业信息的透明准确，是良好商业环境的重要组成部分，不仅为政府提供全面准确的统计数据和决策依据，也有利于市场参与者更好评估投资风险和机遇。较高的信息透明度及监管应用，有利于鼓励企业更加诚实守信。总的来说，政府合理的监管、便捷的注册流程和高度数字化，能够打造更有活力的登记注册环境，创造更多的就业机会，从而带动经济运行效率。

---

[1] 参见武汉大学营商研究课题组（DBS）翻译的《世界由农行营商环境新评估体系说明及指南》，http://jszy.whu.edu.cn/zhang_zh_CN/zzcg/416874/content/5921.htm#zzcg。

[2] Simeon Djankov, Rafael La Porta, Florencio Lopez-de-Silanes, Andrei Shleifer, "The Regulation of Entry," *The Quarterly Journal of Economics*, 2002, 117 (1): 1—30.

(二) 评估指标体系

聚焦与对应监管框架、公共服务和效率的三个评估内容，市场准入的评估指标体系（见表1-3）主要分为三个维度：(1) 市场准入法规的质量（监管框架维度）。(2) 数字公共服务的质量和信息透明度（公共服务维度）。(3) 市场准入的效率（效率维度）。

维度Ⅰ——市场准入法规的质量衡量初创企业的良好实践和市场准入限制。该组指标包含企业注册和运营的良好监管做法、市场准入法规的限制两个指标。该指标还增加了国际视角的考察维度，涵盖国内外企业[①]。

维度Ⅱ——数字公共服务的质量和信息透明度。该组指标包含企业注册和在线运营服务的可用性、企业注册和在线运营服务的互操作性、企业信息的可获得性和信息透明度。

维度Ⅲ——市场准入的效率，共包括2项四级指标。该组指标衡量企业家完成开办和正式运营企业所经历的外部审批流程所花费的时间和成本，如公司名称核准、企业注册登记、税务登记、增值税登记、雇主和雇员登记，以及其他在实际操作中并不常见但在某些经济体中所必需的步骤，如需要一般经营许可证、市政登记或第三方专业机构介入的参与。

表1-3 市场准入评估指标体系

一级指标	二级指标	三级指标	四级指标
市场准入（business entry）	维度Ⅰ——市场准入法规的质量	1.1 企业注册和运营的良好监管做法	1.1.1 公司信息备案
			1.1.2 受益所有权
			1.1.3 公司信息和受益所有权更新
			1.1.4 简单标准表格
			1.1.5 基于风险的评估
		1.2 市场准入法规的限制	1.2.1 国内企业
			1.2.2 外国公司

---

① "国内外企业"的定义将与外部专家、公民、政府和利益相关方协商后确定。

续　表

一级指标	二级指标	三级指标	四级指标
市场准入（business entry）	维度Ⅱ——数字公共服务的质量和信息透明度	2.1 企业注册和在线运营服务的可用性	2.1.1 公司和受益所有权信息的存储
			2.1.2 创业流程
		2.2 企业注册和在线运营服务的互操作性	2.2.1 公司信息交换
			2.2.2 唯一企业标识
			2.2.3 身份验证
		2.3 企业信息的可获得性和信息透明度	2.3.1 网上开办企业信息可获得性
			2.3.2 公司一般信息的可用性
			2.3.3 公司统计
	维度Ⅲ——市场准入的效率	3.1 市场准入时间	3.1.1 国内企业
			3.1.2 外国公司
		3.2 市场准入成本	3.2.1 国内企业
			3.2.2 外国公司

（三）数据来源

市场准入三个维度的数据都是通过向私营和公共部门专家协商收集的。私营部门专家包括在创业过程中工作的从业人员、律师和公证员。专家的职业考虑律师、公证人、税务顾问、会计师，专家的专业领域划定在公司注册、公司法、税务登记、国内外投资等，要了解企业设立和登记的法律法规、了解有关外商投资的法律法规、有提交新公司注册申请的经验、有申请营业执照的经验、有协助新企业遵守税务注册和银行开户等其他创业流程的经验。

二、获取经营场所（business location）

（一）指标设置背景

经营场所对企业来说非常重要，不仅决定企业获取客源的情况、原材料或产品的运输成本等，[1] 还决定企业所要面对的税收、监管要求和营商环境。

---

[1] Carlson, V., "Studying Firm Locations: Survey Responses vs. Econometric Models," *Journal of Regional Analysis and Policy*, 2000, 30 (1): 1-22.

即使是在数字时代，获得业务运营的实体空间也是其成功的关键因素。经营场所位置的好坏会对企业获得客户、运输、劳动力和原材料等产生影响，并决定企业必须遵守的税收法规、监管要求和环境承诺。为使不动产投资更加安全，企业更倾向于在产权保护力度大的经济体进行投资。当投资者和企业家获得一个新的经营场所时，这个过程通常涉及产权变更或租赁变更的许可要求。[1] 总的来说，经营场所位置优劣势、产权管理情况、产权或租赁变更的许可要求，是影响加强产权保护与吸引企业投资的重要内容。

（二）评估指标体系

获取经营场所的测评聚焦三个维度（见表1-4）：(1) 产权转让、城市规划、环境许可法规的质量（监管框架维度）。(2) 公共服务的质量和信息透明度（公共服务维度）。(3) 获得经营场所的效率（效率维度）。

维度Ⅰ——产权转让、城市规划、环境许可法规的质量衡量土地管理监管标准、对房地产租赁和所有权的限制、性别、建筑法规和环境许可的监管标准。通过与律师、公证人、建筑师和工程师进行专家咨询，可以收集这套法律指标的数据。此外，可以与熟悉房地产交易监管框架、建筑许可流程和相关环境许可（包括环境影响评估）的公职人员进行沟通。

维度Ⅱ——公共服务的质量和信息透明度衡量在线服务的可用性和房地产交易基础设施的可靠性、房地产交易服务的互操作性和信息透明度。这一事实指标的数据可以通过与房地产交易、建筑许可程序和相关环境许可相关人员进行咨询来收集。

维度Ⅲ——获得经营场所的效率衡量企业家在购买房产和获得建筑相关许可证时必须完成的不同步骤所需的时间和成本。这一事实指标的数据可以通过专家咨询收集，涉及熟悉财产转让（如律师、公证人）、建筑相关许可程序和建筑相关环境许可（如建筑师、工程师）的专业人士。

---

[1] Green, A., and C. Moser, "Do Property Rights Institutions Matter at the Local Level? Evidence from Madagascar," *Journal of Development Studies*, 2013, 49 (1): 95—109.

表1-4 获取经营场所评估指标体系

一级指标	二级指标	三级指标	四级指标
获取经营场所（business location）	维度Ⅰ——产权转让、城市规划、环境许可法规的质量	1.1 土地管理监管标准	1.1.1 产权转让标准
			1.1.2 土地纠纷解决机制
			1.1.3 土地管理制度
		1.2 对房地产租赁和所有权的限制	1.2.1 对国内企业租赁房地产的限制
			1.2.2 国内企业拥有房地产的限制
			1.2.3 对国外企业租赁房地产的限制
			1.2.4 国外企业拥有房地产的限制
		1.3 性别	1.3.1 职业参与的性别激励
		1.4 建筑法规和环境许可的监管标准	1.4.1 建筑法规标准
			1.4.2 建筑能源规范和标准
			1.4.3 分区及土地利用规划
			1.4.4 建筑中的环境许可
			1.4.5 建筑中建筑许可和环境许可的争议解决机制
	维度Ⅱ——公共服务的质量和信息透明度	2.1 在线服务的可用性和房地产交易基础设施的可靠性	2.1.1 产权转让—数字公共服务
			2.1.2 产权转让—基础设施的可靠性
			2.1.3 产权转让—覆盖范围
			2.1.4 建筑许可和环境许可—数字公共服务
		2.2 房地产交易服务的互操作性	2.2.1 产权转让的互操作性
			2.2.2 建筑许可的互操作性
		2.3 信息透明度	2.3.1 不动产信息的透明度
			2.3.2 房地产所有权的性别数据
			2.3.3 建筑许可的环境许可信息的透明度
			2.3.4 分区及土地利用的信息透明度
	维度Ⅲ——获得经营场所的效率	3.1 获得经营场所的时间	3.1.1 产权转让的时间
			3.1.2 获得建筑许可的时间
			3.1.3 获得占用许可的时间
			3.1.4 获得建筑领域环境许可的时间
		3.2 获得经营场所的成本	3.2.1 产权转让的成本
			3.2.2 获得建筑许可的成本
			3.2.3 获得占用许可的成本
			3.2.4 建筑中获得环境许可的成本

(三) 数据来源

获取经营场所维度Ⅰ和维度Ⅱ的数据是通过与私营和公共部门专家协商收集的。私营部门专家包括从事产权转让、建筑许可和环境许可领域工作的律师和从业人员。维度Ⅲ的数据是通过咨询私营部门专家和企业调查收集的。企业调查提供了企业实际的时间和成本的代表性数据，以获得入住许可证的经验。该指标有三份调查问卷，分别是产权转让、建筑许可和环境许可。针对每份问卷调研的主题不同，筛选受访者。(1) 产权转让筛选范围划定在产权律师、公证人和产权转让代理人，具有房产买卖合同、进行商业房产交易、在土地注册处进行房产登记、联系税务机关缴纳房地产交易相关税费（转让税、印花税等）的经验、参与产权转让服务的投诉机制、了解影响产权转让的法规。(2) 建筑许可筛选范围划定在建筑师、工程师和建筑律师，具有向建筑管制机构或市政机关获得所有必要的预先批准和提交建筑许可证申请的经验、对建筑法规和建筑许可费用有一定了解、参与过项目、了解影响建筑控制的法规。(3) 环境许可筛选范围划定在环境顾问、环境工程师与环境规划师，具备获得环境许可证和与新建设项目相关的许可证、编制和提交环境影响评估的经验、了解环境法律法规与环境许可投诉机制。

三、市政公用基础设施报装（utility services）

(一) 指标设置背景

电力[①]、水和互联网等公用基本服务在支持经济和社会发展方面发挥着重要作用。根据世界银行企业调查，发展中国家的企业每年因停电和停水而遭受的损失高达 820 亿美元。同时，随着数字技术的蓬勃发展，数字技术的应用可以显著帮助企业提高生产力。然而截至 2020 年，全世界平均固定宽带接

---

① Allcott, H., A. Collard-Wexler, and S. O'Connell, "How Do Electricity Shortages Affect Industry? Evidence from India," *American Economic Review*, 2016, 106 (3), 587-624.

入率仍然低于20.42%。良好的监管框架是提供顶尖公用事业服务的基石。此外，公用事业服务的可靠性和可持续性需要监测服务、安全连接、公共问责等来维持。机构协调和公共事业数字化的相互可操作性也可以改善公共服务的质量并提升客户体验。总的来说，公共事业服务的法规质量、管理质量与透明度、效率是良好营商环境不可或缺的组成部分。

（二）评估指标体系

聚焦三个维度衡量市政公用基础设施报装领域（见表1-5）：（1）市政公用基础设施的监管质量。（2）市政公用基础设施的管理质量和服务透明度。（3）市政公用基础设施报装的效率。

维度Ⅰ——市政公用基础设施的监管质量指标对市政公用基础设施的监管质量进行评估，主要包括用水、用电和互联网连接的相关监管框架和质量控制标准、安全标准和环境可持续性标准。将通过咨询公共和私营部门专家收集数据，包括市政公用基础设施供应商、监管机构、电信运营商、承包商、工程师、电工、建筑、能源和电信领域的律师等专家。

维度Ⅱ——市政公用基础设施的管理质量和服务透明度指标涵盖市政公用基础设施绩效的实际评估情况，重点关注服务的监测、透明度和互操作性。通过向市政公用基础设施供应商、监管部门、电信运营商、承包商、工程师、电工等在内的公共和私营部门专家咨询收集数据。

维度Ⅲ——市政公用基础设施报装的效率指标涵盖评估市政公用基础设施法规的实施效率和服务效率。通过企业调查获得实际报装时间和成本，服务中断情况等具有代表性的数据。备用方案是咨询公共和私营部门的专家，如承包商、工程师、电工、市政公用基础设施供应商、监管机构和电信运营商等。

表 1-5 市政公用基础设施报装评估指标体系

一级指标	二级指标	三级指标	四级指标
市政公用基础设施报装（utility services）	维度Ⅰ——市政公用基础设施的监管质量	1.1 保障公用基础设施高效办理和优质供应的法规	1.1.1 监管法规
			1.1.2 公用设施共享与高效数字连接
			1.1.3 服务质量保证机制
		1.2 保障公用基础设施连接安全的法规	1.2.1 专业认证
			1.2.2 检查制度
			1.2.3 认责制度
			1.2.4 网络安全
		1.3 保障公用基础设施服务供给和使用可持续的法规	1.3.1 电的可持续供应和使用
			1.3.2 水的可持续供应和使用
			1.3.3 可持续的废水处理措施
			1.3.4 互联网的可持续提供和使用
	维度Ⅱ——市政公用基础设施的管理质量和服务透明度	2.1 公用基础设施的监测	2.1.1 监测服务供应可靠性和可持续性的关键绩效指标（KPI）
			2.1.2 透明度的关键绩效指标（KPI）
			2.1.3 公用事业连接安全性的实际检测
		2.2 公共基础设施的透明度	2.2.1 费用和费用制定的透明度
			2.2.2 发布连接要求
			2.2.3 发布通知供应中断计划
			2.2.4 投诉机制和投诉流程的透明度
			2.2.5 按性别的客户调查
		2.3 公用基础设施的互操作性	2.3.1 设施层面的互操作性
			2.3.2 电子申请
			2.3.3 电子支付
	维度Ⅲ——市政公用基础设施报装的效率	3.1 电	3.1.1 获得电力连接的时间
			3.1.2 电力连接和服务成本
			3.1.3 供应可靠性
		3.2 水	3.2.1 获取水连接的时间
			3.2.2 水连接和服务费用
			3.2.3 供水可靠性
		3.3 互联网	3.3.1 获取互联网连接的时间
			3.3.2 互联网连接和服务费用
			3.3.3 互联网供电的可靠性

（三）数据来源

市政公用基础设施报装维度Ⅰ和维度Ⅱ的数据是向私营部门专家协商收集。私营部门专家包括在电力、水和互联网领域工作的从业人员和律师。维度Ⅲ的数据是通过企业调查（ES）收集的。企业调查提供了关于企业连接公用基础设施连接的时间和成本、服务中断情况和企业在实践中经历的其他相关损失代表性数据。该指标有三份问卷：电、水、互联网。针对每份问卷调研的主题不同，筛选受访者：（1）电力领域的相关专家要具有向公用事业公司提交电力接入申请、在新建商业建筑中进行电力安装、提交电费支付、进行电力接入检查的经验，了解商业使用收费标准，参与电力服务投诉机制，了解电力接驳检查法规、电力供应质量法规及环境法规与电力供应和使用有关的标准。（2）水领域的相关专家要具有向公用事业公司提交供水申请，在新建商业建筑中安装供水设备，提交供水服务款项，进行供水连接检查的经验；了解商业水费；参与供水服务投诉机制，了解供水连接检查法规，以及供水质量和供水连接安全及环境法规与供水和废水有关的标准。（3）互联网领域的专家需要具有新建筑宽带安装、网络维护和管理、服务质量监控和网络流量分析、服务质量投诉和解决、与提供互联网服务相关的节能网络和环境标准、网络安全管理和分析、网络安全政策和合规、宽带服务发包管理和付款、新宽带连接协议合同谈判的经验；新宽带基础设施协议（频谱、通行权管理）合同谈判；基础设施共享、公用事业伙伴关系或互联协议，宽带竞争、赔偿或消费者投诉纠纷。

四、雇用劳工（labor）

（一）指标设置背景

劳动力要素是企业发展的媒介，是企业经营活动执行层的重要组成部分。劳动法规作为保护劳工合法权益、降低失业风险的重要方式，从企业角度来看，优良的立法可以帮助企业吸引熟练劳动力，以适应经济冲击、市场变化和信息技术的变化。如果劳动法规使雇用成本过高，规则过于烦琐，企业可能会选择使用更多的资本投资或者进行非正式雇用。[①] 从劳动者的角度来看，就业保护立法能够确保劳动者在安全的工作场所开展工作，使其免受歧视并获得社会保障。同时，公共服务作为劳动审查与审计的制度性基础设施，有助于帮助执行和促进高质量的劳动法规，通过提供医疗、养老金和其他形式的社会保险等方式，有效弥补市场失灵，对劳动力市场的运作和企业的选择具有重要意义。

（二）评估指标体系

营商环境成熟度使用三组指标衡量"雇用劳工"领域（见表1-6）：(1) 雇用劳工的法规质量（监管维度）。(2) 劳动力市场公共服务水平（公共服务维度）。(3) 劳动法规和公共服务实践效率（效率维度）。

维度Ⅰ——雇用劳工的法规质量评估与工人条件、就业限制和成本有关的劳动法规的质量，涵盖劳动力市场运作所必需的监管框架的法律特征，并为雇主和雇员提供义务和相关保障。这些法律指标的相关数据将通过与劳工律师的专业咨询进行收集。可能会有一些假设，以确保各国数据之间具有可比性。

维度Ⅱ——劳动力市场公共服务水平衡量劳工公共服务的充分性，评估事实上提供的社会保障及劳动力市场和劳动法规执行所依托的制度框架。这些指标的数据将通过与劳工律师、劳工局和劳工部的专家咨询收集，并可通过案头研究加以证实。

维度Ⅲ——劳动法规和公共服务实践效率衡量用人条件、就业限制和成本及公共服务的效率。该指标将依靠企业的经验和当地从业人员的专业知识，衡量劳动力和社会保护法的执行情况，以及当地公共就业服务的效率和覆盖范围。同时还将评估劳动关系检查的实际可用性和频率，以及公共就业中心的效率。

[①] Chaudhary, S., and S. Sharma, "The Impact of Lifting Firing Restrictions on Firms: Evidence from a State Level Labor Law Amendment," World Bank, Washington, DC.

表 1-6 雇佣劳工评估指标体系

一级指标	二级指标	三级指标	四级指标
雇用劳工（labor）	维度Ⅰ——雇用劳工法规质量	1.1 工人条件	1.1.1 最低工资
			1.1.2 平等、非歧视和结社自由
			1.1.3 最低年龄限制和强制性劳逸
			1.1.4 职业安全、健康、歧视和暴力
			1.1.5 通知期和遣散费
		1.2 就业限制和成本	1.2.1 工作时间和合同
			1.2.2 最低工资标准
			1.2.3 法定福利
			1.2.4 解雇要求
			1.2.5 通知期长短及遣散费
	维度Ⅱ——劳动力市场公共服务水平	2.1 社会保障	2.1.1 失业保险
			2.1.2 医疗保险覆盖率
			2.1.3 退休养老金
		2.2 制度框架	2.2.1 就业服务
			2.2.2 劳动争议解决机制
			2.2.3 劳动监察员
	维度Ⅲ——劳动法规和公共服务实践效率	3.1 用人成本	3.1.1 社会贡献成本
		3.2 就业限制和成本	3.2.1 职位填补比例
			3.2.2 对招聘的监管约束
			3.2.3 解雇时间
			3.2.4 解雇费用
		3.3 公共服务	3.3.1 劳动争议解决时间
			3.3.2 劳动争议解决成本
			3.3.3 劳动监察员

（三）数据来源

维度Ⅰ和维度Ⅱ的数据是通过与私营部门专家协商收集的。私营部门专家是在劳动法和社会保障法实践和诉讼方面具有专业知识的律师。这些专家对劳工相关问题的法律法规及企业在招聘新员工、雇用员工和解雇员工时需要遵循的不同监管程序有深入的了解。具体参评专家主要有两类：（1）具备劳动法相关专业知识的律师，在法律与实践方面要有解雇程序、职场歧视、劳务纠纷解决（诉讼/调解/仲裁及执行）劳动监察等方面的知识和经验。(2) 具备社会保障相关专业知识的律师，在法律与实践方面要有健康保险和医疗保险、养老金等各方面的知识和经验。维度Ⅲ的数据是通过企业调查收集的，提供企业在实践中所经历的非工资劳动力成本、就业限制和成本及公共服务效率等方面的代表性数据。公司的代表性样本反映了每个经济体内部经验的差异。不同规模、地区和行业的企业均参与调查。

五、获取金融服务（financial services）

（一）指标设置背景

资金是企业的血液，是生存和延续的基本条件。对全世界近四分之一企业来说，获得融资是企业快速发展的重要保障。融资作为企业筹集资金的行为，不仅仅是企业开办的时候要有资金，企业在产品优化升级、开展规模生产、与金融机构建立信任关系等方面都有用。而企业能否获得融资取决于若干因素，如宏观经济状况、金融市场情况及基础设施的发展水平。监管框架和信息服务的实用性也会影响信贷市场的运作和企业获得融资。当只有不动产可以作为抵押品时，融资渠道可能会受限。随着电子支付普及率持续提升，经济数字化转型发展需要监管部门针对电子货币解决方案进行适当的监管，减少逃税和降低私营部门的非正规性。[①] 在此背景下，获取金融服务主要衡量五个方面：商业贷款监管质量、担保交易和担保品登记处的运营、网络支付、绿色金融、征信机构和登记机构的运作。

（二）评估指标体系

获取金融服务领域设置三组指标（见表1-7）：(1) 获取金融服务法规质量。(2) 信用报告框架的质量，包括征信机构（私营部门）和登记机构（政府

[①] Këlliçi, E., and I. Baholli, "Mobile Payments, Driving Economies in Development Countries Toward Less Risky Transactions and Lowering Informality," *European Academic Research*, 2015, 3(1): 572—588.

部门）的信贷信息的范围和可用性、抵押品登记机构的公共服务功能。（3）获取金融服务的效率（监管和公共服务支柱结合），主要包括获得贷款和电子支付的时间和成本。

维度Ⅰ——获取金融服务法规质量衡量每个经济体金融服务的监管框架，包括商业贷款、担保交易、电子支付和绿色融资有关的监管的有效性。

维度Ⅱ——信贷基础设施中信息的可获得性和融资的可及性通过评估信贷机构和登记机构的运作、抵押品登记机构的运作及实践中的绿色融资选择，衡量信贷基础设施信息的可及性。这一维度还衡量了提供为女性量身定制的金融和非金融产品，以及提高女性在金融机构代表性的相关培训和方案。因此，第二个维度评估了事实上和法律上提供的金融服务。

维度Ⅲ——获取金融服务的效率衡量获得贷款和进行电子支付所需要的时间和成本，以及信用信息共享的及时性。该维度还评估了在获得正规金融服务和使用电子支付方面的性别差距。

表1-7 金融服务评估指标体系

一级指标	二级指标	三级指标	四级指标
获取金融服务（financial service）	维度Ⅰ——获取金融服务的法规质量	1.1 商业贷款的良好监管措施	1.1.1 进行客户尽职调查（CDD）和记录保存要求
			1.1.2 基于风险的方法和风险因素
			1.1.3 加强和简化CDD措施的可用性
		1.2 担保交易的良好监管措施	1.2.1 担保交易的统一法律框架
			1.2.2 可担保的动产、债务和义务类型
			1.2.3 优先权/执行
		1.3 电子支付的良好监管措施	1.3.1 风险管理
			1.3.2 客户资金保护
			1.3.3 费用、条款和条件的透明度
			1.3.4 可靠的追索权和争端解决机制的可用性
			1.3.5 互操作性和促进竞争
		1.4 绿色融资的良好监管措施	1.4.1 风险管理
			1.4.2 披露要求和影响报告
			1.4.3 绿色融资的可获得性和采用绿色原则的可行性

续　表

一级指标	二级指标	三级指标	四级指标
获取金融服务（financial service）	维度Ⅱ——信贷基础设施中信息的可获得性和融资的可及性	2.1 征信登记运行情况	2.1.1 数据覆盖率和信用信息可获得性
		2.2 动产抵押登记处的运作	2.2.1 动产抵押登记的特点
		2.3 绿色融资	2.3.1 绿色贷款可获得性及审查要求
		2.4 性别金融	2.4.1 促进女性获得融资
	维度Ⅲ——获取金融服务的效率	3.1 贷款	3.1.1 获得贷款的时间
			3.1.2 获得贷款的成本
			3.1.3 动产抵押权和信贷数据更新的效率
			3.1.4 获得贷款和其他银行服务的性别差距
		3.2 电子支付	3.2.1 接收电子支付的费用
			3.2.2 进行电子支付的成本
			3.2.3 收到电子付款的时间
			3.2.4 接收电子支付的使用水平
			3.2.5 进行电子支付的使用水平
			3.2.6 电子支付使用的性别差异

（三）数据来源

维度Ⅰ、维度Ⅱ和维度Ⅲ的部分数据从私营和公共部门专家的磋商中收集的。有些信息仅供公共部门专家使用，特别是在收集有关信贷和抵押品登记的信息时。参评该指标的相关专家主要分为三类：第一类是偏理论的研究人员，如经济学家；第二类是第三方服务人员，如律师、环境顾问等；第三类是金融行业的从业人员，如政府的金融服务人员、中国人民银行征信中心、公证员及商业银行等金融机构。同时，根据评估内容差异，也会选取不同的专家进行数据采集。这些专家根据所测量的指标而有所不同，包括金融律师和商业银行从业人员、支付服务提供商、金融服务提供商、绿色金融专业人员、环境顾问、征信机构和登记处、公证员和抵押品登记处。维度Ⅲ的数据主要是通过企业调查收集的。这些调查提供了企业在实践中所经历的贷款和电子支付效率的代表性数据。企业的代表性样本反映了每个经济体中用户体验的差异。参与调查的企业具有不同的特征，如规模、地区和行业。

六、国际贸易（international trade）

（一）指标设置背景

国际贸易是影响经济增长和私营部门发展的关键因素，[①] 对于创造规模经济、技术创新、提升质量、提高生产率、环境可持续发展，进而实现经济增长都是强大驱动力。良好的国际贸易环境需要营造减少贸易壁垒、降低企业合规和交易成本的商业环境。建立非歧视性、透明、可预测和安全的贸易环境的监管框架能够激励企业参与国际贸易，并提供公平的竞争环境。同时，为最大限度减少企业跨境贸易的负担，政府通过提高实体和数字基础设施，以及企业通关贸易服务、企业增值服务、保税物流管理、海关监管辅助管理等一系列公共服务，减少企业在出口与进口货物等方面所承担的时间和成本。

（二）评估指标体系

国际贸易聚焦货物贸易、服务贸易和数字贸易共设置三项指标（见表1-8）：（1）国际贸易法规质量（监管维度）。（2）国际贸易公共服务便利度（公共服务维度）。（3）货物进出口和从事数字贸易的效率（效率维度）。

维度Ⅰ——国际贸易法规质量评估与国际贸易相关监管的有效性，涵盖监管框架的法律特征，这些特征是建立一个非歧视、透明、可预测和安全的环境去利用国际贸易潜力所必需的。

维度Ⅱ——国际贸易公共服务便利度衡量与国际贸易有关的数字和实体基础设施的质量及边境管理的质量，从而评估促进国际贸易的公共服务的情况。

维度Ⅲ——货物进出口和从事数字贸易的效率衡量遵守进出口合规要求及从事数字贸易所需的时间和成本。

[①] Melitz, M. J., "The Impact of Trade on Intra-Industry Reallocations and Aggregate Industry Productivity," *Econometrica*, 2003, 71 (6): 1695—1725.

表 1-8 国际贸易评估指标体系

一级指标	二级指标	三级指标	四级指标
国际贸易（international trade）	维度Ⅰ——国际贸易法规质量	1.1 支持国际贸易的良好监管做法	1.1.1 法律框架的充分性
			1.1.2 数字贸易和可持续贸易实践
			1.1.3 国际贸易合作实践
		1.2 国际贸易监管限制	1.2.1 国际货物贸易限制
			1.2.2 国际服务贸易限制
			1.2.3 对数字贸易的限制
	维度Ⅱ——国际贸易公共服务便利度	2.1 数字和实体基础设施	2.1.1 信息的透明度和可获得性
			2.1.2 电子系统和服务互操作性
			2.1.3 贸易基础设施
		2.2 边境管理	2.2.1 风险管理
			2.2.2 边境协调管理
			2.2.3 边境机构项目
	维度Ⅲ——货物进出口和从事数字贸易的效率	3.1 遵守出口合规要求	3.1.1 遵守出口合规要求的总时间
			3.1.2 遵守出口合规要求的总成本
		3.2 遵守进口合规要求	3.2.1 遵守进口合规要求的总时间
			3.2.2 遵守进口合规要求的总成本
		3.3 数字贸易的合规性	3.3.1 出口数字订购商品的总时间
			3.3.2 出口数字订购商品的总成本

（三）数据来源

维度Ⅰ和维度Ⅱ的数据是通过与私营部门专家进行协商来收集的。针对调查问卷的主题，在货物贸易、服务贸易、公共服务主题选择不同的专家。（1）贸易专家是指贸易经济学家、贸易律师、贸易顾问、贸易经理，要有从事 WTO 货物（商品）承诺、国内货物贸易法规、非关税措施和其他贸易壁垒、贸易协定和可持续贸易相关的工作经验；就国际贸易法规问题提供建议或咨询服务，国际货物贸易法规的谈判、起草或者实施，参与国际贸易有关的任何形式的争端，对法规或政策变化的分析、定量分析或国际贸易领域的研究。（2）公共服务专家是指货运代理、报关行、清关代理、航运公司、贸易顾问、贸易经理等具有合同谈判、海关放行和清关、海关纠纷、快递、物流（供应链）、银行付款安排等方面的经验，具有进出口、出口或转运货物所需的单证要求和手续经验；具有从事WTO货物（商品）承诺、国内货物贸易法规、非关税措施、贸易协定和可持续贸易相关的工作经验。维度Ⅲ的数据通过企业调查进行收集的。这些调查提供了企业在实际进出口货物和从事数字贸易所需的时间和成本方面的代表性数据。企业的代表性样本反映了每个经济体中用户体验的差异。

七、税收（taxation）

（一）指标设置背景

税收是一种强有力的政策工具，通过各种渠道影响私营部门的发展：一方面，税收通过为实体基础设施、人力资本投资、执法和其他公共服务提供资金，为私营部门的成长和发展创造有利条件；另一方面，过度征税会扭曲市场，改变投资决策，助长逃税行为。[①] 税收制度中有四个关键因素会影响投资决策和经济效果：税收制度的复杂性、税制管理的效率、税收负担、遵守税收法规的成本。此外，电子税务、信息公开、税务争议、减税措施等也会影响税务质量。合理的税收法律有助于保证税收秩序、激发市场活力，建立公正、便捷、高效的税务纠纷解决机制，对于保护纳税人对税务评估质疑并及时获得公平听证的权力至关重要。同时，营商环境成熟度关注性别在税收方面的作用，强调女性参与经济活动，不仅能促进增长，还能减少收入不平等、缓解人口结构变化。

（二）评估指标体系

税收领域设置三组指标（见表1-9）：（1）税收法规的质量（监管框架维度）。（2）税务管理部门提供的服务（公共服务维度）。（3）税收负担和税收制度的效率（效率维度）。

维度Ⅰ——税收法规的质量评估与税收有关的监管质量，涵盖法律要求

[①] Alm, J., T. Cherry, M. Jones and M. McKee, "Taxpayer Information Assistance Services and Tax Compliance Behavior," *Journal of Economic Psychology*, 2010, 31 (4): 577-586.

的法律上和事实上的信息。了解一个国家税收复杂性带来的负面影响是至关重要的，但很难量化税收立法的复杂性和模糊性，所以在全球范围内对其进行评估必然具有高度主观性。可以客观衡量的包括以下四点：是否存在某种制度来解决税收法规的模糊性问题；税收法规是否长期稳定；税务记录的归档和保存是否烦琐；制定税收法规的过程是否透明。

维度Ⅱ——税务部门提供的服务衡量税收管理的质量，从而评估与税收有关的事实上和法律上的公共服务。将从四个方面对税务管理质量进行评估：用于税务申报、支付和评估的电子系统的可用性；利用基于风险的案例选择进行税务审计和验证；存在有效和高效的争端解决机制；税收部门管理的透明度。该指标将以税收征管诊断评估工具、税收征管论坛和欧洲税收管理组织定义的最佳实践为基础。

维度Ⅲ——税收负担和税收制度的效率衡量从企业的角度评估税收监管和公共服务在实践中的实施效率。具体而言，该指标将依托企业经验和地方税务人员的专业知识，以总税率和缴纳费率衡量私营企业的税收负担，以遵从税收法规的时间衡量税务机关提供服务的效率。

表 1-9 税收评估指标体系

一级指标	二级指标	三级指标	四级指标
税收（taxation）	维度Ⅰ——税收法规的质量	1.1 税收法规的明确性和透明度	1.1.1 税收法规的明确性
			1.1.2 税收法规变更的透明度
			1.1.3 简化记录保存和暂行规定
			1.1.4 税务登记和增值税退税
		1.2 环境税	1.2.1 总体框架
			1.2.2 治理
			1.2.3 过渡政策
	维度Ⅱ——税务部门提供的服务	2.1 税务管理数字化	2.1.1 为纳税人提供的服务（申报与缴款）
			2.1.2 按性别分类的数据
			2.1.3 纳税人数据库
			2.1.4 互操作性
		2.2 税务审计	2.2.1 基于风险的系统
			2.2.2 审计类型和统一实践

续 表

一级指标	二级指标	三级指标	四级指标
税收 (taxation)	维度Ⅱ—— 税务部门 提供的服务	2.3 争端解决机制	2.3.1 一级审查机制
			2.3.2 二级审查机制
			2.3.3 税务纠纷中的性别平等
		2.4 税务部门管理	2.4.1 透明度
			2.4.2 公共问责制
			2.4.3 税务机关工作人员性别构成
	维度Ⅲ—— 税收负担和 税收制度的 效率	3.1 遵守税收法规的时间	3.1.1 申报和缴税的时间
			3.1.2 使用电子系统报税和缴税
			3.1.3 一般税务审计的持续时间
			3.1.4 税务纠纷
			3.1.5 获得增值税退税
			3.1.6 环境报告
			3.1.7 环境审计
		3.2 税收成本	—

(三) 数据来源

维度Ⅰ和维度Ⅱ的数据是通过与私营部门专家协商收集的。私营部门专家包括在会计、税务申报与合规、公司税法、环境税法、间接税法、税收征管法、税务纠纷解决、税务登记注销程序、税务审查与执法、社保费和就业税等领域有多年经验的税务顾问、税务咨询师、税务会计师、税务律师、税务专家和税务审计员。维度Ⅲ的大部分数据是通过企业调查收集的。这些调查提供了关于申报和缴税的时间、通过一般税务审计的时间、以电子方式报税和缴税的企业比例，以及企业所得税、消费税（如果有的话，仅指企业的财务成本）、社保费和就业税（仅指企业的财务成本）的有效税率等方面的代表性数据。

八、争端解决（dispute resolution）

(一) 指标设置背景

无论是发达还是发展中经济体，商业纠纷都不可避免。当这些争端无法得到妥善解决时，可能会出现对私营企业不利的经济后果。[①] 因此，运作良好的司法系统是健康商业环境的关键组成部分。公正的司法制度要有效率和质量。第一，对于私营企业的发展来说，具有时间和成本效益的解决纠纷机制必不可少。耗时长、费用高的诉讼程序可能会使人放弃通过法律途径解决纠纷。第二，争端解决过程的质量对私营企业的发展同样重要。诉讼应由可信任的机构审慎考虑。在审判结束时，应作出充分合理的判决。商业纠纷解决的效率和质量依赖于充分的公共服务。私营企业之间的大量纠纷最终需要法院介入，由此凸显了建立健全制度框架及强大司法机构的重要性。

（二）评估指标体系

营商环境成熟度在争端解决领域使用了三组指标（见表1-10）：（1）争端解决的法规质量（监管维度）。（2）争端解决的公共服务（公共服务维度）。（3）争端解决的效率（效率维度）。

维度Ⅰ——争端解决的法规质量关注与法庭程序和非诉讼纠纷解决机制有关的监管质量。该指标重点关注促进效率和质量的法律规定。具体来说，它将评估国内法律是否遵循一套国际公认的、旨在有效和公平解决纠纷的良好监管做法。此外，当相关法律规定到位时，这套指标还将评估相关法律在实践中是否得到遵守。

维度Ⅱ——争端解决的公共服务评估解决商业纠纷的公共服务是否充足。即使一个经济体已经制定了强有力的法律框架，其实际应用情况也可能因现有的机构安排、信息与通信技术基础设施而差别很大。具体来说，纠纷解决办法的有效性和公平性可能受到法官的专业性和独立性、法院的透明度和电子服务的可用性等因素的影响。

维度Ⅲ——争端解决的效率评估法院机制的可靠性、可获得性和效率，以及提供诉讼的不同环节所需的具体时间和费用（即预计需要花费的时间和成本）。

---

① Esposito, G., S. Lanau and S. Pompe, 2014. "Judicia lSystem ReforminItaly-AKeyto Growth," IMF WorkingPaperWP/14/32, International Monetary Fund, Washington, DC.

表 1-10 争端解决评估指标体系

一级指标	二级指标	三级指标	四级指标
争端解决（dispute resolution）	维度Ⅰ——争端解决的法规质量	1.1 法庭诉讼	1.1.1 时间标准
			1.1.2 程序的确定性
			1.1.3 司法诚信
			1.1.4 外国判决
			1.1.5 性别平等和环境可持续性
		1.2 非诉讼纠纷解决（ADR）	1.2.1 接受仲裁
			1.2.2 仲裁要素
			1.2.3 投资者与国家之间的仲裁
			1.2.4 仲裁裁决的确认与执行
			1.2.5 调解
	维度Ⅱ——争端解决的公共服务	2.1 体制框架	2.1.1 精简法庭
			2.1.2 特别申诉机制
		2.2 数字化	2.2.1 电子档案及服务
			2.2.2 数字会议记录
		2.3 透明度	2.3.1 法庭开放程度
			2.3.2 主要统计数据
		2.4 非诉讼纠纷解决相关服务	2.4.1 仲裁
			2.4.2 调解
	维度Ⅲ——争端解决的效率	3.1 纠纷解决的可信度	3.1.1 法院的可信度
			3.1.2 非诉讼纠纷解决的可信度
		3.2 纠纷解决的时间和费用	3.2.1 法庭诉讼的时间和费用
			3.2.2 仲裁的时间和费用
		3.3 确认及执行	3.3.1 外国仲裁
			3.3.2 终审法院判决

（三）数据来源

维度Ⅰ和维度Ⅱ的数据通过咨询私营部门专家收集。这些专家从事商业纠纷诉讼、商业纠纷仲裁、商业纠纷调解、国际争议解决、环境法相关领域、参与处理商业纠纷案件的执行程序的律师。专家要具备代表公司准备文件以提起商业纠纷的诉讼、仲裁或调解，代理企业参与法院、仲裁庭和调解员庭审,参与国际商业纠纷解决,处理环境案件,参与承认和执行外国判决和仲裁裁决的程序,参与强制执行终审商业纠纷判决等方面的知识和经验。在相关情况下,也可以联系私营部门的仲裁员和调解员以收集数据。维度Ⅲ的数据是通过专家咨询和世界银行企业调查获得的。具体而言,关于纠纷解决及承认和执行的时间与费用类别的数据通过向私营部门专家咨询收集,而关于争议解决的可靠性的数据则通过企业调查收集。企业调查提供了企业在实务中所经历的关于法院的可靠性和非诉讼纠纷解决机制(ADR)的可靠性的代表性数据。

九、促进市场竞争(market competition)

(一)指标设置背景

有效的市场竞争可以通过提高行业和企业生产率来刺激经济增长,从而提高全社会劳动生产率和就业率。充分的市场竞争,将加快企业在市场中的更迭、刺激产品创新和服务质量改善,并使企业以较低的价格提供产品和服务,从而有效保护消费者利益。政府有各种各样的工具来使市场竞争顺利进行,畅通市场进入与退出过程①,确保公平竞争,减少市场失灵造成的价格和资源配置扭曲现象的发生。促进市场竞争主体将从整个私营部门的角度对促进竞争行为的关键法规进行评估,而不只是考虑它们对单个公司的影响。它将评估阻止企业反竞争行为的法规、促进政府市场竞争行为的法规、为实施此类法规而提供的关键公共服务,以及这些法规的有效实施情况。

(二)评估指标体系

营商环境成熟度聚焦三组指标衡量"促进市场竞争"领域(见表1-11):(1)促进市场竞争的法规质量(监管维度)。(2)促进市场竞争公共服务的充分性(公共服务维度)。(3)促进市场竞争关键服务的效率(效率维度)。

---

① Tirole, J., "Market Failures and Public Policy," *American Economic Review*, 2015, 105(6): 1665—1682.

维度Ⅰ——促进市场竞争的法规质量评估促进市场竞争法规的质量,涵盖监管框架的法律特征,为企业提供公平竞争的市场环境和创新环境,让企业可以公平参与政府市场的竞争。

维度Ⅱ——促进市场竞争公共服务的充分性衡量营造公平竞争环境、培育和促进创新服务的实际情况。

维度Ⅲ——促进市场竞争关键服务的效率衡量促进市场竞争关键服务的执行效率(反映法规质量和公共服务充分性这两个维度如何在实践中促进市场竞争)。

表 1-11　促进市场竞争评估指标体系

一级指标	二级指标	三级指标	四级指标
促进市场竞争（market competition）	维度Ⅰ——促进市场竞争的法规质量	1.1 竞争法规的质量	1.1.1 国有企业框架
			1.1.2 反垄断（包括卡特尔、横向协议、纵向协议和滥用支配地位）
			1.1.3 合并控制
			1.1.4 执法
		1.2 促进创新和技术转让的法规质量	1.2.1 知识产权保护力度
			1.2.2 许可和技术转让
			1.2.3 公开获取和合理利用创新
			1.2.4 产学合作
		1.3 政府采购的法规质量	1.3.1 准入和竞争
			1.3.2 最具性价比
			1.3.3 采购过程的公平性
			1.3.4 透明度
	维度Ⅱ——促进市场竞争公共服务的充分性	2.1 竞争法规的制度框架和执行质量	2.1.1 竞争管理部门的制度框架
			2.1.2 宣传和透明度
		2.2 促进企业创新的公共服务	2.2.1 知识产权服务数字化
			2.2.2 创新体系
			2.2.3 支持创新的制度框架
		2.3 电子采购服务的质量	2.3.1 电子采购平台的公开访问和交互性
			2.3.2 透明度
			2.3.3 采购程序的数字化

续　表

一级指标	二级指标	三级指标	四级指标
促进市场竞争（market competition）	维度Ⅲ——促进市场竞争关键服务的效率	3.1 竞争法规的效率	3.1.1 简化合并审查的执行效率
			3.1.2 对市场活力和竞争行为的认知
		3.2 创新与知识产权法规的效率	3.2.1 企业的产品和工艺创新
			3.2.2 企业的研究与试验发展（R&D）行动与境外许可技术的使用
		3.3 政府采购法规的效率	3.3.1 签订合同的时间
			3.3.2 收款时间和逾期付款处罚的时间
			3.3.3 政府市场准入
			3.3.4 政府供应商中的性别差异
			3.3.5 参与投标的资格要求中性别差异

（三）数据来源

维度Ⅰ、维度Ⅱ和维度Ⅲ的部分数据是通过咨询私营部门专家来收集。（1）关于竞争法规执行的主要指标，应咨询具备反垄断、滥用支配地位、合并控制程序等竞争法专业知识的企业律师和顾问，以及从事竞争法的法律专业人员。（2）关于知识产权保护和创新主题指标，选择具有知识产权注册、管理、许可、诉讼、技术转让等知识产权方面的专业律师和顾问及特许专利律师。（3）关于公共采购主题指标，专家包括具有公共采购专业知识的律师、协助准备招标的顾问和内部采购人员。案头调研证实了通过专家咨询收集的数据。维度Ⅲ的部分数据是通过企业调查收集的。这些调查提供了关于企业创新及政府合同实践的代表性数据。如果由于某种原因，企业调查无法获得必要的数据，可以通过与积极与公共采购的私营部门专家磋商来收集数据。

十、办理破产（business insolvency）

（一）指标设置背景

有效的破产制度促进新企业创建，扩大私营部门的规模，并鼓励更多的创业活动。破产企业的退出可以刺激资本重新配置,[①] 提高生产率,促进就业和经济增长。鼓励企业重组的破产机制最大限度地减少"僵尸贷款",即给资不抵债企业的贷款。对不可持续企业快速清算、减少僵尸贷款、减少资源错配、减损、止损,是营造良好营商环境的主要内容。尽管高效的破产制度发挥着至关重要的作用,但这些制度在世界各地运作情况大规模和更新的可比数据却很少,且已有数据较为陈旧。唯一可用的是经济合作与发展组织在2010年和2016年发布的37个高收入国家的相关数据,实质性范围有限。基于此,营商环境成熟度从监管层面衡量破产制度的关键特征。

(二)评估指标体系

办理破产方面聚焦三组指标(见表1-12):(1)破产程序的法规质量(监管维度)。(2)破产程序公共服务基础设施的质量(公共服务维度)。(3)破产司法程序的效率(效率维度)。

维度Ⅰ——破产程序法规质量评估与破产程序有关的监管有效性,涵盖结构性债务解决程序、有效的债权人和债务人制度所必需的监管框架的法律特征。

维度Ⅱ——破产程序公共服务基础设施的质量衡量破产程序的体制和业务基础设施的质量,从而评估破产解决机制的实际方面和实施破产法律框架所需的基础设施。

维度Ⅲ——破产司法程序的效率衡量解决在法庭清算和重组程序所需的时间和成本。

表1-12 办理破产评估指标体系

一级指标	二级指标	三级指标	四级指标
办理破产 (business insolvency)	维度Ⅰ—— 破产程序的 法规质量	1.1 法律和程序标准	1.1.1 破产程序的启动
			1.1.2 清算重组程序
			1.1.3 破产管理人专业知识
		1.2 资产和利益相关者	1.2.1 债务人资产的管理
			1.2.2 债权人参与

---

① Cirmizi, E., L. Klapper and M. Uttamchandani, "The Challenges of Bankruptcy Reform," *World Bank Research Observer*, 2012, 27 (2): 185—203.

续　表

一级指标	二级指标	三级指标	四级指标
办理破产（business insolvency）	维度Ⅰ——破产程序的法规质量	1.3 专门程序	1.3.1 小微企业
			1.3.2 跨境破产
	维度Ⅱ——破产程序公共服务基础设施的质量	2.1 数字化和在线服务	2.1.1 电子法庭
			2.1.2 破产程序服务（电子服务）的互操作性和信息的可公开性
		2.2 公职人员和破产管理人	2.2.1 破产法院或破产法官专业化
			2.2.2 破产管理人的实践专业知识
	维度Ⅲ——破产司法程序的效率	3.1 清算程序	3.1.1 庭内清算程序的解决时间
			3.1.2 解决一项庭内清算程序的费用
		3.2 重整程序	3.2.1 庭内重整程序的解决时间
			3.2.2 庭内重整程序的解决成本

（三）数据来源

维度Ⅰ、维度Ⅱ和维度Ⅲ的数据是通过与私营部门专家协商收集的。私营部门专家包括专门从事公司法或商法的破产从业人员和律师，要求过去三年内有涉及公司债务人或债权人的正式司法程序清算或重组方面的经验，特别是涉及国内微型和小型企业的经验；在破产法立法指南和世界银行有效破产原则基本框架、处理破产领域内环境义务、成为特定司法管辖区可用的在线法院服务和平台的积极用户等方面的知识或经验。

第三节　国内外营商环境测评

一、专项评估指标

营商环境评估作为定位治理问题的重要抓手，已成为各国政府与研究机构关注的关键议题。世界银行《营商环境报告》、经济学人智库《营商环境排行榜》、福布斯 Best Countries for Business、粤港澳大湾区研究院《世界城市营商环境评价报告》等智库均基于不同评估维度开展营商环境评估（见表1-13）。

表1-13 营商环境专项评估指标

序号	报告名称	样本范围	主要评估指标
1	世界银行《营商环境报告》	对全球190个经济体的营商环境评分，2003年至2020年，至今已发布第17期	10个一级指标（开办企业、办理施工许可、获得电力、登记财产、获得信贷、保护少数投资者、纳税、跨境贸易、执行合同和办理破产），43项二级指标
2	经济学人智库《营商环境排行榜》	对全球82个经济体营商环境吸引力进行排名，每5年发布一次报告，最新一期发布于2024年	涵盖政治环境、宏观经济环境、市场机会、自由竞争政策、外商投资政策、国际贸易及外汇管制、纳税、金融、劳动力市场、基础设施等领域91项指标
3	福布斯Best Countries for Business	对全球161个经济体营商环境排名，最新一期发布于2019年	贸易自由、货币自由、产权、创新、技术、程序烦琐程度、投资者保护、腐败、个人自由、税负
4	粤港澳大湾区研究院《世界城市营商环境评价报告》	世界人均GDP及总量排名靠前和经济总量排名靠前国家的25个城市，另加上香港、北京、上海、广州、深圳，共30个城市，最新一期发布于2017年	软环境、生态环境、市场环境、商务成本环境、社会环境、基础设施环境
5	粤港澳大湾区研究院《中国城市营商环境评价报告》	选取中国直辖市、副省级城市、省会城市等，最新一期发布于2020年，《2020年中国296个地级及以上城市营商环境报告》	软环境、基础设施、社会服务、市场总量、商务成本、生态环境，三级指标50多个，比2016年至2018年营商环境报告多30个
6	中国经济改革研究基金会国民经济研究所《中国分省企业经营环境指数》	对全国31个省、自治区和直辖市营商环境的企业调查和研究，最新一期发布于2023年，系列报告的原标题《中国分省企业经营环境指数报告》更名为《中国分省营商环境指数报告》	政策公开公平公正；行政干预和行政效率；企业经营的法治环境；企业的税费负担；金融服务和融资成本；人力资源供应；基础设施条件；市场供求和中介服务
7	第一财经研究院《全国经济总量前100城市营商环境指数排名》	对中国经济总量前100城市营商环境指数排名、软环境指数TOP10排名、硬环境指数TOP10排名。最新一期发布于2020年	硬环境指数（自然环境和基础设施环境）、软环境（技术创新环境、人才环境、金融环境、文化环境和生活环境）

二、综合性指标涵盖营商环境

综合性城市排名体系中的营商环境指标，主要是国际组织对城市竞争力、综合实力的评估排名中，将营商环境作为一个重要因素加以评估打分。例如，普华永道《机遇之都》（Cities of Opportunity）、日本森纪念财团城市战略研究所《全球城市实力指数》（GPCI）、科尔尼《全球城市指数报告》（GCI）、中国社会科学院城市与竞争力研究中心《全球城市竞争力报告》（GUCP）等。这些排名或报告从更宽泛的角度评估了全球主要国家（地区）或城市的营商环境，但由于各个机构所采用的指标体系有所差异，因此，全球主要城市的排名也略有差异（见表1-14）。

表1-14 综合性城市评估指标涵盖营商环境评估指标

序号	报告名称	样本范围	主要评估指标
1	普华永道《机遇之都》（Cities of Opportunity）	全球30个主要城市，包括上海和北京。最新一期发布于2024年	开办企业、办理破产、免签证国际数量、外国使馆和领事馆数量、保护中小投资者、气候风险应对、劳动力管理风险和税收效率
2	日本森纪念财团城市战略研究所《全球城市实力指数》（GPCI）	全球44个城市，包括香港、北京和上海，最新一期发布于2023年	工资水平、人力资源保障、办公空间、公司税率和政治、经济商业风险
3	科尔尼《全球城市指数报告》（GCI）	首次于2008年发布，评估出了156个上榜城市，其中包括31个中国城市。最新一期发布于2023年	商业活动、人力资本、信息交流、文化体验和政治参与
4	中国社会科学院城市与竞争力研究中心《全球城市竞争力报告》（GUCP）	旨在衡量一国在中长期取得经济持续增长的能力。首次于2004年发布，最新一期发布于2019年	制度、基础设施、宏观经济稳定性、健康与初等教育、高等教育与培训、商品市场效率、劳动市场效率、金融市场成熟性、技术设备、市场规模、商务成熟性、创新
5	IESE《城市动态指数》（Cities in Motion Index）	对全球183个城市的"智慧"程度进行排名。最新一期发布于2022年	人力资本、社会凝聚力、经济、环境、治理、城市规划、国际推广、技术、流动性和交通

三、营商环境细化性指标

聚焦营商环境部分领域的评估报告,针对营商环境某些环节进行专业评估分析的报告。例如,澳大利亚咨询机构 2thinknow《全球创新城市指数》(Innovation Cities Index)聚焦于科技、智能、初创企业及创新者的环境,世界银行《世界治理指数》(WGI)针对法治和政府治理水平,美国商会全球知识产权中心(GIPC)《国际知识产权指数》聚焦专利、商标等知识产权保护,零点有数经开区产业营商环境评估指标,等等。不同的评估报告专门针对营商环境某个(些)特定领域的指标,更具专业性、各有侧重(见表 1-15)。

表 1-15 营商环境单领域评估指标

序号	报告名称	样本范围	所属领域
1	2thinknow《全球创新城市指数》(Innovation Cities Index)	对全球 500 个基准城市科技、职能、初创企业及创新者的环境分类和排名,最新一期发布于 2023 年	科技创新
2	世界银行《世界治理指数》(WGI)	包含话语权和问责、政治稳定性与非暴乱、政府有效性、管制质量、法治程度、腐败控制,对 200 个国家或经济体进行评估。最新一期发布于 2023 年	法治政府、政务效率
3	美国商会全球知识产权中心(GIPC)《国际知识产权指数》	从专利及相关权利、版权及相关权利、商标及相关权利、商业秘密与市场准入、知识产权资产商业化、执法、系统效率、加入和批准的国际条约 8 个方面,分为 40 个指标对 50 个经济体的知识产权保护进行评估。最新一期发布于 2024 年	法律保护
4	世界正义工程(WJP)《法治指数》	从政府权力大小、政府公开、基本权利、监管执法、民事和刑事正义等方面,对 126 个经济体评分。最新一期发布于 2023 年	法治政府
5	OECD《外商直接投资限制指数》(FDI Restrictiveness Index)	从外国股权投资限制、审批、关键人员现实、其他对企限制等方面,对不同行业 FDI 限制进行测评。最新一期发布于 2023 年	市场开放
6	联合国电子政务调查报告《UN E-Government Survey》	193 个联合国会员国的电子政务发展状况	信息化
7	瑞士洛桑国际管理发展学院(IMD)《世界人才排名》(World Talent Ranking)	通过投入与发展、吸引力和就绪度三个方面描述人才格局,最新一期发布于 2023 年	人力资源

四、国内营商环境指标的聚焦

在理论层面，国内营商环境研究是从企业家的角度出发，[①] 颇为关注法治环境、政策环境、技术环境、金融环境与人才环境。国内存在国企、私企和外企及中外合资企业，通过制定和监测国内营商环境评估指标才能客观评估企业发展所需要的困难，辅助企业组织改善营商环境，促进企业发展及区域经济发展。从营商环境评估的发起机构来看，发起机构涵盖科研院所、中央媒体、国内外民间智库等，类型多样且以第三方评估为主；从研究对象来看，评估对象涵盖大中型城市、县域城市、市辖区级，且多为大中型城市营商环境评价，[②] 较少涉及县域、地区间营商环境评估；从研究范围来看，国内营商环境评估正经历从全要素评估，到制度要素评估，再到法制要素评估的发展历程；从具体评估指标来看，经历了从宏观"硬"环境评估，到宏观"软"环境评估，再到微观"软"环境评估的变化[③]。特别是尝试将市场主体主观感知引入营商环境评估指标体系中，集中体现"以人为本"的重要原则（见表1-16）。

表1-16 国内学术界营商环境评估指标

序号	发起人	评估对象	指标体系	评估范围
1	包红霏、沈雪	辽宁省营商环境	开办企业、办理施工许可、获得电力、登记财产、获得信贷、保护少数投资者、纳税、跨境贸易、执行合同、办理破产	省级营商环境
2	魏淑艳、孙峰	东北地区投资营商环境	自然条件、社会状况、政府环境、经济因素、基础设施	区域城市营商环境
3	娄成武、张国勇	营商环境建设	整体感知、政务环境感知、要素环境感知	营商环境全要素

---

① 王小鲁、樊纲、胡李鹏：《中国分省企业经营环境指数2020年报告》，社会科学文献出版社2020年版，第12—32页。

② 李志军：《我国城市营商环境的评估指标体系构建及其南北差异分析》，《改革》2022年第2期。

③ 张三保、康璧成、张志学：《中国省份营商环境评估：指标体系与量化分析》，《经济管理》2020年第4期。

续　表

序号	发起人	评估对象	指标体系	评估范围
4	中央广播电视总台	中国城市营商环境	基础设施、人力资源、金融服务、政务环境、法制环境、创新环境、社会环境	营商环境全要素
5	袁立明	县域市场营商环境评估	产品市场发育程度、传统要素市场发育程度、高端要素市场发育程度、产业聚集程度、政务政策环境、空间及生态环境、人文社会环境	县域营商环境
6	赛迪顾问	中国县域营商环境	公开透明、企业活力、要素吸引、设施领先和生态友好	县域营商环境
7	联合国工发组织	上海市闵行区营商环境	包容可持续发展、投资开放成熟度、创新和创业环境、政府服务效率	区级营商环境
8	张景华、刘畅	税务营商环境	缴纳税款、税收优惠、税收法治、涉税服务	税务营商环境
9	孙萍、陈诗怡	辽宁省14市营商政务环境	公共政策供给、制度性交易成本、市场监管行为和基础设施	营商政务环境

在实践领域，从2018年初开始，对标国际建立具有中国特色的营商环境评估机制，从2019年开始，国家发展改革委从22个营商环境试评估到开展全国营商环境评估，并发布《中国营商环境报告（2020）》；海关口岸、税务、住建、市场监管各行业主管部门从行业的角度开展了营商环境评估和优化的专项计划和行动。国家发展改革委的指标体系在保留和丰富国际通行的评估指标基础上，融入中国改革的时代要求和地方特色，从衡量企业全生命周期、反映城市投资吸引力、体现城市高质量发展水平三个维度构成。通过分类采集数据，多方验证。例如，世界银行指标及"市政公用基础设施报装"指标数据通过"假设案例"和真实案例采集；"市场准入"等指标数据从相关部门采集；其余指标数据通过选择样本企业和部门填报，委托专业评估机构选择相关部门及企业开展访谈，复核采集数据。通过引入会计师事务所、律师事务所、税务事务所、工程咨询公司、工程代建公司、报关行、货代船代公司及其他相关中介公司等第三方，印证企业和部门填报数据，确保评估数据真实客观，评估结果实事求是。

复习与思考

1. 世界银行营商环境评估指标的发展历程是怎样的？
2. 世界银行新旧营商环境评估体系的区别有哪些？
3. 试述世界银行营商环境成熟度评估的维度与内容。
4. 对国内外营商环境评估进行简要评价。

第二章 政务营商环境治理

学习目标

1. 掌握政务营商环境的基本内涵与范畴。
2. 熟悉政务营商环境治理的重点内容。
3. 了解政务营商环境治理的主要逻辑与驱动力量。

案例导入

岂容营商成"硬伤"
——海口市优化营商政务环境的路径探索[①]

"十四五"规划纲要指出,"完善自由贸易试验区布局,赋予其更大改革自主权,深化首创性、集成化、差别化改革探索,积极复制推广制度创新成果。"2018年,习近平总书记亲临海南视察,支持海南全岛建设自由贸易试验区,支持海南逐步探索、稳步推进中国特色自由贸易港建设。2020年,《海南自由贸易港建设总体方案》出台,对营商环境的建设提出了新的要求。创一流的营商政务环境事关海南自由贸易港建设的成败,营商政务环境的优劣由企业掌握话语权。海南岛作为全球最大的自由贸易港,如何打造一个良好的营商政务环境?如何评估营商政务环境的优劣?如何通过政务服务来推进营商环境?自由贸易港的背景下,如何更好地着力?

海口市政府之所以能快速、有效、全面地实现营商政务环境改革,主要有两大关键因素:一是政务服务主体的优化,二是服务供给过程的改善。从

---

① 参见第五届中国研究生公共管理案例大赛特等奖案例:海南大学通惠工商队《岂容营商成"硬伤"》,http://mpajzw.ruc.edu.cn/node/1881。

政务服务主体来看，早期存在问题到后期不断在制度体系方面创新完善；跨部门协同机制不断优化，部门协同和信息整合也得到了加强。此外，人员素质能力从之前企业不太满意到后期相互认可，也经历了一个不断改进的过程。从服务供给过程来看，审批流程通过技术平台和审管协同等，促使服务质量明显改善；线上服务的持续改善和线下服务的不断创新，促使服务效率明显提高；网络平台的建设完善，提供了有力的技术支持，促使营商政务服务环境明显优化。

良好的营商政务服务环境既是理念也是目标，更是政务服务主体和服务供给过程设计的依据。企业既是政府提供服务的客体，同时又是市场主体。企业满意度是营商政务环境最重要的评估标准。因此，基于企业满意度的营商政务服务环境要放在首要位置，其次就是围绕实现这一目标有两大推动因素：政务服务主体和服务供给过程。三者之间，政务服务主体的优化有助于实现良好的营商政务环境，也对服务供给过程优化产生促进作用；高效的服务供给过程也有助于打造良好的营商政务环境这一目标。

最简告知承诺
——天津市空港保税区精简优化审批流程的最新探索[①]

根据国务院《关于在自由贸易试验区开展"证照分离"改革全覆盖试点的通知》，明确提出"对确需保留的涉企经营许可事项，企业就符合经营许可条件作出承诺，有关主管部门通过事中事后监管能够纠正不符合经营许可条件行为、有效防范风险的，实行告知承诺。"保税区精准聚焦改革任务，瞄准企业服务需求，切实增强行动自觉，遵循以上改革思路，探索进行"政府定标准、强监管，企业作承诺、守信用的'零审批'管理"，将改革范围从证明类事项拓展到行政许可等审批类事项，首创全国"最简告知承诺制"，以进一步提升承诺制审批的效果，优化区域营商环境。

天津市空港保税区的做法与经验。第一，"政府定标准＋企业做承诺"，最大限度精简审批环节。审批机关以制作制式告知承诺书的形式，一次性告知

---

① 参见天津市滨海新区优化营商环境领导小组办公室《"共同缔造美丽滨城　打造一流营商环境"优秀典型案例》手册，https://www.tjftz.gov.cn/contents/6302/357248.html。

行政审批事项的审批条件和经营中需达到的标准及技术要求，申请人只需在承诺书中填写必要的基本信息，签字盖章，以书面形式承诺其符合审批条件、能够满足标准和技术要求、承担不履行承诺的法律责任，审批机关当场作出行政审批决定。最简告知承诺审批不需要申请人后续提供材料，一次性办结，实现了"全承诺、无审批、签字即办结"。第二，"强化事中事后监管+守信激励失信惩戒"，确保企业履约践诺。申请人书面承诺后无须事后再提交材料，而是通过加强事中事后监管结合诚信管理的方式确保申请人履约践诺。具体方式为，企业作出承诺后，监管部门立即跟进，加强全过程执法监管，监督企业履诺。监管信息也将和审批部门实时共享，企业未按承诺书履行承诺将被纳入黑名单，以后所有审批事项都不再适用告知承诺制。对于履行承诺好的企业，将依法给予降低执法检查频次、优先考虑政策资金扶持等鼓励。在行政效率提升的同时，有力推动了保税区信用体系建设和企业依法经营。

天津市空港保税区的成效与亮点。截至目前，保税区最简告知承诺制改革已在13个行业23个类别中开展，累计办理事项424件。通过最简告知承诺制改革，进一步简化了政府审批程序，强化了企业信用意识，拉近了政府与企业之间的距离，真正做到了审批更简、监管更强、服务更优。最简告知承诺制再扩容，2022年保税区又出台《天津港保税区危险化学品经营（无储存）许可告知承诺制改革实施办法》，对危险化学品经营（无储存）许可实行最简告知承诺制审批。许可条件和监管要求以制式《告知承诺书》形式一次性告知企业，企业自愿作出承诺并提交签字盖章的《告知承诺书》即可当场完成审批，不需要再提交其他材料，企业依法履行各项承诺内容，自觉接受应急管理部门监管。

最简告知承诺制改革为保税区推出的一项"稳经济促发展"助企措施，大幅减少了审批要件，精简了审批流程，通过"减"手续、降成本，努力把制度性交易成本、经营成本降到最低，助力企业纾困解难。进一步拓宽承诺制审批领域。紧紧围绕"稳经济促发展"主题，不断扩大最简告知承诺制服务范围，让更多企业享受改革红利，更好地服务区域经济社会发展，全力打造市场化、法治化、国际化营商环境。

思考：上述两个城市推进政务营商环境治理的主要动机是什么？

第一节　政务营商环境概述

营商环境如何，直接关系到企业经营、经济发展、民生福祉和政府形象，检验我国国家治理体系和治理能力现代化进程的力度和成效。因此，党的十八大以来，以行政审批制度改革为突破口，努力优化营商环境，成了党中央、国务院坚持不懈、扎实推进的系统工程。其中，政务环境体现着政府部门为经营主体提供公共服务的能力和水平，对整体优化营商环境具有带动和保障作用。进入"十四五"阶段，要以推动高质量发展为目标，着力提升政务服务水平，打造优质高效政务环境。因此，掌握政务环境的相关知识对于理解和认知营商环境具有关键性意义。

一、政务营商环境释义

政务营商环境指的是在优化营商环境过程中，政府及相关部门为企业提供服务的环境和条件的总和。[①] 政务服务作为政府服务的核心，既是政府的基础职能，也是公共权力运行的起点，更是政府使命价值的回归。健全完善政务服务体系，是提升政府服务效率和群众获得感的重要举措，是推动政府改革各项措施落实到位的重要支撑。

高效便民的政务服务是政府从管理型政府向服务型政府转变的重要体现，从政务服务的法定职责看，我国的政务环境应满足以下三个要求。第一，要求政府全面提升政务服务便利化水平，行政机关应建立政务服务标准化制度、集中办理制度、网上办理制度、告知承诺制度、容缺受理制度等，不断提高政务服务水平和效能。第二，要求政府深入推动政府信息公开和信息服务，政府应主动公开涉及市场主体的创新创业、人才、规划、产业、项目、市场、

---

① 孙萍、陈诗怡：《营商政务环境：概念界定、维度设计与实证测评》，《当代经济管理》2020年第10期。

金融、税费、奖励、补贴等政策，为市场主体营造出公开透明、可预期的营商环境。第三，要求政府不断推进商事登记制度改革，政府应推行证照分离、先照后证、多证合一、一照一码、企业登记全程电子化等制度，降低市场准入门槛、减轻企业负担。

二、政务营商环境建设的范畴

提升政务服务供给水平和质量是政务营商环境建设的基本要求。政务服务以公众需求为导向，以政府职能或法律规定为依据，以优化营商资源配置为策略，要根据新时代群众需求不断调整优化。政务营商环境包含制约企业达到其最高生产率的政府服务能力及水平的总和，是群众获得感、满足感的集中来源。纵观我国政务服务优化的范畴，都有一个整体的导向。例如，深圳以效率优先，提出"时间就是金钱，效率就是生命"，着力打造高效的便利营商环境；天津以便利优先，从贸易自由、投资便利、金融服务等角度探索投资便利和贸易便利的措施；长沙以创新为先，不断深化改革，加大开放力度，积极推动创新。因此优化政务营商环境，从提升政务服务效能着手，以友好服务、高效务实为改革目标。

政务营商环境建设涉及的内容系统且复杂。例如，以"放管服"改革为主要内容，建立行政审批权责清单制度，明确政府职能边界，便于进一步规范和制约政府权力的使用，让权力在阳光下运行，释放更多行政资源，使政府将更多精力投入政策制定、市场监管与社会管理中去。又如，优化服务意识、提升服务质量，通过"一站式审批""一枚印章管到底""互联网+政务"等改革措施的实行，提高政府行政效率，减轻企业行政负担，促使政务服务朝着社会效益最大化的方向发展。上述举措有利于推进服务型政府建设，展现以人民为中心的政府形象，满足人民群众对良好政务服务的需求。

三、政务营商环境建设的必要性

一个国家或地区的经济社会发展水平深受政务环境等因素的影响。伴随着我国经济增速放缓、改革不断深入，区域政务营商环境正面临改革的新挑战，优化区域政务服务环境的意义重大。

1. 政务环境是观察营商环境的重要窗口

一个地区政务环境好不好，集中反映了该地区营商环境的优劣。政务环境是营商环境的重要构成要素，改善政务环境是优化营商环境的重要环节。政务环境直接影响市场主体准入、经营、贷款、纳税、退出等过程，并决定着营商环境的优劣。持续优化政务服务是便利企业和群众生产经营与办事创业、畅通国民经济循环、加快构建新发展格局的重要支撑，是建设人民满意的服务型政府、推进国家治理体系和治理能力现代化的内在要求。持续优化政务服务，不断提升政务服务标准化、规范化、便利化水平，是当前营商环境治理的重点方向。

2. 政务环境是促进经济发展的有效之道

实践证明，政务环境是一种重要资源，更是生产力、竞争力、吸引力的体现，抓政务环境就是抓机遇。政务环境好的地区更能获得投资者的青睐，能吸引更加丰富的人才、信息、资金、项目。各级政府是优化营商环境的责任主体，因此打造优质的政务环境，是优化营商环境的重中之重。要把政务环境建设作为优化营商环境的突破口，以积极的态度和有力的措施，营造更具吸引力的投资环境和创业氛围，为加快经济发展提供强有力的支持和保障。良好的政务环境是激发市场活力、增强发展动力的基本保障，也是推进国家治理现代化的重要体现。

第二节 政务营商环境治理重点

政务服务环境治理的重点涉及标准化改革、服务设施、政务流程、服务评估与反馈。

一、标准化改革

标准以其动态性、试验性、灵活性为特质引领行政程序相关法律法规的制定与更新。如表2-1所示，相比于由立法机关主要负责制定、行政机关主要负责实施的法律法规，标准可由政府、企事业单位及社会组织协同制定与实施，内容更加清晰且可操作性更强。从形成过程来看，法律法规的制定要经过立项、起草、研究、征集意见、审查才能形成正式的法律案，并经严格的审议、论证、听证、公开、表决等程序，方可完成立法，流程正式且复杂，达成共识的难度较大。与法律法规相比，标准可由中央或地方政府联合社会主体自行制定，其编制、修改、实施流程都相对简单，能够契合社会发展实际情况，做到先行先试。

表2-1 标准与法律法规的区别和联系[①]

属性	法律法规	标准
制定主体	立法机关	政府、企事业单位、社会组织等
实施主体	行政机关	政府、企事业单位、社会组织等
主要内容	权利义务关系	技术性要求与管理性规定
核心特征	抽象、模糊、静态、允许裁量	具体、明确、清晰、限制裁量
价值取向	公平、正义	科学、合理、高效
规范效力	国家强制力	多数不具备强制约束力
二者关系	法律援引和吸收标准	依法制定并实施标准

2019年10月，国务院正式发布《优化营商环境条例》（以下简称《条例》），填补了中国营商环境领域立法空白，从法律制度层面为优化营商环境提供更为有力的保障和支撑。《条例》第二条对"营商环境"概念予以法律上的界定："本条例所称营商环境，是指企业等市场主体在市场经济活动中所涉及的体制机制性因素和条件。"营商环境的优化主要包括平等保护各类市场主体、保障平等的市场准入、降低企业交易成本、提升政务服务能力和优化监管规则等。由此可见，营商环境的优化本质上是一种制度的再造与创新的过程。制度的再造，离不开全社会不同层次的治理作用；创新的过程，更是需要发挥市场主体的活力与自由平等前提下的协同。

1. 优化营商环境何以需要标准化治理

营商环境可以成为标准化治理的对象，营商环境的优化与标准化的治理

[①] 参见胡业飞、向森《作为新兴治理工具的政务服务标准：功能与逻辑》，《中国行政管理》2023年第1期。

具有内在的契合性，这就是治理目标的公益性、治理主体的多样性、治理机制的协同性与治理方式的规则性等。对此，我们将从政府标准与市场标准两个基本维度，政府、企业和行业协会商会等治理主体出发，具体阐述"优化营商环境何以需要标准化治理"。

（1）政府层面。以高效廉洁的政务环境为例。高效廉洁的政务环境是营商环境优化的四大维度之一。实现政务环境的高效廉洁，最为重要的在于推动政务服务标准化，进一步健全公开透明的监管规则和标准体系。而实行政务服务标准化，就是要借助标准化的原理方法，实现政府对国家、社会各项事务治理的制度化、规范化、程序化，从而把我国特色社会主义各方面的制度优势转化为治理国家的效能。具体而言，就是依托标准化的简化原理，精简多余的、复杂的、累赘的行政审批环节，取消不合法、不合理、不必要的行政审批事项和前置条件，以标准化治理形式推动政务服务改革，降低市场主体制度性交易成本，进一步解决我国政府行政审批服务中长期存在的"办事难、办事慢、办事繁"等问题。《条例》第三十五条对政府推进政务服务标准也做出明确规定："政府及其有关部门应当推进政务服务标准化，按照减环节、减材料、减时限的要求，编制并向社会公开政务服务事项（包括行政权力事项和公共服务事项）标准化工作流程和办事指南，细化量化政务服务标准，压缩自由裁量权，推进同一事项实行无差别受理、同标准办理。"

（2）企业和行业协会商会层面。长期以来，我国传统政府主导型的标准化管理体制严重束缚了企业和行业协会商会等市场主体参与标准化建设的积极性，即政府与市场在标准化领域存在着角色错位。因此，2018年修订实施的《中华人民共和国标准化法》对企业标准和团体标准持尊重态度，对企业标准和团体标准进行自我治理提供场域。同时也为企业和行业协会商会等市场主体，以标准化的治理形式对营商环境予以再优化提供了更多可操作空间。尤其是该法所规定的标准自我公开声明和团体标准制度，为企业和行业协会商会参与标准化活动释放了巨大的治理空间。强调政府在营商环境优化中的重要地位与作用的最终落脚点还是在企业和行业协会商会的自我治理的优化上。因此，在此过程中应对企业和行业协会商会等治理主体更多地赋权，把企业标准自我声明公开更多地视为企业的权利而非义务，只要企业能够保证公开信息的真实、准确与可溯即可。企业标准自我声明公开权利归属于企业的这一做法，是标准回归市场本质属性、落实企业是最重要的市场主体的重要体现，这也与《条例》第九条规定的市场主体应当履行安全、质量、劳动者权益保护、消费者权益保护等方面的法定义务的逻辑一致。至于行业协会商会层面，《条例》第二十九条对行业协会商会如何助推营商环境优化有着明确的规定，对于行业协会商会这一治理主体而言，最为重要的则在于以行业自律推动自我治理体系的完善，而团体标准无疑可成为其与成员企业相互衔接的重要的标准化治理手段。

2. 营商环境标准化的原理

实现营商环境的优化升级，需要建立统一、开放、有序的现代市场体系，加强和规范事中事后监管，营造稳定、公平、透明、可预期的良好环境。标准化简化、统一、协调和最优原理，能够有效指导营商环境优化工作，二者具有紧密的内在联系。

（1）标准化的简化原理。标准化的简化原理是指在一定范围内缩减对象（事物）的类型数目，使之在既定时间内足以满足一般需要的标准化形式。行政审批服务是营商环境优化的重要内容。以行政审批为例，简化的目的是控制行政审批事项数量的过度增长，减少不必要的行政审批内容和程序，阻止复杂化发展，使行政审批的系统结构更加精炼、合理。依托简化原理，一方面可以取消不必要的审批事项和申报材料，降低市场主体制度性交易成本；另一方面可以精简审批层级、审批部门、审批流程和审批时限，提高审批服务效率。充分利用标准化的简化原理可以为政府行政审批改革提供助力与支持。

（2）标准化的统一原理。标准化的统一原理是指把同类事物两种以上的表现形态归并为一种或限定在一个范围内，统一的目的在于建立共同遵守的社会秩序，是营造公平、透明的市场环境的重要内容。《条例》中多次提到建立健全全国统一的平台、统一的制度、统一的标准、统一的市场，以此推动营商环境的优化。统一市场准入门槛，消除对非公有制市场主体的隐形壁垒，保护其加入市场的权利；统一行政审批要求和程序，最大限度减少自由裁量权，减少制度"弹性"；统一业务运行平台，避免系统重复建设、数据重复填报等不必要的人力、物力浪费；统一市场监管规则和执法准则，做到既不

"重点保护",也不"刻意打压"。

(3) 标准化的协调原理。营商环境是一项系统工程,不仅涉及政府、企业、公众等多个利益相关方,更涵盖了政治、经济、文化等社会发展的方方面面。为了使营商环境持续优化达到最佳效果,必须通过有效的方式协调好相关因素之间的关系。这些关系既包括政府部门之间的关系,也包括市场主体之间,以及政府部门与市场主体之间的关系等。对开办企业的流程进行再造,实行并联办理,就是标准化协调原理的体现。将市场监管部门原先的"企业名称预先核准程序"和"企业设立登记程序"合并为一个程序,企业可以一并向市场监管部门申请。通过一系列的协同改革,将不断提高便企服务水平。

(4) 标准化的最优原理。标准化的最优原理是指按照特定的目标,在一定的限制条件下,对标准系统的构成因素及其关系进行选择、设计或调整,使之达到最理想的效果。优化的最终目的是通过标准化取得最佳效果。营商环境优化不是一蹴而就的,需要遵循螺旋上升的客观规律,通过各相关方的合作配合,将独立的事项合理融合,共同推进,以服务优化营商环境作为开展工作的唯一目的。营商环境优化没有终点,将随着社会环境、市场主体的需求不断改变。同时,在实践中不断发现问题,不断改进,进而实现持续优化营商环境,推动高质量发展的目标。

3. 营商环境标准化建设的路径

优化营商环境是我国供给侧结构性改革的重要内容。营商环境标准化建设应符合顶层设计要求,通过梳理各关键环节来搭建标准化蓝图,重点以标准化为抓手,建立营商环境标准体系,创新政务服务规范化建设,以数字化应用推动信息共享,促进营商环境持续优化,推动经济社会高质量发展。

(1) 建立健全营商环境标准体系。标准体系作为优化营商环境的支撑和保障,对全面系统地推进营商环境建设发挥着重要作用。以世界银行营商环境指标体系为基础,应加强标准化顶层设计,通过收集整理国内部分省市已出台的措施和发布的指标体系,分析各项措施之间和指标之间的相互关系。营商环境标准体系应主要围绕市场主体的全生命周期,梳理营商环境建设流程。例如,市场主体的开办、施工许可、财产登记、纳税、破产办理等环节属于社会管理职能；市场主体获得电力、水资源、燃气、其他能源等能源资源属于公共服务职能；市场主体的跨境贸易、执行合同、政府采购等则属于经营事项；信用管理、信息披露等为营商环境建设提供保障。因此，可构建包括基础通用标准、社会管理标准、公共服务标准、经营事项管理标准、保障标准等为子体系的营商环境标准体系。以营商环境建设的顶层设计为指引，建立健全科学合理的标准体系，利用标准化手段提炼优化营商环境的实践经验，通过查漏补缺，规范各重点环节，从而整体提升营商环境建设水平。同时，重点关注高质量发展，制定和完善信用体系建设、创新发展、信息披露、安全管理、环境管理等方面的保障标准，全面推动营商环境建设与城市可持续发展相协调。

（2）创新政务服务规范化建设。政务服务是市场主体感受营商环境建设水平最直接的切入点。按照优化营商环境要求，创新政务服务规范化建设。一是开展社会管理类政务服务标准研制。以市场主体满意度为导向，围绕"减流程、缩时间、降成本"的要求梳理现有事项和环节，利用标准化手段在办理事项、办理流程、服务要求、人员管理、运营维护、信用管理、信息披露、数据管理、信息安全、平台建设等方面进行规范，提高政务服务效率，降低市场主体的制度性交易成本。二是加强营商环境评估指标体系研究。结合营商环境建设成果，优化服务和管理模式，不断调整和完善评估指标体系，制定营商环境各指标数据的分类、收集、统计、处理和分析标准，统一数据口径，保证各城市营商环境水平指标数据的可比性，推动服务效能建设，提升服务水平。三是建立评估和改进的标准化机制。坚持问题导向，以评促改，不断吸收市场主体的意见和建议，提出针对性的解决方案，使用统一标准进行营商环境数据采集、数据分析和评估，直观对比各城市营商环境的发展水平和优势，促进各城市间交流分享和良性竞争，推动我国营商环境水平的整体快速提升，并持续改进和优化。

（3）推动标准化信息化深度融合。数字化驱动背景下，以标准化和信息化两化融合来推动营商环境建设。利用信息化手段建立统筹管理的工作机制，积极探索"互联网+监管"模式，创新监管方式，理顺管理要求、服务规范、沟通合作机制等，推动各层级和各部门的资源整合、信息共享、工作对接和协同配合。在具体工作中加强事中事后监管，利用互联网和大数据技术提升监管的效率和质量，制定相关标准规范，完善综合执法的标准，加强标准化培训，提升监管的规范化和透明度。

二、服务设施

智慧政务服务就是加强"互联网+政务服务"技术和服务体系，不断提升各地区各部门网上政务服务水平的一系列技术措施。为提高政务服务运转效率，为群众提供更多的政务服务渠道，营造便捷的生活环境，促进和谐社会建设。我国各地方政务服务部门推出了许多政务服务设施，方便群众进行各种政务服务办理，节省办理时间，达到提升政务服务质量的效果。

1. 自助政务服务系统

自助政务服务系统以整合"政务信息化"为基础，通过自助办理一体机终端，延伸"政务信息化"的服务内容和覆盖范围。自助办理一体机终端提供部分或全部的"政务信息化"功能，结合自助办理一体机终端的硬件（如扫描仪、高拍仪、身份证读卡器、打印机、二维码扫描仪、智能储物柜等），为办事群众提供身份认证、资料采集、资料打印、自助取件等服务。

以社区便民自助服务终端为例。它集合了包括公安、人社、医保、民政、公积金、电力等多领域政务业务为一体，打破数据孤岛，通过对接外围系统实现丰富的自助服务应用和政务事项办、查、缴、票的"一站式"服务模式。不仅可以方便群众就近办、自助办，打造社区便民服务新模式，也可以将政府窗口人员从大量简单、重复度高的工作中解放出来，集中力量处理更为复杂的业务。

2. 多功能政务服务系统

多功能政务服务终端以整合"政务信息化"为基础，通过自助服务一体机，延伸"政务信息化"的服务内容和扩大覆盖范围，与现有的各政务系统做对接，实现身份认证、指纹采集、资料打印、无人自助导向服务、办事进度查询、政务公开宣传、各类缴费业务、材料自助收取流转等事项办理。根据不同单位的需求，政务自助机可以设置不同的业务功能，做到全程自助化。

自助填表/填单终端通过对政务服务事项办理过程中需要的海量证明材料、表格或文书，进行统一清理分类、编目、集中式管理，建立政务公共元数据资源池，以分布式大数据平台为基础，对结构化、半结构化、非结构化的文书材料、表格表单等数据进行处理分析，面向群众、企业用户提供场景式、交互式、向导式的智能文书表单填写打印生成服务，引领群众方便快捷地办理事项。

智能云柜（自助文件中转柜、智能案卷柜）可以实现物证、案卷、证件、文件等相关材料的自助存取终端，主要用于公检法、行政服务中心等场所。由一个主柜和多个副柜组成（可根据实际场所定制），主柜配置工控主机和触摸屏实现智能云柜整体控制和自动开关柜，主柜定制客户端软件，实现身份认证、材料存取等功能，与系统数据实时互联。智能云柜提供多种可选配置，有IC卡认证、人脸识别、指纹识别等技术作为基础支撑。

3. 智慧政务大厅

第一，智慧政务大厅为群众提供智能引导、自助服务、智慧服务等功能，可实现大厅硬件和软件系统的智慧化管理与联动调度，实时监控各应用系统和智能设备运行的情况。具体而言，智慧政务大厅提供的政务服务设施包括：综合服务管理平台、导视查询系统、窗口评估互动系统、排叫号系统、信息显示与发布系统、24小时自助服务大厅、网上政务微政务大厅等。

第二，智慧政务大厅为政府政务机构的数字化建设、信息化建设、智慧化建设提供优质的政务解决方案，提供搭建智慧智能的政务大厅、政务服务中心、行政审批中心等政务大厅解决方案。为建设新时代服务型政府，推进政府政务创新型发展、政务网站规范化与服务集约化建设，完善政务信息发布、解读回应、办事服务、互动交流体系，搭建便捷、普惠、优质、高效的政务服务平台，提供了科学的整体方案及配套的智能科技产品技术支持。它能够推动智慧政务的前进脚步，从而推动城市运转效率的提升。

三、政务流程

政务流程是指一组为公众提供特定的服务或产品相关的、结构化的活动集合，是政府机关在行使政府职能过程中一系列有计划的行政活动的总和。政务流程有三类：面向公众的流程、支持流程和管理流程。面向公众的流程是为办公提供产品和服务；支持流程是为内部提供产品、服务和信息；管理流程则是促使面向公众的流程和支持流程有效配合，以符合公众和用户的期望和需要。

政务流程是一个总体抽象的描述，具体到一个特定的政府部门，政务流程就是其基本的业务流程。政府部门繁多，业务流程千差万别，但它们却有着相同的基本结构。任何一个政府部门的业务流程都是一个综合体，从技术角度看，业务流程的综合性意味着业务流程的可分解性。业务流程的综合性体现在与业务流程相关的诸多外在因素上，这些外在因素提供了对政府政务流程诠释的框架。因素类别的一致性为解析千差万别的政务流程提供了一个相对统一的基本结构。与政务流程相关的外在因素可概括为：公共权力、信息资源、物流资源、规则（法律、制度）。就公共服务而言，公共权力是政府提供公共服务的动力，信息资源是公共服务决策的依据，物流资源是公共服务提供过程的必要实体资源，规则是公共服务提供的规范要求。公共权力在政务流程上体现为责任落实过程中形成的责任链；信息资源在政务流程上体现为政务流程不同业务节点业务办理与决策所依据的信息流；规则在政务流程上体现为由不同业务节点的标准行为构成的业务流；物流资源在政务流程上体现为政务流程运作过程中实体资源的管理和配置，是特定政务流程的一部分。

1. 政务流程优化

政务流程优化是一种系统的、综合的改进作业绩效的方法，它不是信息技术的解决方案，也不是细致的流程建模；政务流程优化需要特别的知识与技能，政务流程优化强调工作绩效的显著提高；政务流程优化是在一定政治环境下发生的；政务流程优化强调重视公众和利益相关者；政务流程优化强调根据需要，确定改革的广度和深度，选择流程优化或再造的方法，因此呈现不同的特征。

政务流程优化的基本原则包括：将政府管理、决策与事务性工作分开；清理与整合。清理指消除原有流程中非增值的环节；整合是对清理后非增值的流程予以简化，并对这些分解开的流程进行整合，使整个流程更加顺畅。简化中间管理层，扩大授权，追求成果。流程按照自然顺序排列。源头一次捕获信息，实现信息共享。业务流的优化主要涉及政府的服务效率问题，像简化行政审批手续的改革就属于业务流优化的范畴。业务流优化是电子政务建设的核心目标之一，也是基于"政府－IT企业"模式的电子政务建设难以达到的目标。责任链优化主要涉及公共权力的配置问题，这是行政体制改革的核心内容，也是深化电子政务建设的难点问题。

基于效率的流程优化，旨在建立有效的信息检索机制。它涉及信息的选择、分类及编码等，这是信息学与情报学研究的主要内容。在技术层面，这一问题需用信息技术加以解决，涉及信息技术的专业应用，核心内容是基于效率尺度的业务流优化问题。主要过程包括：基于专业化管理的原则，按照政府业务流程的设计规则，对政府某一领域的业务进行全面的梳理，形成若干业务流；对各业务流之间的关系进行可操作化分析，要求分析到具体的业务节点间的业务关系；按规范削减负载（可以操作化为业务量）较小的业务节点，平衡这一改变对其他业务节点产生的负载。

基于效能的流程优化，强调的是目标正确性。效能问题与组织的战略决策相关，它是一个组织某阶段的初始决策。决策的正确性只能通过决策方案的具体实施结果来检验。决策者在制定决策时会面对很多不确定性，因而决策失误不可避免。关键问题是如何尽早发现决策失误并予以修正。因此，基于效能尺度对政务流程进行优化的问题，就转化为如何优化政务流程，确保决策者尽量减少决策失误，或及早发现决策失误，从而及时中止决策实施并予以修正。这一思想的操作化依据是最优停止理论，其内容较为丰富。一是按业务节点的业务内容和特点对信息进行规范分类、筛选和编码，确定哪些是业务节点需要的信息，然后按专业化的信息检索方式提供给业务链上的各节点，并按国家有关法律和法规及时补充和更新信息，使每个业务节点都能基于有效的信息进行业务办理和决策。二是为每个业务节点提供向其上级权力节点（可以越级）反馈信息的渠道，使其能将业务办理过程发现的决策失误及时进行信息反馈，从而使业务节点不仅对决策实施过程负责，还要对决策实施的结果负责。

2. 政务流程重构

政务流程的重构是政务流程解析和优化的最终目标。政务流程的解析、优化与重构构成政务流程渐近改进的一个完整循环。政务流程的重构是优化后的信息流与责任链自然嵌入优化的业务流的过程，因而不需要复杂的技术与更专业化的知识。政务流程的重构阶段主要工作就是调试新的政务流程，对新政务流程调试过程中出现的问题及时解决。新政务流程调试成功后，便可进入正常运行阶段，政务流程的改进过程的一个周期结束。

政务流程的重构过程是政务流程解析与优化过程的结果，即优化的信息流、业务流与责任链自然嵌入新政务流程的过程。政务流程的解析、优化与重构是政府政务流程再造循环过程连续的三个基本阶段。这一渐近循环的过程直观反映了政府对外管理与服务过程中的后台业务流程的管理与优化的过程，前置的政府"一站式"服务能否使公众满意，完全取决于后台的业务流程能否更有效及更高效地运行。

政务流程的改善是一个循序渐进的过程，是政府深化行政体制改革微观操作的必然选择。尽管以信息技术为手段的电子政务建设在一定程度上推动了政府的职能转变，但改革者们也会注意到，信息技术仅仅保持或加强政府现存趋势的情形还依然存在。因而信息技术在操作层面上只是提供了一种可能性，并非一种必然性。将这种可能性转变为现实并非技术本身所能达到的，这一任务不可避免地要由政府自身来承担，这也是政府面临的重大挑战。

3. 政务流程再造

政务流程再造是指运用现代公共行政学理论和信息技术手段，对政府部门的业务流程进行根本性思考和彻底重建。传统的政务流程复杂且分散。由于以前的技术不能实现整个业务条块的联网，整个业务数据流程不得不按地理位置和人力分配被分割在多个部门，从一个部门转到另一个部门，增加了交接环节和复杂程度。在传统的业务流程中，相同的信息往往在不同的部门都要进行收集、存储、加工和管理，造成了大量重复劳动。

政务流程再造的目的是在办事效率、行政效能、行政成本、行政能力和公共服务等方面取得显著的进步，使得政府部门能最大限度地适应行政管理体制改革的要求。政务流程再造要把传统的以政府职能为中心的行政模式转变为以政府客户为中心的行政模式,要以新公共管理理论和新公共服务理论倡导的价值体系为核心。政务流程再造的作用是通过该环节,可以确定每个政务流程应该采集的信息,并通过应用系统实现信息在整个流程上的共享使用。可以充分授予工作人员以权限,发挥其在业务流程中的作用。可以将传统业务流程的串联模式变成并联模式,提高办事效率。可以在变革中不断整合政府职能,不断提升政府绩效水平。

四、服务评价与反馈

评价是公众参与政务服务的最佳路径。[①] 习近平总书记曾作出"时代是出卷人,我们是答卷人,人民是阅卷人"的精辟论断,其中"人民是阅卷人"强调把人民满意作为一切工作的出发点和落脚点。具体到与人民联系紧密的政务服务,通过评价助推政府职能转变,提升政府与公众互动,成为当前践行"以人民为中心"思想的关键议题。

通过评价有助于提升社会治理的公众参与度。公众参与评价有助于增强参与体验、激发参与热情。一方面,政务服务需要广泛吸纳公众意见;另一方面,公众参与评价的方式使得其社会权益得到尊重,决策更多反映公众意愿。目前公众参与治理的广度、深度与经济社会发展尚有一定差距,主要表现在:公众参与合作共治的范围有待拓展;公众参与载体欠缺,合作共治的潜力受到制约;社会主体积极性不强,协助共治的组织化程度较低。解决这些问题,需要不断完善公众在决策、执行、监督等过程中的知情权、参与权、话语权等,发挥公众在多元治理结构中的作用。

通过评价有助于推动政府职能转变。在全面深化改革的蓝图下,建设法治政府和服务型政府被赋予新使命。探索建立公众参与政务服务多维度、全方位、立体式的评价机制,转变无序、分散的参与模式,形成"公众诉求—政府回应—公众评价—政府反馈"的良性循环,有效反映出在政务服务过程

---

① 北京市公众参与政务服务评价机制研究课题组:《新时代公众参与政务服务评价的模式与机制》,《中国建设信息化》2018年第23期。

中公众最为关心、亟待解决的政务服务问题。一是以评促改，通过评价政务服务过程中的难点、痛点、堵点，使得职能部门充分了解公众需求偏好，使公众的需求真正成为推动服务优化升级的核心依据。二是以评促建，服务型政府观念的转变、现代公共服务理念的塑造需要借助社会化、个性化、智能化的手段来实现。以公众意见的参与、反馈、回应机制为切入点，并依据大数据手段，制定相应规范，确保公众参与成为推动政务服务高质量发展的重要因素。

通过评价有助于完善政务服务工作机制。政务服务作为政府服务的核心，既是公共权力运行的起点，也是政府使命价值的回归，以公众接触政务服务的流程节点为主要评价维度，能够实现对服务一体化全流程的精细化管理。首先，评价丰富了以人民为中心的思想内涵；其次，拓展了公众参与政务服务的深度与广度，一定程度上避免了现有参与途径无法满足公众需求、公众利益表达缺乏渠道和平台的问题。

第三节 政务服务组织制度改革

我国城市的政务服务大厅始建于2001年的广东江门，伴随着2012年深圳试点商事制度改革的推进，已在全国各地出现。国务院办公厅政府信息与政务公开办公室的调查显示，全国县级以上地方各级政府设立政务大厅覆盖率已达94.3%。[①] 全面提升政务服务效能是便利企业和群众办事创业、畅通国民经济循环、加快构建新发展格局的必然要求，也是优化营商环境、推进国家治理体系和治理能力现代化的重要举措。政务服务组织改革实现了政府工作人员与群众的面对面交流，为建设亲民、透明、高效、廉洁的服务型政府提供了有效的载体和平台。

---

① 国务院办公厅政府信息与政务公开办公室：《全国综合性实体政务大厅普查报告》，《中国行政管理》2017年第12期。

一、政务服务大厅建设

政务服务大厅是政府为企业和群众提供公共服务的具象和实体。各国政府设立了不同类型的政务服务大厅,例如,美国的 Government Service Centers、加拿大的 Service Canada、澳大利亚的 Centrelink 等。[1] 政务服务大厅是集审批与收费、信息与咨询、管理与协调、投诉与监督为一体的综合服务机构,集中了主要审批事项,主要功能有审批服务、咨询服务、监督投诉等。政务服务大厅是政府部门集中服务的平台。近年来,各级政府积极推进老百姓关注高、办件量大的事项进驻大厅,大厅不断集成与企业和群众密切相关的行政管理事项,包括行政许可和其他服务事项,以政府行政资源"集成"为先导,以向公众提供便捷高效的无缝隙服务为目标,创建了集中服务的政务平台。[2]

政务服务大厅是政务服务改革的前沿阵地。党的十八大以来,党中央、国务院坚持"放管服"三管齐下,一方面推进简政放权,大幅取消下放审批权力;另一方面推进政府职能转变,进一步创新政府管理、优化服务供给。政务服务大厅建设有利于实现标准化、公开化、规范化和均等化的政务服务,有利于实现政民互动、信息共享、部门协同和监督监察,呈现了现代政府公共服务的实施方式、实现路径和实现价值,是地方政府行政管理体制改革的有效尝试。许多直接面向社会和公众的行政改革事项,纳入政务服务大厅统筹谋划和协调推进。

政务服务大厅为"互联网+政务服务"提供坚强支撑。打造网上政务服务平台,实现政务服务"一号申请、一窗受理、一网通办",要依托"互联网+"政务服务,增强政府大厅与企业、群众之间的互动,实现创新元素的聚集、开放和共享,大幅提升政务服务效率,延伸政府的公共服务;要依托"互联网+"的灵活性和适应性,压缩审批服务环节,降低制度性交易成本,聚焦重

---

[1] 易兰丽、杨慧、孟庆国等:《政务大厅服务效能影响因素实证分析》,《北京理工大学学报(社会科学版)》2019年第4期。
[2] 张定安:《实体政务大厅是建设人民满意的服务型政府的有力抓手》,《中国行政管理》2017年第12期。

点,瞄准堵点,更好地适应灵活多变的市场需求和公共服务需要,提高政务服务供给质量和服务水平。

二、政务服务中心建设

政务服务中心是人民政府设立的集中办理本级政府权限范围内的行政许可、行政给付、行政确认、行政征收及其他服务项目的综合性管理服务机构,也是加强政务服务、提高行政效能、为群众提供优质便捷高效服务的重要平台。

政务服务中心一般为政府行政机构,如成都市人民政府政务服务中心为市政府办公厅归口管理的正局级行政机构。[①] 安徽省人民政府政务服务中心的管理机构是省政务公开办公室(对外挂省政务服务中心牌子)。同时,省政务公开办公室作为省政务公开领导小组办事机构,负责组织、协调、指导全省政务公开、政府信息公开工作。省政务公开办公室为省政府办公厅内设机构。[②] 长沙市人民政府政务服务中心与市政务公开领导小组办公室实行两块牌子、一套人马合署办公,内设办公室、业务指导处、信息公开处、窗口管理处、政府热线管理处、监察室。[③] 2011年,中共中央办公厅、国务院办公厅印发了《关于深化政务公开加强政务服务的意见》,明确服务中心职能。服务中心管理机构作为行政机构,应使用行政编制,配备少而精的工作人员;已使用事业编制的,应在行政编制总额内调剂出一部分进行替换。在调整、配备服务中心编制中,要结合当地政府机构改革,注重优化整体编制结构,坚持增减平衡。

政务服务中心是政府工作部门深化行政改革的重要体现。首先,政务服务中心将分散的工作部门集中到一个办事大厅为群众进行政务服务,在人民政府的权限内为群众提供最大限度的便利,并在服务过程中力求将原本烦琐

[①] 参见成都市人民政府政务服务中心,http://www.chengdu.gov.cn/chengdu/zwfwzx/zwfwzx.shtml。

[②] 参见安徽省人民政府政务服务中心,https://www.ahzwfw.gov.cn。

[③] 参加长沙市人民政府政务服务中心,https://zwfw-new.hunan.gov.cn/csywtbyhsjweb/cszwdt/pages/default/index。

的行政审批等流程进行简化，对于所需材料告知群众一次性补齐，在服务的过程中厘清各行政部门的工作范围和权限并对提供的服务内容进行审查。其次，政务服务中心的建立和运行也是深化行政体制改革的重要依据。在为群众提供服务的过程中，政府能够对各部门分管的内容进行审定，对于办事效率低、冗员的部门予以简化。最后，行政改革的重要内容就是"转变政府职能，争做服务型政府"，而政务服务中心是以人民群众的实际需求为核心进行的一系列简化流程、材料的简政放权改革。

政务服务中心是政府工作部门优化政务环境的重要体现。在传统政府部门工作中，相互推诿、办事态度差、办事效率低下的情况屡见不鲜。针对此类现象，政务服务中心能够通过各部门之间的制约和监督及上级对下级的监督进行有效纠正。各部门都在服务中心进行工作，服务态度受到周围部门的监督和约束，而根据服务流程进行的部门安排也能够最大限度地保证各部门工作人员之间的办事效率，以最简洁的路线服务人民群众。除此之外，政务服务中心将各部门进行统一调配，对原本各部门"不作为""乱作为""懒政怠政"的政务环境进行有效整治，有助于在政府工作中增强工作人员工作激情，提升工作人员工作效率，以此来达到优化政务环境的目的。

政务服务中心是加快政府便民服务建设的重要体现。我国政府是"为人民服务、以人民实际需求为中心"的政府，其工作也应当以人民需求为中心来开展。在政务服务中心的集中化办理能够加快工作人员的办事效率，缩短办事时间，为提升政府在人民群众中的公信力提供了重要帮助。现今，我国正在不断建设网上服务，建设"数字型政府"，而政务服务中心可以率先将报税等申报工作由人工柜台办理转化为网络办理，这些创新举措都是加快政府便民服务建设的重要体现，是建设"服务型政府"的需要。

三、行政审批局模式

行政审批局是以政务服务改革为主要职责的政府机构，具有天然改革属性，对于研究新时期行政体制改革具有典型样本价值。在试点改革过程中，行政审批局以许可权限集中为前提，有效地推动简政放权、审管分离与透明行政，显著增强了公众的获得感，是与新组建的国家市场监督管理总局相适应的地方审批部门，是贯彻放管结合、从审批层面促进监管的重要体制突破。① 2015 年 3 月，中央编办、国务院法制办联合印发了《相对集中许可权试点工作方案》的通知，选取天津、河北等 8 个省市率先开展相对集中行政许可权试点工作。经过对试点的实地考察，8 个省市基本选择了组建行政审批局的方式，将行政审批权集中到一个部门统一行使。2015 年，天津市 15 个区县全部实现了行政审批局模式，滨海新区作为全国第一家依法设立的行政审批局得到了时任国务院总理李克强的高度肯定。2016 年四川省在确定成都、绵阳等试点的基础上，进一步扩大行政审批局试点，强调各市（州）紧跟改革步伐，各选择 1 个至 2 个县区作为试点。此外，2017 年初河北省通过决议，一年内全省所有市县都将建立行政审批局，实现"一枚印章管审批"。截至 2020 年 12 月底，全国范围内各级各类行政审批局共有 1025 个，包括 2 个副省级城市、13 个省会城市、92 个一般地级市、305 个市辖区、123 个县级市、381 个县和 109 个各级功能区。未设立行政审批局的地方政府，很多也充分利用政务服务中心集中办理审批权力事项，通过"两集中，两到位"改革方式，积极构建"一个窗口受理、一个处室审核、一个领导审批、一个公章办结"审批服务模式，这些改革不仅归并审批权，还调整政策法规、技术审核和监督管理职能，部门内部决策、执行、监督的组织结构也发生重大变化，大大促进了一级政府层面决策、执行、监督的权力相对分离的组织结构和相互制约的权力运行格局的形成。② 行政审批局试点改革迅速扩散，足以说明实践需求十分旺盛。

第四节　政务服务技术应用场景

在互联网、大数据、人工智能蓬勃发展的大背景下，我国面临着难得的

---

① 宋林霖、何成祥：《行政审批局建设的四维机制：基于行政组织要素理论分析框架》，《北京行政学院学报》2019 年第 1 期。

② 张定安、彭云、武俊伟：《深化行政审批制度改革　推进政府治理现代化》，《中国行政管理》2022 年第 7 期。

发展机遇。国家电子政务发展面临新的环境和要求，正处于转变发展方式、深化应用和突出成效的关键转型期。如何充分利用大数据理念和技术，进一步加快电子政务发展，提升政府管理能力和服务水平，是电子政务领域当前面临的紧迫课题。

一、互联网＋

在信息社会深入发展的当代，充分利用信息技术以建设数字政府，已经成为推进国家治理体系和治理能力现代化的重要环节。政府信息化和数字化改革已经成为当下学界研究的热点，关于改革后的组织形态，学界提出了虚拟政府、扁平化政府、整体性政府等诸多概念，但这些概念的不足在于它们皆是着眼于政府的整体性观察，并未以部门为切入点，在实证层面深入考察部门间关系究竟发生了何种变迁，政府内部互动依然是有待揭示的"黑箱"。2016年，《政府工作报告》提出要大力推进"互联网＋政务服务"，让居民和企业少跑腿、好办事、不添堵。2019年，党的十九届四中全会强调应当"以推进国家机构职能优化协同高效为着力点……建立健全运用互联网、大数据、人工智能等技术手段进行行政管理的制度规则"。

国家层面的高度重视，刺激地方政府积极探索政务创新，导致政府组织体系的变革与转型。近年来，政务服务中心出现了一种演变趋势：为了优化公共服务体系，一些地方政府积极改革，政务服务中心向具有独立法人资格和行政级别、拥有实质性权力的方向发展，特别是为了实现"最多跑一次""一站式服务"等目标，地方政府利用信息技术进行流程再造，将大量政务事项的受理权从职能部门下沉至政务服务中心。由此，政务服务中心逐渐转变为公共服务的"块块"机构，与其他"条条"部门共同搭建起"互联网＋政务服务"的治理体系。

1. "互联网＋政务服务"优化营商环境的三种逻辑

第一，交易成本的降低机制。"互联网＋政务服务"平台的建设，降低了市场主体在办理证照、市场监管、办理纳税和登记财产等方面的制度性交易成本，表现为"互联网＋政务服务"优化营商环境的交易成本降低机制。制度性交易成本构成了企业生产成本的重要方面，更为重要的是制度性交易成本的降低只能由政府通过改革和制度建设降低，企业的能动性有限。通过建设网上政务平台，有效沟通了公众、企业和政府部门，切实降低了制度性交易成本。在网上政务平台官方应用的智能化搜索功能，对于市场主体的交易成本支出也大有裨益。

第二，政府效率的提升机制。以"互联网+政务服务"建设为契机，政府效率得到有效提升，进而优化了营商环境。实际上，"互联网+政务服务"作为一种技术工具，对科层制的政府起到了一定的倒逼作用，迫使其作出一定的变革以适应不断进步的技术手段。"互联网+政务服务"作为 ICT（information communication techology）的一种具体实践形式，在政务服务领域的应用极大地提升了政府效率。以互联网技术手段为支撑，传统的科层制政府正在向"敏捷政府"转型。这就意味着，部门分割、信息流动不畅、推诿扯皮和形式主义等传统科层制的问题在一定程度上得到解决。政府效率的提升有效地改进了营商环境的质量。

第三，政务服务供给的精准机制。"互联网+政务服务"有效匹配了市场主体需求和政务服务供给，表现为政务服务的精准供给机制。市场主体对于政务服务的需求往往呈现层次化、个性化和多样化的特征。与此相对应的是，传统的政务服务供给存在程序繁杂、信息不足和供给错位等问题。"互联网+政务服务"有效促进了政务服务供给的精准化。一方面，新型的互联网技术手段使得信息流动更加高效，政府能够以更低的成本掌握更多的信息；另一方面，不同企业多样化的需求能够通过互联网政务平台便捷地向政府传达。政务服务的精准供给，有效优化了市场主体的营商环境。

2. "互联网+政务服务"对地方营商环境的影响

作为国内外广泛关注的改革议题，营商环境优化的相关理论和实践问题得到了学界的广泛关注。早期的研究围绕我国营商环境的构建思路、评估机制与路径选择等问题进行了较为深入的讨论，随着研究的不断深入，识别营商环境影响因素、探索营商环境优化逻辑成为国内外学者讨论的热点话题。已有研究表明，地方经济水平、劳动力成本、金融发展、政务服务效率、市场监管、审批制度改革等因素对地方营商环境构成重要影响。近年来，"最多跑一次""一网通办""不见面审批"等地方政府"互联网+政务服务"创新与改革全面推进,"互联网+政务服务"对营商环境的影响成为当前营商环境研究的新增长点。具体来说,大力发展"互联网+政务服务"能够对地方营商环境的市场化、法治化与国际化水平产生积极作用。

有利于提升地方营商环境市场化水平。"互联网+政务服务"将新一代信息技术赋能政府管理与服务,实施政府流程再造与效能提升,持续降低企业制度性交易成本,促进公平竞争,实现对市场主体的精准服务,能够显著提升地方营商环境市场化水平。首先,一体化在线政务服务平台是"互联网+政务服务"工作的重要载体,市场主体可以借此实现企业开办、生产、经营、注销全流程的在线申报与办理,实现公众、企业和政府部门间的有效沟通,真正从企业需求的角度出发切实降低企业负担。已有研究发现,实施"互联网+政务服务"显著降低了制度性交易成本,提升了政府效率,营造了稳定透明的市场环境,有助于优化营商环境。其次,与线下政务服务相比,集约化的在线政务服务平台加强了政府各部门服务运作的协同性,将碎片化的服务事项进行了整合。这一举措不仅提高行政审批和监管的效率,同时实现惠企政策的公开透明,使市场环境更为公平、市场主体经济活动更为便捷与高效。最后,营商环境优化要立足于市场主体的需求,大数据、云计算、智能算法等技术创新能够更好地对企业的需求进行主动感知与智能匹配,政务服务的主动性、精准性持续增强。智能化的在线政务服务能够通过高效的需求感知和服务推送变"人找政策"为"政策找人",主动精准施策,进一步激发市场主体活力。在线政务服务显著提高了企业营商环境评估,有助于地方营商环境市场化程度的提升。

有利于提升地方营商环境法治化水平。营商环境优化需要规范、公开、透明的制度基础,这对于政务服务的法治化水平提出了较高要求。"互联网+政务服务"能够通过对政府和企业行为的智能化监控实现营商环境法治化与规范化的目标。首先,通过技术赋能有助于营造和维护公平公正的市场秩序。实现营商环境的法治化目标,要对政府权力进行有效规制。大量研究表明,对公权力和腐败的规制有利于构建良好的营商环境。实现对政府权力的有效约束和规范,不仅要依靠建立健全相应的制度体系,还要积极利用新一代信息技术。当前,各级各地政府"互联网+政务服务"工作推进过程中取消和下放了大量行政审批事项,减少和规范了工作人员的自由裁量权,实现了企业和公众办事流程再造和服务效能的提升。这些创新举措大幅度压缩了政府的寻租空间,约束与规范了政府行政行为,从根本上保障了市场主体的合法权益。其次,通过技术赋能有助于提升政务服务的公开透明。"互联网+政务服务"在一定程度上打开了行政审批过程的"黑箱",有助于全社会对政府行政进行全过程监管,让公权力更好地"在阳光下运行"。最后,信息技术的合理运用促进了事中事后监管更加精准、高效。依托于国家企业信用信息公示系统实施的"双随机、一公开"监管、"互联网+监管"等创新举措构筑了纵向到底、横向到边的市场监管体系,营造出公平公正、健康有序、规范透明的市场环境。

有利于提升地方营商环境国际化水平。来自世界各地的大量外商进行投资兴业是一国或者一个地区优质营商环境的重要标志。改革开放以来的很长一段时间,我国对外商投资的吸引力主要在于廉价的资源、劳动力成本和各项政府对外资的优惠政策。当前,我国经济发展步入新常态,经济结构正在迅速转型升级,吸引外商投资的重点和亮点逐渐转变为政策环境优化与服务能力提升所营造的包容、开放的营商环境。因此,如何突破"硬约束"、改善营商"软环境",成为新时期增强外资吸引力的重要议题。而国际化营商环境的打造关键在于与国际接轨的制度创新与服务供给,例如,我国各地自贸区通过技术手段加强贸易与通关便利化,营造有利于引入外资的市场氛围,对于优化当地营商环境起到重要的推动作用。

二、大数据技术

大数据是具有更强决策力、洞察发现力和流程优化能力的海量信息资产的总和。大数据技术的意义不在于掌握庞大的数据信息,而是在于对这些含有意义的数据进行专业化处理。大数据技术已经在各行各业实现了广泛应用,不仅促进了电商行业、金融行业、服务行业、生物技术行业等的现代化发展,在政府服务中也发挥着越来越重要的作用,大数据通过带给群众便利,切实提升了人民的满足感、幸福感、获得感。

目前，我国正在持续推进服务型政府建设，基于大数据技术实现"互联网+政务服务"平台飞速发展。大数据能够简化办事流程，提高服务效率。"一站式"便捷服务实现了办事"不出门""零跑腿"，线上线下同步分流办公，解决了群众的排队烦恼。同时，自助平台的使用能够方便群众随时随地享受到智慧化便捷服务。大数据技术能够提供定制计划，提升服务水平。通过大数据技术，对群众诉求进行进一步分析，可以提高针对性，为群众推送定制方案及相关服务，真正做到"一站式"服务，让群众少跑腿、快办事。

政务服务数据是全国一体化政务大数据体系的重要组成部分，加强政务数据的汇聚融合、共享开放和开发利用是建设网络强国、数字中国的应有之义。国务院办公厅印发《全国一体化政务大数据体系建设指南》，旨在充分发挥政务数据在提升政府履职能力、支撑数字政府建设及推进国家治理体系和治理能力现代化建设中的重要作用。

1. 大数据技术在政务服务领域中的应用

大数据能够提高政务服务效率。随着"互联网+政务服务"为公众提供的自助式服务、"一站式"服务的政务服务模式逐步推广，通过大数据技术处理政务信息，对公众提交的业务请求进行分析，快速、准确、高效地进行业务处理，有效改善了前期政务信息处理缓慢、政务处理流程繁杂的现状，大大提高了工作效率。例如，公众在政务服务网站申请办理户口登记项目变更服务事项，大数据分析系统能自动对公众提交的信息与电子化材料进行资源比对、种类筛查，当信息资源的核查不通过，即时反馈结果给公众，提高了网上办理业务的初审效率。

大数据能够提升政务服务水平。政务服务的公众类型多种多样，办理业务的需求各异。通过大数据技术对公众参与政务服务的各种信息进行数据实时分析，由数据的"收集者"转变为"分析者"，挖掘出公众的潜在需求，主动为公众推送与其关联度高、时效性强的个性化信息或服务，从而提升政务服务的能力和质量，获得最大化的用户满意度。例如，公众在医院办理出生医学证明后访问"互联网+政务服务"网站，系统在推荐栏目会自动推送出生登记入户业务办理提醒，公众可选择全程网上办理或现场预约办理该业务，让公众办事"不用跑、就近跑、只跑一次"。

大数据能够提供辅助决策支持。传统决策方式凭经验和靠直觉进行判断，很容易造成决策失误。现在采用大数据技术对海量政务数据进行信息研判，从中识别抽取出有价值的隐含信息，并利用这些信息为政府各部门重大政策、法规的制定提供决策依据。"让数据说话"使政府的决策更有据可依、更智能、更科学，决策实施过程中出现的问题可实时监测，从而对决策进行调控和完善。例如，"互联网+政务服务"中某项网上办理业务审核通过率低，通过大数据技术分析得出主要是办理流程不合理、系统设计不科学、审批人员培训不到位等因素导致，就可有针对性地改进与完善网上办理业务。

大数据能够优化政务网站。利用大数据技术采集公众浏览政务网站的停留时间、浏览内容、点击行为等要素进行分析，可挖掘公众的使用习惯和信息获取需求，有针对性地发布信息。对网站的总体布局、页面设计、栏目分类及网站的服务功能进行优化改良，不仅可以提升政务网站的形象，还可以吸引更多的公众访问政务网站，提高政务信息的利用率。例如，某政务服务网站，由于网页数量繁多，其中某些网页出现故障，导致公众无法访问，网页信息利用率实际为零，通过大数据技术挖掘出此类"僵尸"页面并进行处理，能够确保政府网站正常提供服务。

2. 大数据技术赋能政务服务的过程

为促进政务服务跨地区、跨部门、跨层级数据共享和业务协同，努力打造"数字政府"和"智慧城市"，各地相继成立大数据资源管理局。该部门主导建设"数据中台"，围绕"平台+数据库"的主题，建设政务信息资源共享体系，提供数据的"统一交换通道"。平台汇聚全市各部门业务系统和一体化在线服务平台产生的政务数据，为政务服务提供准确的、可用的"统一数据支撑"，以信息化提升数据化管理与服务能力，打通政府数据壁垒，实现信息共享、数据互通，坚持做到"让数据多跑路，群众少跑路"，创新政务服务，优化营商环境，促进地方经济社会高质量发展。总体而言，实现上述功能一般需要经历归集整治、能力升级、大数据赋能三个阶段。

第一，归集整治，多头数据"统一管控"。通过各部门在资源目录平台对政务数据资源进行梳理，实现政务数据资源的清晰化、动态化、常态化管理。

例如，在公共服务、健康保障、社会保障、城乡建设、食品安全等领域的信息资源，依托政务云建设统一数据交换平台，用于归集和交换各部门的信息资源。提供多种数据采集和数据交换方式，实现集中统一控制和规范管理。通过数据治理平台，进行标准化的数据清洗规则整理，形成可量化的数据质量评估模型，对各部门的数据质量进行评估，提出整改方案，促进各部门提高数据管理能力和共享水平。

第二，能力升级，建库赋能跨域服务。通过以自然人统一身份证号码、法人统一社会信用代码为唯一标识，建设人口综合库、法人综合库，从而提供完备、权威、丰富的人口信息、法人信息等基础资源，解决城市不同区域、不同行业、不同部门对人口信息、法人信息的共性需求。电子证照库、办事材料库，提供共享服务和数据查询接口，实现电子证照、办事材料按需共享。通过推广电子证照、办事材料在政务服务事项中的应用，为便利群众办事、提高服务效率奠定基础。信用信息库，整合国家信用信息平台及各部门提供的基本信息、业务信息、行政执法信息、信用评估信息及司法信息等信用信息。可准确、及时反映主体信用状况，为政务服务部门及群众、企业提供权威、准确的信用信息。

第三，大数据赋能，全力支撑政务应用。通过搭建"数据中台"赋能政府各部门相关业务应用，在政府门户网站建设、一网通办、工程建设项目审批、居民家庭经济状况核对、购房资格审核等方面，不断推进资源共享落地应用，为政务服务和监管部门提供有效的数据支撑。

三、人工智能

人工智能，也叫机器智能（machine intelligence），是专注于构建和管理可以学习代表人类自主决策和行为活动的技术、组织和资源要素的集成，有助于政务运作的整合化与无缝隙政府建设，推进政务服务的技术主义范式创新，服务供给的智能化与需求革命。

1. 政务服务视域下人工智能的应用场景

政府部门具有服务用户多、覆盖领域广、场景多元、数据海量及稳定性高等特征，是建构和实验人工智能通用大模型的理想场域，更高效的公共行政模式探索与更高质量的公共管理和公共服务需求也推动政府部门拥抱新兴智能技术。人工智能应用于政务服务中具有广阔的前景，如生物识别认证、智能政务机器人、智能问答系统与智能认证等能有效克服时空限制，而生成式人工智能可以进一步提升政务服务的速度、效率、个性化、多元性和创造性，塑造政务服务的"智能体"，即一个具备整体运行、精准判断、持续进化、人机协同、对话感知和开放透明的智能政务系统。以新加坡为例，通过与微软合作，新加坡利用微软的人机对话平台"conversation platform"，开发基于"会话计算"的下一代政府服务，生成式人工智能在政府和公众之间建立更直接和实时的联系，以响应公众的个性化问题并提供交互式体验。

2. 人工智能实现政务办公场景的自动化

人工智能将政务办公场景推入到一个崭新的境界，计算、通信、连接、集成、机器学习与自动生成等属性在处理复杂和烦琐的政务时具有独特的智能优势。一方面，生成式人工智能使得政府部门提供的政务服务既能适用于线下的物理场景，也同时支持线上政务服务的应用场景，因此能够在很大程度上克服时空限制，有效拓展政府组织的疆界，并使得一个松散耦合、虚实交互与扁平化的行政结构成为可能，从而促进更广泛的业务交互和更敏捷的政务供给；另一方面，生成式人工智能塑造了政务服务的智能场景，形成平台化的智能用户界面（intelligent user interfaces）范式，乃至于更具情境化与沉浸式的虚拟全息界面（3D user interfaces）范式，从而超越电子政务的用户界面（user interfaces）范式。总之，生成式人工智能回答了数字时代背景下"政府能恰当而成功地做什么事情，以及如何以最高的效率和最低的成本来做好这些恰当的事情"之追求与诉求。

3. 人工智能突破政务管理结构的科层化

科层制是现代政府的组织形式，其假定行政效率与理性化的行政风格紧密相关，行政主体只有在专业理性的程序和规则指导下，才能在公共事务中消除一切非理性、人格化与情绪化因素的影响，从而实现对效率的承诺。但在另外一个维度，科层制则被认为是理性的"铁笼"，用来描述行政主体被困顿于层级控制、理性计算和效率崇拜的体系中。生成式人工智能的出现，为克服科层制理性铁笼的问题提供了解决之道，其非感性特征也同时保证了"理性"的前提。2016 年，英国伦敦北区恩菲尔德（Enfield）议会决定"雇用"美国公司 IP Soft 研发的人工智能机器人阿米莉亚（Amelia），为当地居民提供答疑解惑的服务，"她"具有特殊的情感处理系统，能将与顾客对话中的词汇与完整的心理学模型匹配，因此在保证服务效率的同时，还能理解用户的情绪和性格。2018 年，机器人"佩珀"甚至被邀请进入英国议会，这是英国议会 700 多年来人工智能机器人的首次出席，并第一次进行提案。这些现实案例背后也折射出一个更为深刻的电子政务技术变迁，即人工智能生成的服务、议案和方案，以及智能机器人作为"公共行政主体"的身份示人，而推动虚拟公务员的兴起，且正在改变政务过程仅仅依靠行政人员输出和生成内容的政务管理传统。

4. 人工智能推动政务资源信息的整合化

对于任何专业分工的大型组织而言，自然会产生"各自为政"的倾向。政府部门尤甚，命令驱动、层级节制与专业分工的运作方式不可避免地会出现职能分割、横向失调与行动缓慢的问题，最终产生政府部门之间的"数据烟囱"，带来"数据孤岛"。这些数据孤岛彼此之间相对独立，但在数据的语义和内容上存在相关关系，并容易造成信息的不一致和冗余。作为结果，职能交叉、权责不对等、政出多门与多头管理降低了政府组织相互协作与整体行动的能力。生成式人工智能的出现，为有效集成政府部门数据信息、促进部门之间的协作、优化资源要素配置及政务智能高效运作提供了技术可行性支撑，破解了复杂数据的集成整合问题，通过将政务数据信息的获取、传输、存储、计算、分析与应用等过程自动串联起来，并创建索引、流程和小程序等服务端口，构成"一站式""一窗式""一网通办式"的政务服务终端。与此同时，针对公众的需求和诉求进行对话分析，生成适切性的政务服务方案，在政务的需求端和供给端实现智能适配。

复习与思考

1. 解释政务营商环境的含义及其范畴。
2. 试分析构成政务营商环境治理重点的因素。
3. 论述政务服务组织制度改革形成的模式。
4. 结合实际探讨政务服务技术的应用场景。
5. 试描述未来政务营商环境治理的情境。

第三章　产业营商环境治理

学习目标

1. 熟悉产业营商环境治理的内涵及时代意义。
2. 掌握产业营商环境治理的重点内容。
3. 了解产业政策制定与评估的过程。
4. 熟悉招商引资、产业培育与产业园区管理的基本内容。

案例导入

"最佳政府合伙人"，合肥产业科创模式[①]

作为"政府合伙人"计划的翘楚，合肥享有"风投之城"的美誉。借鉴"合肥模式"固然重要，但在资本招商"比学赶超"的路上，地方政府要发挥优势，补足短板，构筑起科创发展的独特竞争力，培育一批具有支撑的高成长性企业。合肥市政府被产业界和媒体称为中国"最佳政府合伙人"，过去十多年间，合肥积极组建国有资本运营公司、搭建产业投资基金丛林、聚焦产业链密集投资布局、着力搭建创新孵化平台，引进集聚了一大批龙头企业品牌和新兴产业集群，实现了经济规模、创新能级和城市能量的跨越提升。有别于政府传统招引项目的方式——主要给予土地、税收等政策性支持，"合肥模式"招商引资的突破在于：政府在政策性支持之外，还直接提供资本支持，即拿出钱来参与项目建设，以此来稳定企业信心，引导社会资金参与。这种方式对于地方政府合理运用资本杠杆撬动产业发展，加快高效益高质量发展具有重要的借鉴意义。

[①] 参见王亚捷《"最佳政府合伙人"：各地如何借鉴合肥产业科创模式》，澎湃新闻，https://m.thepaper.cn/baijiahao_12696537。

2008年,"困难户"京东方同时面临国际金融危机和第6代TFT-LCD液晶面板线开建的高昂成本等内外部压力。为配合京东方落户合肥的资金需求,合肥市政府在全年财政收入仅300亿元的条件下,为京东方175亿元的第6代液晶面板项目提供资金托底保障。按约定,合肥市政府投入60亿元,战略投资者投入30亿元,如未能引入战略投资,余下85亿元由政府担保给予贷款解决。此外,合肥市政府还给予京东方地块配套、土地价格、能源供应、贷款贴息等全方位的政策性支持。后来,京东方6代线投产并大获成功,不仅"为国争光",结束了中国大尺寸液晶面板全部依赖进口的局面,同时也给合肥带来了丰厚的投资回报率。据业内人士估算,合肥市政府平台所持有的京东方股票巅峰时期浮盈逾百亿元。

合肥市政府产业科创"最佳政府合伙人"模式的成功"密码"可以归结为"五个靠":一靠严密的研究论证:通过科学的分析研判,从产业方向、竞争环境、发展空间等细分层面,多维度对项目进行充分论证;二靠顺畅的决策机制:市委、市政府运筹帷幄统筹协调,各部门积极配合;三靠健全的配套服务:出台一系列产业、招商政策,给予激励支持,解除后顾之忧;四靠专业和担当的人才队伍:市直部门和市属国有企业锻炼出了一批懂产业、通政策、熟悉市场、擅长谈判、精于资本运作的人才队伍;五靠完善的风险防范体系:在方案论证的同时就已预留国有资本安全退出通道。

思考:合肥产业科创模式有哪些典型特征?

第一节 产业营商环境概述

一、产业营商环境释义

"产业"是国民经济中具有同一性质,承担一定社会功能的生产或其他经济社会活动单元构成的具有相当规模和社会影响的组织结构体系。[①] 这个概念

---

① 苏东水:《产业经济学》,高等教育出版社2000年版,第1页。

既考虑了构成产业的同一性，也反映了构成产业的内在要求和条件，即必须是那些在社会经济活动中承担着不可或缺的功能，以及足以构成相当规模和影响的单元集合。

目前世界范围相对成熟的产业研究集中于经济学领域。产业经济学（industrial economics）是国际上公认的相对独立的应用经济学学科。产业经济学中所指的"产业"，不仅指"工业"或"商业"或其他某个行业，而是泛指国民经济中的各行各业。而且在一般情况下，产业经济学中的"产业"与"市场"是同义语。西方国家的产业经济学主要研究的是产业内部、企业之间的产业组织问题，在这个意义上，产业经济学又称产业组织学（industrial organization）。

产业营商环境是从产业经济学产生，与政府治理相结合的一个新兴研究领域，目前仍在发展中，其理论和应用也随着经济社会发展不断扩展。产业营商环境主要以微观经济学为基础，同时吸纳企业理论、成本交易经济学、法律经济学等研究成果，与中观性的政府规制理论、反垄断理论相结合，是较为典型的交叉学科问题。

产业营商环境的释义可分为狭义和广义两类。狭义的"产业营商环境"是指从产业政策入手，主要研究产业经济活动的条件及其形成因素，阐述各类产业在政府引导作用下，产业组织发展、产业结构变化、产业分布演变的理论和方法。广义"产业营商环境"是以"产业"和"政府"为研究对象，研究政府影响产业关系结构，及其运行规律的一门学问。

无论是"产业"还是"营商环境"，其概念都有多层次性，是一个多层次的经济互动系统，在此要特别强调中国产业营商环境的三个重要特征。

1. 影响产业营商环境的主体具有多元性

政府、市场及行业协会等对产业的发展都具有重要指导意义，政策法规、市场变化及行业规范等对各行各类产业都会产生重要影响。

2. 中国产业营商环境格外突出产业政策和政府引导的作用

在中国，政府在各类经济调节活动中担任"组织者"角色，政府要更加主动地引导市场要素聚集，规范市场环境，发布产业政策，推动产业营商环境发展。

3. 产业链布局是中国优化产业营商环境的一个重要内容

一个完整有力的产业链，不仅可以降低企业成本，还可拓展附加值，增强产业协同性、凝聚力，提升企业抗风险能力，是企业所期待的发展环境。产业链的完整与壮大，可推动关联企业形成共生、互生、再生的整体关系，对产业链进行布局是地方政府发挥有为政府作用，推动经济发展的关键手段。

二、产业营商环境的研究对象

产业营商环境主要是研究优化产业政策[①]对产业组织、产业结构、产业布局、产业管理产生影响的研究领域。在现实经济生活中，一些产业政策推动地方产业发展，具有某些共同特征的经济组织集团之间的联系及其互动发展，这些经济组织集团本身的演进发展及其在各个地区的分布等经济现象，对这些产业发展现象及政策规律的研究都属于产业营商环境的研究范畴。产业营商环境的研究对象一般包括四方面，即产业政策与产业布局、产业政策与产业结构、产业政策与产业发展、产业政策与产业组织。

1. 产业政策与产业布局

制定国家产业布局战略，规定战略期内国家重点支持发展的地区，同时设计重点发展地区的经济发展模式和基本思路；以国家直接投资方式，支持重点发展地区的交通、能源和通信等基础设施，及至直接投资介入当地有关产业的发展；利用各种经济杠杆形式，对重点地区的发展进行刺激，以加强该地区经济自我积累的能力；通过差别性的地区经济政策，使重点发展地区的投资环境显示出一定的优越性，进而引导更多的资金和劳动力等生产要素投入该地区的发展。在产业布局发展方面，可供采用的产业政策大致包括：通过政府规划的形式，确立有关具体产业的集中布局区域，以推动产业的地区分工，并在一定意义上发挥由产业集中所导致的集聚规模经济效益；建立有关产业开发区，将产业结构政策重点发展的产业集中于开发区内，即使其

---

① 产业政策是有明确产业指向性、并非应急性的产业结构政策，如基于产业差别的财政政策、税收政策、信贷政策、贸易管制政策、市场准入政策等。

取得规模集聚效益，也方便政府产业结构升级政策的执行。

2. 产业政策与产业结构

产业政策推动产业结构调整，一国政府可以依据本国在一定时期内产业结构的现状，遵循产业结构演进的一般规律和一定时期内的变化趋势，制定并实施的有关产业部门之间资源配置方式、产业间及产业部门间的比例关系，通过影响与推动产业结构的调整和优化，以促进产业结构向协调化和高度化方向发展的一系列政策措施的综合，它旨在促进本国产业结构优化，进而推动经济增长的政策体系。在一定的经济发展阶段上，产业结构内各产业因不同的发展程度和作用而处于不同的地位，形成产业间有序的排列组合。此时产业政策的重要作用，就是协调产业之间的关系，相关政策依据不同产业的地位、作用、现状和发展趋势，分清轻重缓急和主次，对新兴的具有高增长率的未来主导产业进行培育，对薄弱的基础产业进行弥补，对弱小产业进行扶植，对衰退产业进行撤让。通过这些政策措施，来促使不同层次的产业保持协调发展。

3. 产业政策与产业发展

产业政策推动产业发展旨在实现一定的产业发展目标，而使用多种手段所制定的一系列具体政策。产业政策以一定时期的产业发展目标为出发点，而产业发展目标具有多维性，既有经济性目标，又有社会性目标。在经济性目标中，有经济增长、技术进步、充分就业、物价稳定、国际收入平衡等；在社会性目标中，有社会安定、国防安全、民族团结、国民素质提高等。产业政策目标必须综合考虑经济性目标和社会性目标的要求，在权衡比较中确定。就产业政策的综合性来讲，相关政策也包含着产业结构政策和产业组织政策的内容。可以这样理解：关于产业发展的产业政策要反映一国的社会、经济发展规律的要求。

4. 产业政策与产业组织

良好的产业组织的形成需以市场结构合理、竞争适度为条件，因此需要通过产业政策禁止垄断，推动竞争。从政策导向角度看，推动产业组织良好竞争的产业政策分为两类。一是竞争促进政策：鼓励竞争、限制垄断，主要有反垄断政策或反托拉斯政策、反不正当竞争行为政策及中小企业政策等，它着眼于维持正常的市场秩序；二是产业合理化政策：主要适用于自然垄断产业鼓励专业化和规模经济，它着眼于限制过度竞争，直接表现为政府的规制政策。从政策对象看，这类产业政策可分为市场结构控制政策和市场行为控制政策两类。市场结构控制政策是从市场结构方面禁止或限制垄断的政策，如控制市场集中度、降低市场进入壁垒等。市场行为控制政策是从市场行为角度防范或制止限制竞争和不公正交易行为的发生，以及诈骗、行贿等不道德商业行为的发生。

三、产业营商环境建设与政府治理

产业需要更好的环境支撑，高质量的营商环境也需要产业注入新的动能，产业发展与地方营商环境发展是变迁共振的关系。具体来看，变迁共振主要体现在产业的培育发展与地方经济发展和治理能力提升的协同。

1. 产业的发展需要地方政府的支持

优秀产业是因重大技术突破、原有模式革新等催生的产业，由于其引领性和创新性，代表了一个地方未来发展的趋势及参与全球竞争的重要方向。与此同时，产业通过效率变革、质量变革，与现有产业进行不同程度的资源整合，从而实现更高水平的跃迁，帮助构建现代化的产业体系，形成实体经济、科技创新、现代金融、人力资源协同发展的格局，成为高质量发展的重要支撑。

2. 产业的发展需要前瞻性政策支持

产业的核心关键技术是从 0 到 1 的过程，而本身所代表的业态也是在不断成熟和动态演化中。所谓治理能力的现代化，重要体现之一便是对产业发展进行前瞻性支持。近年来，以深圳、杭州等为代表的城市相继提出发展未来产业，不仅表达了坚定支持产业发展的信心，也在积极进行政策创新，特别是提出建立与国际高标准投资和贸易规则相衔接的规则制度体系，为产业发展扫清障碍。

3. 产业的发展需要包容的监管理念支撑

政府在培育产业发展过程中，通过构建高效的审批流程、智慧的监管模式和到位的服务体系，特别是借助新的技术手段打通了孤立的数据"烟囱"，弥补了长期存在的治理短板。从原来的监管模式来看，往往是"一放就乱、一乱就管、一管就死"的旧格局、老套路，产业的发展迫切需要包容监管的理念，而这种理念的核心要义是鼓励企业在法无禁止、先行先试的领域率先探索，为实施创新驱动发展战略贡献精细化、智能化的地方监管样本。

第二节 产业营商环境治理重点

一、产业集聚与发展

产业集聚是多方因素共同作用的结果：资源禀赋是产业集聚的最初诱因、人才集聚是产业集聚的重要保障、成本优势是产业集聚的持续动力、创新网络则是产业集聚的制度基础。从产业集聚形成和发展的过程来看，尽管市场因素起决定性作用，但政府营商环境建设在产业集聚过程中的作用是不容否定、不可替代的。

1. 改善基础设施，为产业集聚创造良好的运营环境

基础设施是地区经济和社会发展的关键资源，不仅影响区域内的生产要素效率，也会影响区域内产业的空间布局。如果说企业是产业集聚区的"凤"，基础设施就是产业集聚区的"巢"，要想引"凤"入"巢"，就必须把"巢"筑好，也就是要把基础设施建设搞好，为企业提供完善的公共服务，这是吸引企业（尤其是知名企业）加入、形成产业集聚的重要条件。但是，基础设施的公共产品属性和投资特征，决定其主要依靠政府完成：一方面，基础设施具有典型的公共物品属性，且具有明显的非竞争性和非排他性；另一方面，基础设施建设具有投资规模大、建设周期长、投资回收慢等特征，难以依靠私人部门满足投资需要。地方政府要促进产业集聚，最首要的任务就是改善基础设施，为产业集聚创新良好的运营环境。首先，政府要通过完善交通、能源等基础设施，特别是要完善路网结构和配套设施，改善产业集聚区的基础条件，提升地区承接外部产业转移的能力，降低集聚体内企业的运营成本，促进产业集聚的形成和发展；其次，人才集聚是产业集聚的重要支撑，政府要提供完善的基础教育和医疗保健设施，只有创造良好的工作和生活环境，才能吸引人才、留住人才，才能满足产业集聚对人才集聚的需求。

2. 完善服务体系，为产业集聚搭建健全的平台支持

当前我国经济正处在转变发展方式、优化经济结构、转换增长动力的攻关期。跨越这一必须跨越的关口，出路就在走创新驱动发展道路，让创新真正成为第一动力。公共服务体系在整合创新资源、提升创新能力方面发挥着极其重要的作用。完善的公共服务体系，是推动产业集聚区可持续发展的基础条件。地方政府可结合时代和产业发展新趋势，通过搭建融资服务平台、技术创新平台、物流服务平台和中介服务平台，在促进产业集聚过程中的技术外溢、资源共享的同时，充分发挥公共服务体系在整合创新要素、提高创新能力方面的作用，使集聚区内的企业获得比分散布局更为有利的"外部经济"效应。具体来讲，首先，搭建多层次的融资服务平台，为产业集聚提供多样化的金融支持；其次，搭建以企业为主体、以市场为导向的"产学研"深度融合的技术创新平台，这是提升集聚区创新活力、创新能力的重要保障；最后，搭建物流服务平台和中介服务平台，为集聚区企业提供高效的物流服务、成熟的物业管理、法律咨询、资产评估等服务，从根本上解决产业集聚区公共服务滞后、服务体系不完善等问题，从而推动产业集聚区持续健康发展。

3. 加强法治建设，为产业集聚营造公平的市场秩序

良好的法治环境、有力的司法保障，是区域产业集聚、区域经济发展的强大推力。政府在社会经济运行过程中，扮演着社会经济秩序的维护者、仲裁者角色，决定了政府应该为产业集聚提供一个安全、法治、公平公正的就业环境、创业环境和市场交易环境，在安全生产、环境污染等问题上对集聚区域内的企业进行管理，以维护区域的整体发展环境。首先，地方政府可着力构建诚信制度体系和法治思维，特别是要正确履行部门职能、严格办事流程，构建守责尽责、失责追责的责任落实长效机制，更好地服务企业发展和项目建设；其次，地方政府要在坚持党的领导下，在法治轨道上开展工作，特别是着力构建职能科学、廉洁高效、权责法定的法治政府，并加强对地方政府行政权力的监督和约束，为产业集聚创造公开公正的法治环境；最后，在产业集聚过程中，地方政府要结合新经济的特征，针对企业过度竞争可能产生的"搭便车""假冒伪劣"等短视行为，通过"外引内联"，引导企业必要的、合理地优化重组，有效避免企业"散、乱、差"、安全隐患多、科技含量低等问题，以保障产业集聚的健康发展和良好形象。

4. 创新制度体系，为产业集聚提供有效的制度保障

降低生产和交易成本、提高生产和交易效率、提供安全保障，是产业集聚的根本动因。制度作为特定时期、特定区域范围内的激励机制，其重要任务和存在意义，是对集聚区的个体行为形成持续激励。为产业集聚提供系统的制度保障，是地方政府的重要职责。制度，包括正式制度（如政府规制、经济规则、合同等）和非正式制度（如道德规范、信用环境、社会风尚等）。一方面，某种经济特征相似的组织之所以类聚到同一地区，形成产业集聚，是各方面因素共同作用的结果。地方政府应为产业集聚提供正式的制度保障，特别是产权制度创新，是推动产业集聚最重要、最基础的制度保障；另一方面，非正式制度是基于经验和自发而形成的，政府虽然不是非正式制度的制定者，但应该在其中发挥引路者角色，积极倡导健康、积极、和谐的社会环境，尤其是要加强社会信用体系的建设。企业边际理论表明，企业与市场的边界决定了交易的成本，完善的信用体系，对降低企业交易成本意义重大。

5. 加强政策引导，为产业集聚提供必要的财税支持

为产业集聚提供必要的财税支持，是世界各国支持产业集聚、推动区域创新的共同做法。具体来讲，首先，要加大政府财税对产业集聚的支持力度，以制度保障财政投入的刚性增长，在满足基础设施建设资金需求的同时，支持集聚区企业的创新发展；其次，要构建完善的投融资体系，解决财政支持不力对产业集聚的制约。尽管我国区域特色鲜明，有着建立现代服务业产业集聚区的良好条件，但目前仍存在经费投入不足、产业基础薄弱、企业意识不强等问题。针对这些问题，在当前经济发展水平不高、财政能力相对有限的条件下，单纯依靠财政投入远远不够，应注重发挥财政资金杠杆效应，引导社会资金投入，形成投资主体多元、投资方式多样、投资规模持续增长的投融资体系；最后，产业高新化、低碳化，是当前各国在培育产业集聚过程中努力追求的目标。政府要根据当前经济和社会发展趋势，结合知识经济时代产业集聚的特征，制定高新技术指标和环境保护指标，结合配套的财税支持政策和社会舆论宣传，引导集聚区企业向高新化、低碳化方向发展。

二、产业更新与转型

不断激发增长动力和市场活力，加大重要领域和关键环节改革力度，让市场在资源配置中起决定性作用，牵住产业更新与转型这个"牛鼻子"，推进创新驱动发展战略，推动战略性新兴产业发展，促进新动能发展壮大、传统动能焕发生机。

1. 优化产业营商环境培育产业新动能

优化产业营商环境必须落实到创造新的增长点上，把优化产业营商环境成果变成实实在在的产业活动。战略性新兴产业代表新时代产业变革方向，是引领创新发展、培育国家竞争优势的关键。将全面深入推进优化产业营商环境作为驱动战略性新兴产业可持续发展的核心动力，夯实产业发展基础条件，充分发挥已有优势，推动重点领域关键核心技术实现突破。立足产业基础与未来需求，提升产业科技创新水平和能力。对接关键核心技术供给，对接生产技术需求和未来市场应用，前瞻布局空天海洋、信息网络、生命科学和核技术等领域未来核心关键技术。坚持创新驱动发展，重点围绕科技产业融合、数字实体融合、制造服务融合，培育壮大新动能实现高质量发展。推动产业数字化转型和智能化升级，推进消费互联网与工业互联网协同发展，完善新型基础设施建设，加快发展数字经济，释放大规模"数字红利"，打造高质量发展的新引擎。适应产业新形态转变，加强前沿性基础研究和需求导向型应用研究，提升研产用协同创新发展，创造良好产业生态，鼓励新产品、新服务、新业态创新发展。

2. 优化产业营商环境构建产业新体系

要以重大科技创新为引领，加快科技创新成果向现实生产力转化，加快构建产业新体系。以供给侧结构性改革为主线，推动经济发展质量变革、效率变革、动力变革，提高全要素生产率，着力加快建设实体经济、科技创新、现代金融、人力资源协同发展的产业体系，着力构建市场机制有效、微观主体有活力、宏观调控有度的经济体制，不断增强经济创新力和竞争力。要更加重视发展实体经济，把战略性新兴产业发展作为重中之重，构筑产业体系新支柱。进一步发展壮大新一代信息技术、生物、高端装备等战略性新兴产业，聚焦关键核心技术突破，着力实现技术自主可控，完善新技术、新产品、新业态、新模式的发展环境，加强产业链协同，加速建立基础坚实、创新活跃、开放协作、绿色安全的产业生态体系，加速释放战略性新兴产业融合发展潜能。通过补短板、挖潜力、增优势，促进资源要素高效流动和资源优化配置，推动产业链再造和价值链提升，满足有效需求和潜在需求，改善市场发展预期，提振实体经济发展信心。大力支持战略性新兴产业加快发展，鼓励支持传统制造业转型升级和高端制造业创新发展，助力构建多元化经济体系。

3. 优化产业营商环境培育市场新需求

充分发挥我国超大规模市场优势和内需潜力。坚持需求导向和民生导向，通过创造新供给、提高供给质量，扩大消费需求。以供给侧结构性改革为主线，着力打通战略性新兴产业生产、分配、流通、消费各个环节，实施产业基础再造和产业链提升工程，增加中高端产品供给，释放消费需求潜力，推动战略性新兴产业向高端化、绿色化、智能化、融合化方向发展，以新兴产业新业态促进形成消费新增长点。积极扩大有效投资，加快新型基础设施建设。围绕战略性新兴产业新技术新产品新模式，以投资建设和示范推广的形式培育产业新需求。培育壮大新型消费，有效释放消费潜力。培育一批拉动力强劲的新型消费增长点，激活潜在市场需求，有效促进消费回补，推动消费潜力释放。培育壮大智能制造、无人配送、在线消费、医疗健康、电子商务、电子政务、网络教育、网络娱乐等消费新业态，充分激发网络直播、短视频、电子商务、远程办公、"无接触"零售等新型消费潜力，鼓励5G终端消费、智慧家居消费等升级消费发展，通过不断提升行业技术水平、产品迭代升级满足消费者的需求，形成战略性新兴产业发展的良性循环。

三、新兴产业培育和监管

战略性新兴产业是引领国家未来发展的重要决定性力量，对我国形成新的竞争优势和实现跨越发展至关重要。但是，当今世界正经历百年未有之大变局，"十四五"乃至更长一段时期内，我国战略性新兴产业将面临更加严峻的内外部环境，需要在产业布局优化、创新能力提升、发展环境营造、国内需求释放及深化开放合作等方面采取更加科学有效的针对性措施，从而推动产业进一步壮大发展。

1. 产业营商环境与新兴数字业态培育

在新科技革命和产业变革的大背景下，推动互联网、大数据、人工智能等同各产业深度融合，是释放数字化叠加倍增效应、加快战略性新兴产业发展、构筑综合竞争优势的必然选择。坚持工业化与信息化深度融合发展战略，推进数字化转型行动和工业互联网创新发展工程，利用新一代信息技术对各产业进行全方位、全角度、全链条改造，鼓励互联网、人工智能等数据驱动企业加快向各产业渗透，促进新兴产业之间、新兴产业与传统产业之间及技术与社会的跨界融合发展。推动关键核心技术创新突破，加快信息基础设施建设，强化数据资源发展与管理，提升网络信息安全保障能力，不断夯实融合发展的基础。同时，发挥软件作为信息技术关键载体和产业融合关键纽带的重要作用，通过实施国家软件发展战略，加快基础软件、平台软件和应用软件等开发应用，推动软件对融合发展的有效赋能、赋值、赋智，促进中国发展的质量变革、效率变革、动力变革。

2. 产业营商环境与新兴产业集群培育

产业集群发展能够发挥专业化分工、产业关联和协作效应，降低创新和交易成本，促进生产要素合理流动和优化配置，是工业化发展到一定阶段的必然趋势，是推进战略性新兴产业快速发展的重要途径。可以依托中国技术创新的相对优势，打造一批具有中国特色的先进制造业集群，培育若干世界级先进制造业集群。注重把推动先进制造业集群发展与实施区域协调发展战略结合起来，依托现有产业园区等平台，推动企业、科研单位、金融机构等有效集聚、分工合作、协同创新，促进产业链、创新链、生态链融通发展，打造一批先进制造业发展的策源地和集聚区，构建一批各具特色、优势互补、结构合理的战略性新兴产业增长引擎。注重把推动先进制造业集群发展与促进大中小企业协同发展结合起来，积极做强做大一批产业关联度大、创新能力强的骨干企业，带动中小微企业发展，培育一批专注细分领域的专精特新"小巨人"企业和"单项冠军"企业，构建完善大中小微企业专业化分工协作、共同发展的产业体系。注重把先进制造业集群发展与提高对外开放水平结合起来，继续吸引外资企业加入中国先进制造业集群，推动制造业更多融入国际产业链，鼓励发展具有国际竞争力的大企业集团，加快培育跨国公司和国际知名品牌。

优秀的产业营商环境不仅需要培育新兴产业，还需要推动相关产业健康发展，对新业态、新模式，既要鼓励创新，也要坚守质量和安全底线。同时要加强对新生事物发展规律的研究，分类量身定制监管规则和标准。为此，各地政府要加快新旧动能接续转换，营造良好制度环境，引导新产业新业态健康有序发展，要求各级政府提高服务能力和水平，在市场准入制度、信用约束机制、风险管控体系、多方参与治理体系等方面，探索建立动态包容审慎监管制度的目标。

3. 推进包容审慎监管

包容审慎制度的核心在于对行政机关自由裁量权的精细化控制及实施，尊重经营者，即市场主体的自由创新，明确具体行政行为与抽象行政行为的监管边界，探索建立市场监管机构与行业主管部门的协调机制及多方参与构建的立体监管机制。包容审慎制度理应强调政府跨部门协同和社会力量参与，强调融合线上线下的监管方式。从监管主体、方式、态度和环节来分析，它具有四个特点。其一，从监管主体来看，是一种协同监管模式。不仅强调跨部门监管，还重视引入社会力量参与监管，体现了政府与社会的合作精神，打破了政府作为单一监管主体的传统模式。其二，从监管方式来看，强调运用线上线下融合的方式，有利于融合新监管技术和新监管主体。其三，从监管态度来看，要求政府认真对待"四新经济"（即新技术、新产业、新业态、新模式的经济形态），既包容又理性谨慎，在不削弱监管的前提下鼓励创新。其四，从监管环节来看，不是"一刀切"的行政审批，而是强调事中、事后有针对性地监管，包含了"看一看再规范"的思想。从而力争"在新兴经济领域贯彻包容和鼓励创新的治理理念，推动从处理具体事项的细则式管理转变为实现设置安全阀及红线的触发式管理"。

4. 合理引导低效能企业兼并重组

兼并重组是企业整合创新资源和低成本扩张，实现规模化发展和提升竞争力的有效形式。针对部分新兴企业规模相对较小、同质化严重，缺少全球领先的有竞争力的大型企业等突出问题，要通过兼并重组的"聚变"效应，推动战略性新兴产业快速发展。坚持市场化原则，完善制度和配套措施，使企业真正成为兼并重组的主体。深化改革，减少审批事项，改革涉企税制，发挥行业准入管理标准倒逼机制，发展中介服务，降低企业兼并重组成本。加强政策引导，鼓励运用信托计划、委托贷款、直接融资等方式扩大兼并重组资金来源。减少一些地方政府不当干预，消除跨地区兼并重组障碍，打击滥用市场支配地位和企业恶意破产及逃废债务等不良现象。

5. 切实推行公平竞争政策

尽快建立产业政策和竞争政策协同促进战略性新兴产业发展的机制，完善产业、财税、金融、土地、投资等政策协同配合。加强知识产权保护和监管，建立自主知识产权创新激励机制，健全科研成果转化机制，促进创新成果加快应用。创新金融服务和产品，构建广覆盖的科技金融服务体系，完善多层次资本市场体系，引导产业资本、金融资本、社会资本共同支持产业发展。进一步加大人才培养和吸引力度，形成符合新时代技能与知识结构要求的丰富人力资源供给保障，为战略性新兴产业高质量发展提供支撑。

第三节　产业政策制定与评估

只有产业政策精准定位，才能促进结构调整，助推经济增长。产业政策是中观层面的政策，承接着宏观政策，指导着微观政策，必须根据国内外两个大局的发展变化精准定位，随大势而动，适应发展的需要。

一、产业政策实施的前提和作用渠道

理论上，如果市场是完全的，任何政府干预都不能实现帕累托最优，那

么就没有必要实施产业政策。在市场不完全的情况下，由于存在不完全风险市场、不完全信贷市场等问题，仍然存在帕累托最优的空间，这是产业政策实施的前提。

市场不完全主要体现在以下几个方面：第一，信贷约束，合约不完全或者信息不对称等原因导致融资成本普遍存在，而融资成本使得企业面临信贷约束，信贷约束影响企业行为，限制了企业的发展，因此政府可以采用放宽信贷约束的手段对企业进行扶持，弥补信贷约束带来的市场缺陷。第二，风险约束，不完全市场缺少完善的风险分担机制，不能有效地转移企业风险，而企业自身能够承担的风险有限，在规避风险的同时也阻碍了企业创新。第三，市场力量，市场力量也是市场失灵的一种体现，具有市场力量的企业通过影响价格、产出等获取超额利润，这会扭曲市场价格，进而影响社会福利。第四，企业之间复杂的上下游关系形成生产网络，由于存在生产网络的协调外部性，上游企业一方面可以获得经济租金，另一方面也需要承担额外的治理成本。由于存在以上市场失灵的情形，在不完全市场情况下产业政策的干预是必要的。

产业政策的作用渠道存在以下几种：

一是放松信贷约束渠道。信贷约束越紧、越依赖外部融资的企业对信贷约束的放松越敏感，从政府的支持性政策中获得的利益越多。因此如果产业政策能够缓解信贷约束，当受到产业政策冲击时，政策干预带来的利益将会体现在股价上，我们期望外部融资依赖度强的企业获得的超额收益率会明显高于外部融资依赖度弱的企业。

二是风险分担机制渠道。政府干预可以分担的企业风险，尤其是研发风险，通过对创新进行补贴等方式为企业创新失败的风险提供担保，如果产业政策能够起到风险分担的作用，那么创新支出比例更大的企业会从政策中获利越多。在实证上将会表现为：研发密集度越大，在扶持性政策冲击下股价上升越多，也就是说，研发密集度大的企业超额收益率会明显高于研发密集度低的企业。

三是缓解市场力量扭曲的渠道。由于垄断性企业已经获得了较高的经济租金，很难从政府干预中获得更多的利润，即这些企业不需要政府的干预。

由于垄断性企业的存在，非垄断性企业承受着市场力量带来的扭曲，而产业政策的实施将会缓解这种扭曲，因此在产业政策冲击下，竞争性企业会比垄断性企业获得更多的超额收益，表现为股价的超额累积收益率更高。

四是生产网络渠道。在竞争性行业中，上游企业聚集了更多的市场失灵，如果产业政策能够通过生产网络对生产网络中的市场失灵进行缓解，那么可以预期，上游产业在政策冲击中将获得更高的超额收益率。

二、我国产业政策的制定

我国产业政策的制定程序与组织机制具有行政化的特征。整个政策制定过程主要发生在行政部门的内部，产业政策过程的政策舞台（指政策提出、酝酿、构思、起草和决策的机构及其组织架构与工作规则）主要在国务院及相关部委，此外比较重要的政策舞台还有决策咨询机构与行业协会。我国产业政策制定过程中的参与者主要有国务院及国务院领导人，部委及部委领导人与技术官员，官方决策咨询机构及专家学者，行业协会及官员，企业及企业家、企业管理者等。国务院及国务院领导人、部长（委主任）是产业政策的决策者；部委及其技术型官员则承担着政策倡导者、组织者、起草者的角色；官方决策咨询机构及专家学者，行业协会及官员，企业及企业家、企业管理者则会通过正式或非正式的渠道影响政策。进入 21 世纪，我国产业政策制定与决策程序越来越制度化，政策的制定过程可以分成政策启动、政策起草、评议与修订、审议与批准（决策）四个环节。

我国产业政策的制定程序与组织机制，有其自身的特点：第一，行政部门是产业政策制定过程的核心，主导着产业政策的制定过程，行政组织是产业政策制定的组织基础和制度框架。第二，在涉及多个部委职能的产业政策制定时，需要这些部门均会签同意之后，政策草案才能提交审议批准，即部委之间需达成共识。

产业政策必须高度重视市场机制中竞争的功能及其重要性，高度重视"竞争是创新、竞争力和增长最重要的驱动力"，产业政策不能与竞争政策冲突，而应在遵循竞争政策的框架内进行。产业政策一方面要以竞争政策及市场竞争为基础，并为更好地维护竞争创造条件，即便是在战略性领域或新兴产业中采取的产业政策，也主要通过功能性的政策工具来实现；另一方面，产业政策应主要针对市场与竞争机制存在不足的公共领域，补充市场机制的不足，而功能性产业政策符合以上要求。产业政策与竞争政策的关系，应从冲突转向相容、互补与协同，要朝着实施维护竞争、促进创新、包容性、推动绿色发展的功能性产业政策转变，而推动产业政策转型的关键在于产业政策制定程序与组织机制的重构。

三、产业政策绩效评估

评估产业政策实施成效，是为了更好地发挥产业政策在服务区域发展、优化营商环境中的作用，需要思考产业政策绩效评估思路。

产业政策绩效评估适用于各地产业政策体系下的主要普惠政策，如梳理可能涉及几十项或更多相关产业政策及后续出台的特色专项政策。产业政策绩效评估由政策牵头部门和实施部门负责开展，分组评估和综合评估。政策牵头部门一般是指发展改革委、财政部门等；政策实施部门通常是发展改革委、商务、科技、司法、人社、文旅、市场监管、金融等部门。

产业政策绩效评估可以归纳为自评估和综合评估。

自评估是各政策实施部门定期开展政策实施情况自评估，并形成自评估报告。自评估报告主要包括以下内容：政策预算执行情况、政策中各扶持事项实际兑现情况、政策中各扶持事项评审工作情况及获批比例、政策宣传工作开展情况、重要扶持事项受惠企业经营发展情况、政策实施中存在的问题和建议、政策自评估的其他内容。政策实施部门完成上述自评估报告后，上报政府并抄送政策牵头部门。自评估报告将作为财政部门对该政策编制下一年预算的参考依据。

综合评估包括评估周期内政策累计投入财政资金，评估周期内政策对应产业领域发展情况，评估周期内政策主要扶持企业发展情况，评估周期内政策宣传、实施、过程监管情况，扶持对象对政策实施情况的意见建议，政策与其他城区横向比较情况（实施部门提供），政策总体情况评估及修订建议，政策综合评估的其他内容。综合评估认为政策存在重大问题、应进行修订的，经政府同意，由发展改革委会同财政部门和相关产业部门，按程序推进修订。

第四节　招商引资与地方产业培育

一、招商引资与政府经济职能履行

招商引资的定义有狭义和广义之分。狭义的招商引资是一种交换论，指的是招商引资主体利用区域内的土地资源、政策资源、劳动力资源等交换投资者的投资，只包括具体的招商运作，而不包括政府为了促进区域投资而采取的其他行为。广义的招商引资则包括营造区域投资环境的各种行为，如有学者认为，招商引资是招商引资主体通过营造区域投资环境、创造便利条件而吸引区域外资金的过程。从政府与市场的关系来看，我国政府对招商引资的主导和介入是全方位、多角度的，招商引资是一个由多种相互联系、相互制约的行为构成的复杂体系。把政府的招商引资活动视为一个行为体系更符合招商引资工作的实际情况。

另一个与招商引资相关联的概念是投资促进，和招商引资相比，投资促进的概念更为宽泛，既包括一个国家或地区吸引外来投资的行为，也包括一个国家或地区促进对外投资的行为。另外，在使用投资促进的概念时，人们更强调它的服务属性，而在使用招商引资概念时，人们更强调它的操作含义。招商引资有政府直接参与的意味，而投资促进往往更能体现政府的宏观管理。总体而言，招商引资和投资促进在理论研究和实际工作中可以混同使用。

我国招商引资始于改革开放初期引进和利用外资的风潮。通过制定较为宽松的外资政策，缓解了经济社会建设资金不足的问题。分税制实施后，地方政府拥有全部的营业税及分享部分增值税与所得税，保留了土地出让金，成为具有稳定企业收益分享权的经济主体。为增加税源，推进城市化建设，地方政府想方设法扩大投资项目建设，加速招商引资进程。过程是：地方政府通过低价出让工业和商住用地来招商引资，带动建筑物税和房地产税快速增长，增加地方财政收入，以"政社合作"等方式，引导招商企业参与城市基础设施建设和产业升级，"做大"住房市场，吸纳农村进城人口。一定程度上来说，土地制度、财税制度和住房制度等社会经济制度，共同构成了改革开放后我国政府主导式经济增长奇迹的基础，在此过程中，政府招商引资起到了重要的助推作用。它可以最大限度利用土地和政策手段，置换资本要素，通过落实差异化的工业用地最低出让价格、严防工业用地闲置和加强对地方产业政策执行的管理等途径加快推动工业用地出让的市场化，提升土地市场供给效率，吸引先进生产要素，推动技术、土地、资本、资源条件相结合，优化整体区域的生产环境。在全球产业转移升级的大背景下，经济相对落后地区可以基于本土产业现状和资源禀赋，判断产业转移趋势，通过招商引资实现精准承接产业转移。

但是同时，地方政府深度依靠招商引资履行经济发展职能，"央地分税+土地财政+地方竞争"的发展模式助推了政府经济"短视"现象，导致了政府职能履行在招商引资上的错位、越位和缺位。例如，不少地区每年给各政府部门下达招商引资指标，层层分解到区县、市委局、乡镇和企业，甚至民政、教育、卫生等与招商引资毫无关联的部门，扰乱了政府部门正常的工作秩序。同时，财税分权体制下"权责倒挂""市吃县"问题严重，部分县域政府为吸引投资违规出让土地。官场竞争与市场竞争"彼此嵌入"诱发了招商引资过程中"对外扩张—对内保护"的双向思维。在此过程中，由于缺乏外界评估，地方政府招商引资往往存在偏重短期效益，忽视长远效益；偏重经济增长指标，忽视社会管理和公共服务指标的问题，进而导致一系列贪污腐败、资源浪费、恶性竞争等乱象。地方政府招商引资模式亟须转型。

二、优化营商环境视域下的招商引资模式转变

党的十八大后，随着我国经济进入新常态，经济增速放缓，当初一些粗放式的招商手段已经不能适应国家整体发展战略的要求。一方面，产业结构的调整需要淘汰一批高耗能和影响区域性生态环境的落后企业，也会限制性地引入过剩产能和环境不友好的企业；另一方面，国内企业的正常发展空间

也因为之前政策的偏向性受到了影响。在这个过程中，政府招商引资的工作也发生一定转型。

一是不再纯粹追求外资引入的数量，更加注重质量。有很长一段时间，大部分地区的招商还是以外资至上，只要是外资项目，一般都会引起当地高度的重视。我国成为世界第二大经济体以后，招商引资也在逐步实现"招商选资"：不再盲目追求外资引入的规模和数量，而是有重点、有方向地引进更适合本地区发展的高质量企业。即使是外资项目，只要不符合当地环保要求，坚决不予立项；对已设立的外资项目，如果存在高耗能、高污染的情况，也会被要求整改或撤离。

二是土地供应和税收优惠不再是政府招商的主要手段，政策支持更加多元化。一开始的招商引资，土地和税收是两大利器，在引入项目的同时也让地方政府负担加重，隐患较多。现在的招商更加注重产业链的契合、人才的长期效应和社会资本的引导，一个项目四处勾地的情况有所缓解。这受益于整个招商团队素质的提高，内外兼修，金融与产业知识水平上升。例如，通过政府引导基金的设立与管理，使得招商又多了一股重要力量，同时也提高了社会资源参与招商工作的积极性。

三是对本土优秀企业扶持不遗余力。现在的招商工作中，不再以项目来源作为政策依据的基础，而是看项目本身是否符合当地的发展，是否有利于当地产业的提升。具体到项目落地的促进，既有持续性优秀外资企业的引进，同时也有针对性地引进国内的企业来落户以补充当地的空白。不仅如此，政府会通过多种手段鼓励本地区的企业做强做大，三管齐下来完善自己的产业生态。

三、产业链招商

产业链是一个具有某种内在联系的企业群结构，它是一个相对宏观的概念。产业链中大量存在上下游关系和相互价值的交换，上游环节向下游环节输送产品或服务，下游环节向上游环节反馈信息。园区也需要围绕产业链进行招商，通过大量的相关产业企业的集聚，形成规模效应，增强园区的竞争优势。

目前，产业链招商已经成为地方政府招商引资的主要方式。相比传统招商引资方式，园区产业链招商摆脱了一味比拼土地、税收等优惠政策的方式，而是以更深层次和更具长远效应的产业链打造为目标，基于构建产业链的需要，寻找和弥补产业链的薄弱环节，确定目标企业，打造产业集群，有目的、有针对性地进行产业招商。

制定完善的产业发展规划是产业链招商的基础。只有明确的产业规划，才有清晰的产业链招商路径，在制定空间规划时，必须注重产业的关联性，链上企业或关联度较强的企业要有计划地放在同一园区内，打造专业园区、特色园区。并结合产业延伸和产业链招商的要求，超前做好基础设施和功能设施配套。

根据完善而详细的产业发展规划，制定可指导操作的园区产业链投资实施计划，园区招商部门才能把有限的资源用在重点产业的招商上。同时，政府可以在相关政策上对重点产业予以倾斜，在增强产业配套能力和产业中介服务水平上有所作为。

产业链招商要围绕产业链建链、补链、稳链、强链的目标研析产业链的主体、载体、服务配套等。

一是建链是产业链招商的第一步，围绕一个核心产业（龙头企业），针对产业链的各个环节筛选优质供应商，通过开放供应链、资源共享、政策扶持、联合研发、基金并购等方式搭建产业链合作生态。

二是补链是在园区已经有一定产业基础，产业链初步形成之时，围绕产业链条的缺失环节展开针对性招商，目的是延展和扩充产业链条，打造更稳定、更强大的产业集群。

三是稳链是在产业链面对外部冲击时制定的应急措施，通过政策落地、政府采购、（协助企业）技术改造、转型升级等方式，分级分类做好"链式服务"，保障产业链、供应链逐渐畅通。

四是强链主要针对产业链已经较为完善、但价值链欠缺的地区，通过引进高附加值企业，形成核心竞争力。

所谓产业图谱，是指对各个产业及细分市场行业规模、产业链结构、链上企业数据等进行的研究和探索。从区域经济的角度看，产业发展的目标与时序跃然纸上，能够快速带动区域产业结构的升级转型，提升区域产业在国际价值链中的整体地位。同时，招商人员可以按图索骥，有的放矢，做到精准招商。具体来说，一份有效的产业图谱，应包含以下几方面的内容：梳理产业链上、中、下游关系，厘清产业链各环节的传导机制与价值关系；标注各细分领域龙头、机构、专利技术，划出产业链布局图；立足本地，列出推荐招商企业与重点关注企业，附企业档案与联系方式；了解产业链发展的痛点，厘清产业链发展的具体需求。

产业集群是一种必然趋势，依照产业链招商是顺应市场经济发展要求的科学方法。政府平台及园区必须把产业链招商提升到战略高度加以重视和推广，把招商引资工作的重点放在促进地方产业集群的培育、发展和升级上；放在营造良好的投资环境，建设诚信政府、效率政府上；放在根据国际国内发展产业集群的经验及启示，建设自己的产业集群发展体系上；放在一个又一个具体项目的落实上，加强基础设施等项目载体建设，加强投资软环境建设，这是当前招商引资工作的最大任务。

第五节 产业园区管理

一、产业园区管理释义

产业园区是指政府为了促进区域经济发展、打造产业集群而创立的特殊区位环境。可发展基础设施的产业园区基础设施，主要包括研发、创新设计及中试平台、工业厂房、创业孵化器和产业加速器、产业发展服务平台等。产业园区的特点是：能有效地创造聚集力，通过共享资源、克服外部负效应，带动关联产业的发展，从而有效地推动产业集群的形成。按不同的角度，产业园区有不同的分类方法。其中根据具体表现形式不同，产业园区的常见类型有：科技园区、文化创意园区、总部基地、物流园区、生态农业园区等。

随着产业的转型升级，原有园区配套及服务体系难以适应产业发展需要的问题越来越突出，集中体现在"职住分离"、各类配套设施不完善、软性服务不到位等问题上。根据配套政策的目标需求不同，我们将其归纳为价格优惠政策、启动资金政策、财政扶持政策和公共服务政策四个方面的子政策，每个方面都应有详细的设计。

价格优惠政策。以土地价格优惠、物业价格优惠和税收价格优惠等措施吸引重大项目和相关企业入驻园区是价格优惠政策的核心体现。对于重点发展的项目，园区可根据入驻企业的技术能力、发展后劲等情况给予不同程度的土地价格优惠，抑或以参股的形式降低企业的土地成本；对于重大项目相关企业租用的办公用房、生产厂房等，园区可给予减、免租金等不同程度的优惠；在税收上，园区也应根据需要给予不同程度的优惠。

启动资金政策。重大项目启动往往需要巨大数额资金的支持，企业通常会面临融资难题。园区设计启动资金政策将有利于引进重大项目进入园区。启动资金政策设计应依托园区投融资平台展开，以股权投资的形式，为创业企业提供先期投资额一定比例的配套资金。对于同一个重大项目或企业，配套启动资金最好只参与投资一次，单笔跟进投资额度应设置最高限度。如果项目投资成功，在投资之后一定年限内，创业企业有权按照配套资金投资成本加同期银行贷款利率的价格依出资比例购买配套资金所占股权。如果项目投资不成功，项目公司将进行清算，清算所得资金在依法清偿债务后的分配顺序依次为：创业企业、配套资金、项目创业团队。

财政扶持政策。企业所得税、营业税、增值税等税收收入部分返还给企业，或以专项扶持资金的形式参与返还，是财政扶持政策的重要着眼点。园区应加强对重大项目的财政政策扶持力度。在具体操作上，可从以下两方面着手：一是引进企业向本地企业转让技术，凡属国际先进技术或者条件优惠的，经税务主管部门批准，可以免征所得的技术转让收入营业税和企业所得税；二是对重大项目领域的跨国公司、知名企业新设立的企业总部、研发中心，经认定，按照国家相关科技税收优惠政策和金融扶持政策确定的资金优惠额度，由园区财政给予一定的配套资金支持。

公共服务政策。对于重大项目，园区应继续简化项目入驻手续，落实"一站式"服务，如有需要则实行"特事特办"，力争实现重大项目的高效申报。公共服务政策的设计，应该讲究人性化，切莫呆板教条，循规蹈矩。入驻企业出具重大项目的相关材料，园区就应该主动积极办理企业的审批、注册、登记等手续。程序简化、快捷，有利于把更多的时间和精力用于企业的发展上。此外，公共服务政策也会体现在园区为入驻企业的研发成果加快认定及积极申报市、省、国家科技成果并争取上级专项资金支持上。

二、数字时代的产业园区发展与转型

借助以大数据、互联网、人工智能等为代表的新工业革命技术，推动园区产业从传统型向现代适用型、科技领先型和经济实用型转型主要表现在两个方面。

一是基于大数据、互联网、人工智能等技术的发展，通过新技术和模式重新构建产业组织与生态，实现产业价值链的进一步分解和重新组合，依托传统产业园区衍生出平台经济、产业众筹、众包等新的园区发展模式，推进产业园区转型。利用新技术进一步强化产业园区现有的比较优势，巩固制造业重要承载基地的地位，提升园区产品的高科技含量和附加值。二是基于新工业革命技术的加速推广应用，通过推进产业园区打造智能化、柔性化、开放化OEM制造业平台，实现对产业园区内制造业的智能化改造，逐步形成基于新技术的产业园区内部与产业园区间的分工协作，进而推进产业园区转型升级。

新工业革命以来，工业化和信息化的融合发生了质的变化，由互联网制造、智能工厂、工业机器人、3D打印、大数据、人工智能等新技术应用推动的产业智能化革命已经到来，必然要求传统工业园区加快推进园区智能化改造来提升产业承载能力。从园区间协作来看，依托大数据支撑进行产能优化重组，整合产业园区原有基础设施与创新孵化器，可以打造智能化、柔性化、开放化的共享制造平台。建立和完善以市场为主导、政府监督为引导的产业资源管理体制，充分发挥市场在资源配置中的决定性作用，主要依靠市场来配置土地、矿藏、资金、资产、劳动力、技术、人才等资源。同时，结合全面深化地方政府体制改革，规范政府经济监督管理和为各类市场主体服务的职能，完善监管和服务体制机制，制定法律法规和政策，营造有竞争力的投资、创业和产业发展的良好环境。全力聚集一批投资规模大、技术含量高、经济效益好、创新能力强的产业项目落地园区，推进产业园区转型升级发展。

探索新的投融资体制机制，在强调保障政府调控能力有效有力的前提下，强化企业融资方式多元化和投资主体地位。在公平开放的市场环境下，园区所在地区政府尽可能精简下放投资审批事项和改进新项目核准方式。激发民间投资活力，规范发展市场直接融资，强化地方金融及中介服务行业服务实体经济的能力，加强统计监测和风险防控等。

积极构建产业园区投融资平台，在园区管委会发挥主导作用的前提下，多采用市场化手段，整合各种形式的投融资公司。可以在部分园区"先行先试"，探索运用资产证券化方式融资，将土地和实物等优质资产进行证券化融资，盘活园区存量资源，增加现金流，推进产业园区转型升级。在"十三五"时期，已有诸多园区突破了第四代园区，逐步进入创新突破阶段，作为产业核心驱动力和承载平台的产业园区，更是肩负着启蒙、引导、实践之重任。从市场运营的角度看，未来科技园区的概念，应能够树立起行业高度和运营品牌，引领园区未来趋势。未来的产业园区标榜生态，也标榜智慧，更有园区标榜"生态智慧园区"，低碳、绿色、环保、智慧化等。

随着产业专业分工的深化，产业园区开发的专业度不断显著，如物流产业新城、健康医疗创新产业园区、新兴金融科技产业园区、文化创意产业园区等。诚然，产业园区的发展需要政府推动及政策支持，但市场化、专业化的产业园区有望成为市场的主流。未来的产业园区将走向专业化、主题式、产业链和价值链型的道路，并远离工业区模式，成为产城一体、宜居宜业的生态智慧新区。同时，产业园区开发需要更专业化的产业研究队伍、规划设计队伍、招商运营队伍。面对产业升级的需求和人们对美好生活的追求，产业园区仍面临着扩容、提质升级和调整结构的需求。

复习与思考

1. 产业营商环境的含义是什么？
2. 我国产业营商环境具有哪些特点？
3. 我国产业营商环境的治理重点是什么？
4. 论述党的十八大后我国政府招商引资模式转向的原因和趋向。
5. 我国产业园区的运行模式和特征有哪些？

第四章　数字营商环境治理

📎 学习目标

1. 了解数字营商环境治理的内涵与特征。
2. 熟悉数字营商环境治理的重点。
3. 掌握优化数字营商环境评估的内容。

📎 案例导入

浙江省营商环境"无感监测"[①]

2022年7月，随着浙江省地方标准《营商环境无感监测规范指标体系》公开征求意见稿的发布，国内首个关于营商环境"无感监测"的规范化指标正式诞生，标志着国内营商环境评估进入新的模式。

相较于通过抽样调查、企业访谈和部门填报数据进行评估的传统营商环境评估方法，"无感监测"是运用数字化手段，以市场主体和基层"无感"方式，构建起一个更加客观、真实、科学的营商环境评估体系，通过全量化、全周期、全闭环、多维度监测功能实现对企业办事过程情况、体外循环事项的监测，推动各地以评促改、以评促优，进一步优化营商环境。

作为浙江省营商环境优化提升"一号改革工程"的重要工作，2021年初浙江在全国率先探索营商环境"无感监测"改革；2022年上半年启动标准研制，围绕指标检测靶点、计算分析等标准核心内容，开展多轮专家认证，并向省级有关部门、各设区市发展改革委、重点企业和研究机构、社会公众征

[①] 参见黄云灵《优化提升营商环境　浙江又一次走在前》，潮新闻，https://baijiahao.baidu.com/s?id=1760068722423054840&wfr=spider&for=pc。

集217条有关意见建议用于标准完善。该指标体系为推荐型标准，一方面，可以为全省营商环境"无感监测"各指标领域的涉企服务情况开展量化监测提供指引；另一方面，有助于"无感监测"的规则固化、流程标准化，更好发挥"以评促改""以评促优"效能，推动各个领域营商环境改革举措的落地。

"无感监测"实现指标体系预设的数百个业务监测靶点，需要横向贯通省级有关部门20多个主要的业务系统，纵向归集11个设区市和53个县的全业务数据，全量、真实、在线归集监测市场主体全生命周期与政府交互的业务办理手续、时间、成本及便捷度等数据，实现18个一级指标、42个二级指标、249个靶点的无感监测、可视化分析、个性化预警、长短板对标，重塑营商环境评估制度。

思考：如何运用互联网、人工智能等新兴技术提升营商环境治理水平？

第一节　数字营商环境概述

随着数字技术的快速发展，以数据为关键要素、以数字经济发展为动力，数字时代的演变推动人类社会生产与生活方式发生颠覆性变化。2022年11月，习近平总书记在亚太经合组织第二十七次领导人非正式会议上首次提出"数字营商环境"概念，强调"倡导优化数字营商环境，激发市场主体活力，释放数字经济潜力，为亚太经济复苏注入新动力。"[1] 营造适配数字社会与数字经济发展的营商环境顺应了中国数字政府建设站在全球营商环境变革的前沿，是党中央推动实现高质量发展和建设社会主义现代化强国作出的战略决策，意义重大而深远。

一、数字营商环境释义

2018年，世界银行提出"数字营商指标"（digital business indicators），[2]

---

[1] 习近平：《携手构建亚太命运共同体——在亚太经合组织第二十七次领导人非正式会议上的发言》，中国政府网，https://www.gov.cn/gongbao/content/2020/content_5567740.htm。

[2] BANK W., "Digital Business Indicators Methodology notes," Washington: The World Bank, 2019.

认为应通过构建更高效、更便捷、更透明的数字化营商环境，促进各国之间的良性竞争，进一步提升数字经济发展活力。作为数字时代对营商环境治理水平与能力的重要考量，数字营商环境是指数字市场主体在从事数字贸易等经济活动中涉及的设施技术环境、市场运营环境、政策政务环境和司法治理环境等有关外部环境的总和。具体来看，数字营商环境具有双重内涵：一是运用数字技术改造与提升传统营商环境，即"数字+营商环境"。二是营造数字经济市场主体创新与发展所需的新型营商环境，即"数字营商+环境"。

"数字+营商环境"是指利用大数据、物联网、区块链、人工智能等新一代信息技术赋能营商环境治理，为政府部门解决各类营商环境场景问题提供智慧决策支持。正如世界经济论坛和哈佛商业评论援引美国塔夫茨大学《数字营商环境便利度2019》报告对数字营商环境（doing digital business）的界定，是指数字平台在进入、运营、发展和退出市场等环节中所享有的便利程度。具体来看，数字化赋能营商环境主要包括生产赋能、交易赋能与管理赋能三种方式。

生产赋能是指将云计算、人工智能等数字技术融入传统制造业的生产端。一方面运用工步引导、机器视觉等技术，结合深度学习算法，实现市场主体内部生产的定制化与资源配置的高效化；另一方面增强产品设计、流程设计等部门与生产部门的数据协作、缩短产品研制周期。

交易赋能则是利用数字技术支撑的数字平台，为线下交易的传统市场主体提供更加高效便捷的交易渠道。平台在数字营商环境中扮演供应者与需求者两种角色：作为供应者，在占有市场资源上有较大优势，并重塑了许多产品和服务市场的运行模式在发展中制定了很多不同于线下市场的规则，使得线上市场的分工更细，新产品、新业态、新模式及新职业不断涌现和壮大；作为需求者，也是期待营造公平公正竞争营商环境的数字市场主体。

管理赋能是将数字技术融入传统营商环境中政府的监管与服务，使其升级为数字政务、智慧政务，突破地理位置与部门数据阻隔的限制，做到政务公开与政务标准化。例如，我国在国家层面搭建以国家政务服务平台为总枢纽的全国一体化政务服务平台，地方政府运行"掌上办""一网通办"等电子政务平台，大数据、云计算、人工智能等新技术在政府治理中得到逐步应用，快速提升各级政府部门在线服务能力。

"数字营商+环境"是指构建数字经济市场主体创新技术和业态模式所需要的新型营商环境。数字经济的蓬勃发展改变传统产业模式,对以数字经济为代表的新经济形态而言,需要良好的营商环境来鼓励技术创新和业态模式创新,并有效引导和规范企业行为,自觉形成合理的市场竞争秩序,[1] 培育现代化的市场经济主体。具体来看,构建适应以数字经济为代表新经济形态的营商环境需要从以下三个方面发力:

第一,数字经济市场主体的创新发展需要与之匹配的基础设施环境。数字经济要求在传统要素之外投入更多新要素,如网络基础能力、数据中心建设和算力协同等。互联网覆盖范围与速度、发达的物流快递设施是互联网公司、高新技术企业等数字经济市场主体生存的基础。同时,新型营商环境所具备的数字金融支付、网络安全维护等能力,是数字经济市场主体进一步发展的保障。

第二,新型营商环境的市场秩序管理也应适应新业态。数字经济发展推动新技术新业务新模式涌现,政府面临的市场监管议题不断增长,如新业务市场准入、平台经济监管、数据要素治理等,要求政府调整原有治理规则,重新确立监管边界。可以通过新业态的低准入门槛,促进数字经济市场主体的创新创业,或提升新业态的监管标准,精准打击并预防数字经济市场主体可能出现的不正当竞争行为,维护营商环境的公平。

第三,新型营商环境需要提供适应数字经济市场主体的专业人才。数字人才是数字经济市场主体创新发展最宝贵的资源,新型营商环境应具有良好的人才生态体系,既要吸引高质量人才,[2] 也要积极进行人才培养和人力资源培训,为数字经济市场主体提供不竭动力。

二、数字营商环境特征

随着互联网、大数据、云计算、人工智能等新一轮科技革命和产业变革

---

[1] 林毅夫:《中国经验:经济发展和转型中有效市场与有为政府缺一不可》,《行政管理改革》2017年第10期。

[2] 杜运周、刘秋辰、程建青:《什么样的营商环境生态产生城市高创业活跃度?——基于制度组态的分析》,《管理世界》2020年第9期。

的加速发展，国家鼓励运用现代信息技术推动政府改革、加快经济转型和创新社会治理。数字营商环境建设以数字化、智慧化技术优化营商环境，在"数字政府"和"智慧政府"建设中利用互联网平台和移动终端，将数字化和智慧化技术运用到行政审批、市场监管等政务服务场景中，区别于传统商业活动中对于基础设施、权益保护、税收方式等制度环境的需求，数字营商环境在治理手段、治理主体、治理重点等方面展现出特殊性。

1. 治理边界的模糊性

近年来，随着工业互联网、物联网、5G、大数据等数字技术的迅猛发展，数字技术日益成为数字时代生产力中最活跃、最具革命性的因素，不仅推动了生产力发生新的质的飞跃，数字经济逐步成为各地区推动经济发展的新动能，也引发了生产关系、上层建筑等领域的变革与重塑。在此背景下，优化数字营商环境能够为数字经济发展带来新的动力和机遇，有助于数字经济竞争力的提高，并且能够对政府和市场之间的互联互通产生积极效应。[1] 然而，随着数字跨越地理边界的特性使国家之间的安全空间相互交错，数字技术的研发、数字产业供应链、数据的产生和应用都不再局限在一国范围之内，从而可能引发管辖权争端和执法权冲突，进而导致数字营商环境治理边界的模糊性和重叠性。数字技术的日新月异和逐步普及的应用趋势又使得数字营商环境治理边界具有动态性。数字技术通过对能源、通信、交通和医疗等各领域的多重介入和互联，使得新时代下的数字安全威胁不可能是简单的叠加，而是呈现动态复杂性。例如，数字技术在应用过程中数字服务可能带来市场主体数字信息的泄露，则规避"算法黑箱""算法未知""算法滥用"等数字风险均是数字营商环境优化治理的重要内容。

2. 治理主体行为的多样性

数字经济是一种综合性生态系统，与工业、农业、服务业不断融合与渗透。例如，线上市场和线下市场之间的界限逐渐模糊，已经出现数字平台设

---

[1] 孙源、章昌平、商容轩等：《数字营商环境：从世界银行评估标准到中国方案》，《学海》2021年第4期。

立实体店、实体店在线上开设商铺的双向融合局面；生产环节与消费环节的融合持续加深，按需定制等个性化生产模式快速发展；部分大型电商和工业互联网平台已贯通供需两侧、产业链上下游，业务范围不断拓展，涉及诸多产业和领域。营造良好的数字营商环境需要考虑国家、经济组织、消费者等各治理主体之间的复杂关系，对市场竞争格局和全社会资源配置方式及其效率产生影响。同时，数字营商环境需要考虑线上线下两种经济活动形式，在形成独特线上市场的同时，也对线下企业的营商环境产生影响，很多传统企业面临新技术、新产品及新竞争手段的挑战。例如，电子商务与实体商场、网约车与出租车之间的市场竞争。这些都在不断改变线上线下的企业分布、行业分布及市场竞争结构。与传统企业不同，数字平台一旦在某个方面建立起垄断地位，就会迅速扩展到其他领域，其涉及的范围和行业都非常广泛，并且能够利用平台的技术和数据优势，发挥网络效应和规模效应，这在较大程度上影响了线下市场的营商环境。

三、数字营商环境建设与政府改革

良好的营商环境是国家治理体系和治理能力现代化的重要标志。数字营商环境是在信息技术时代下数字要素和营商环境建设相融合的产物，预示着数字经济背景下政府治理理念和方法的适应性转变，良好的政府数字营商环境建设是进一步激发全社会发展活力和创造力的重要着力点。不断发展的数字经济打破了传统商业的运行状态和规律，因而政府引导市场发展的方式和工具也适时而变。而数字营商环境与传统物理空间层面优化营商环境最大的不同，在于它始终围绕企业的获得感和使用体验这一中心，强调"企业即用户"、通过信息技术提供双向动态的交互，实现精准、个性、智慧的商事治理与服务，[1] 强调"连接即服务"，数字营商环境在我国的出现，正在从根本上解决"放管服"改革的目标，即由"物理空间"政府的"门难进、脸难看、

---

[1] 范逢春、欧李梅：《数字政府治理的中国话语体系构建》，《上海行政学院学报》2022 年第 4 期。

事难办",转换成"数字空间"政府的"门不进、脸不看、事照办",是顺应全球数字治理空间和数字政府建设的前沿改革。

1. 数字营商环境适配政府数字经济改革的治理重点

数字营商环境是数字经济和数字社会发展的适应性建设,是在数字化环境下建立的新业态,[①] 是数字空间开展商事活动需求的营商环境。近年来,新工业革命在全球范围内带动了大数据、人工智能等新一代信息技术的迅猛发展,传统的以土地、劳动力等为关键生产要素的农业经济和工业经济,逐渐过渡为以数据为核心生产要素的数字经济。党的十八大以来,一系列数字基础设施的建设十分具有前瞻性,在网络强国的战略下我国充分地将超大规模的市场和人口资源转化为数据资源,从数据的积累到明确为向数字经济方向发展。数字经济时代的数据驱动化、交流平台化等模式正在塑造全新的生产生活方式,从传统营商环境转型为数字营商环境是从市场需求的角度,对数字经济和数字社会的必要性适应。

• 党的十九大报告中提出"网络强国、数字中国、智慧社会"的战略方针部署。

• 党的十九届四中全会首次将数据列为生产要素,对数据在发展数字经济中所起到的作用给了重要肯定。

• 党的十九届五中全会通过的《中共中央关于制定国民经济和社会发展第十四个五年规划和二〇三五年远景目标的建议》明确提出"加快数字化发展",强调要建立数据资源产权、交易流通、跨境传输和安全保护等基础制度和标准规范,推动数据资源开发利用。

• 习近平总书记在亚太经合组织第二十七次领导人非正式会议上首次提出"数字营商环境",强调"倡导优化数字营商环境,激发市场主体活力,释放数字经济潜力"。

• 国务院印发《"十四五"数字经济发展规划》提出,到2025年数字营商环境更加优化,电子政务服务水平进一步提升,网络化、数字化、智慧化的利企便民服务体系不断完善。

[①] 孟天广:《数字治理生态:数字政府的理论迭代与模型演化》,《政治学研究》2022年第5期。

2. 数字营商环境是数字空间政府形态的发展目标

数字营商环境是政府与市场关系的重构与变革，也是市场主体经营外部环境和条件总和的变革；是政企关系对大数据时代、对三元空间治理的适应，也是数字政府建设的重要内容和发展目标之一。政府如何应用数据化、智能化、整体化的理念和模式引导市场充分发挥作用，是数字时代的重要议题。大数据时代催生了市场主体结构向平台企业转变。国家工信安全中心发布《2021年我国百强互联网企业发展态势研究》，指出我国百强互联网企业分为超级平台企业、大型平台企业、中小平台企业三个梯队，其中超级平台企业占到百强企业总市值的51.7%。基于互联网赋能的平台型企业打破了传统市场交易的时间、地域限制，在这种网络化、跨地域、跨时区的市场模式下，传统"重审批、轻监管"及"依靠执法人员实行属地监管"的模式存在重大风险。并且，在产品和产业快速更迭的市场模式下，市场准入、运营、退出等关键环节都需要政府进行政策的快速更迭，以避免企业无规可依的尴尬局面。数字化营商环境在政府部门之间以数据的共享、共用打破科层制条块分割形态的基础上，建立起快速响应的协调机制、基于信用的监管模式、底层数据互认的秒批机制等。通过建设数字营商环境消除因市场规则改变而出现的经济转型阻碍，更加灵活地协调日益复杂的市场活动，[1] 是数字空间政府的主要发展目标。

第二节　数字营商环境治理重点

数字营商环境是在信息技术时代下数字要素和营商环境建设相融合的产物，预示着数字经济背景下政府治理理念和方法的适应性转变，良好的政府数字营商环境建设是进一步激发全社会发展活力和创造力的重要着力点。而数字营商环境并非数字技术和营商环境的简单相加，需要厘清数字营商环境

---

[1] 叶凌寒、翁东玲：《中国高标准数字贸易规则研究——基于与其他数字贸易规则的比较》，《亚太经济》2023年第6期。

治理的治理重点，适应数字经济和数字社会的发展。

一、数字市场准入

习近平总书记提出："主动对照国际高标准经贸规则，深入推进跨境服务贸易和投资高水平开放，扩大数字产品等市场准入，深化国有企业、数字经济、知识产权、政府采购等领域改革。"[①] 随着数字经济新模式新业态层出不穷，相应的市场准入体系也应当及时改革和调整，更好地适应数字经济发展特点。

1. 放宽数字产品市场准入

数字经济以移动互联网、云计算、大数据和人工智能为代表的新一代信息技术加速渗透，与实体经济深度融合，孕育出一大批具有更高效率、更高质量、更贴合群众需求的新业态新产品新模式。数字经济企业包括数据管理、数字技术和数字产品企业及被数字化后的传统企业，企业数量多、动态变化快、情况差异大，营造公平便利的数字经济营商环境，切实降低企业负担，促使其发展更健康、存续更长久、更具竞争力。要坚持放松管制，对"互联网+"等数字经济新业态设定警戒线、调高容忍值、拉长观察期，不盲目上马新规定予以封堵；对"深度伪造"等新技术采取适度推进、冷静观察、伺机而动的策略，切忌简单进行法律规制。要坚持精简审批，与传统经济形态相比，数字经济的主要特点之一是创新周期短、行业变化快，相关审批流程需要适配经济发展特点，切实便利数字企业经营发展。优化政务服务，为数字经济企业提供优质、高效、便捷的政务支持。G20 经济体普遍采取了"一业一证"等简化新模式新业态市场准入的措施，为创业创新、增加就业等提供了有力支撑。例如，日本民宿只需要一个宿泊证，多数欧美国家的网约车只需要一个平台证。美国大部分州承认网约车服务的合法性，并引入交通网络公司的概念来区分网约车和巡游车。

---

① 习近平：《建设开放包容、互联互通、共同发展的世界——在第三届"一带一路"国际合作高峰论坛开幕式上的主旨演讲》，中国政府网，https://www.gov.cn/gongbao/2023/issue_10786/202310/content_6912661.html。

2. 优化数字经济政务服务

高效便捷的政务服务水平有利于提升市场准入的便利性，也有利于更好地调动和激发市场活力。一是放宽数字经济准入门槛。数字经济具有经营分散、交易高频等特点，如果照搬线下商事登记和监管办法，会大幅增加合规成本。企业开展网络零售、互联网医疗等线上服务，其前置要求大多比照线下业态设置，没有充分发挥和释放数字经济全过程留痕、数据实时可比、可追溯强的特点。要尽快清理和调整有关数字经济经营的许可类事项，对于可通过事中、事后监管达到规范管理效果的，尽量减少或取消事前审批；对于可通过线上查证、数据查证的经营行为或准入事项，尽力减少或取消对经营地点、实体证照的刚性要求。二是提升行政审批服务效率。要厘清数字经济企业在设立、重组、合并和经营范围变更等环节涉及的审批事项，破解审批难点和卡点。如上市公司非公开发行股票的平均审批时限是三个月，但数字经济市场变化调整，三个月的审批时间无法满足相关企业对融资时间的要求。三是提高政府在线服务能力。在"放管服"改革和数字政府建设双重推动下，[1] 各地积极推行"网上审批"、"不见面审批"和"一网通办"等改革举措并取得显著成效，但在推动协同审批、全国"一网通办"等方面尚未达到治理目标。要加快建成全国一体化政务服务平台，推动跨地区、跨部门、跨层级协同办理；扩大网上办事服务范围，推广"一次认证、全网通办"，不断提高在线服务能力。

二、数字基础设施

数字基础设施是全面提升区域创新体系效能、激发数字经济活力进而推动区域创新发展和畅通国内大循环的重要引擎，能够显著提升数字经济发展的深度与广度，加强区域参与数字经济竞争的优势。

1. 新型基础设施建设

多数经济欠发达省市的数字创新条件相对较弱，但从我国的重大数字基

---

[1] 张楠迪扬：《区块链政务服务：技术赋能与行政权力重构》，《中国行政管理》2020 年第 1 期。

础设施分布情况来看，如贵州省、甘肃省、内蒙古自治区等是 5G、数据中心、云计算、人工智能等新基建集中的地区，成为"东数西算"项目的重要根据地。这与西部电力水利等自然资源的富足紧密相关。经济欠发达省市可以将资源蓄能转化为数字基础设施高地的势能，为地区社会经济发展及数字营商环境建设赋能。政府应结合地方实际和未来发展需要，布局建设支撑地方产业数字化、数字产业化的数字基础设施。但这并不意味着在经济发达省市数字基础设施建设不重要，相反，对其不重视将会削弱自身在数字金融、数字创新应用等方面的优势，不利于实现高绩效的数字营商环境建设。另外，光纤高速网络、信息通信技术等基础设施的布局与国计民生息息相关，促进数字基础设施体系化发展和规模化部署，加快建设高速泛在、云网融合、智能敏捷、绿色低碳、安全可控的智能化综合性数字信息基础设施。[①] 推进产业数字化转型，大力推进 5G、千兆光网等新一代信息通信技术在垂直行业、信息消费、社会民生等领域的融合应用，形成重点领域创新应用示范标杆。加快推进数字经济与实体经济深度融合，协同推进数字产业化和产业数字化，使数字经济更好赋能实体、服务社会、造福百姓。

2. 营造良好的网络安全生态

在《中华人民共和国国民经济和社会发展第十四个五年规划和二〇三五年远景目标纲要》中，明确提出要将加强网络安全保护作为营造良好数字生态的重要内容。网络安全事关经济安全，应兼顾安全与发展，在保障网络安全的基础上促进经济发展。增强网络安全防护能力，建立健全关键基础设施、重要系统和网站、漏洞管理、人员安全等制度规范，增强网络安全态势感知、威胁发现、协同处置和攻击溯源能力。提升数据安全防护水平，规范数据采集、传输、存储、处理、共享、销毁全生命周期管理，加强敏感信息和个人信息保护。强化新技术、新应用的安全研究，积极开发网络安全保护技术，推广产品研发应用。国家网信办深入推进"清朗·优化营商网络环境　保护企业合法权益"专项行动，部署指导地方网信办积极受理处置涉企业、企业家的不法信息，督促微信、微博、抖音等网站平台快速核查处置涉企投诉举

---

① 张鹏：《数字经济的本质及其发展逻辑》，《经济学家》2019 年第 2 期。

报。聚焦坚决查处恶意集纳炒作企业负面信息、谋求非法利益问题，严厉打击散布涉企虚假不实信息问题，集中查处假冒仿冒他人企业名称等问题，全面整治虚构企业家私生活话题、炒作企业家个人隐私问题，集中处置传播带有地域歧视、人群歧视等标签式、污名化信息的问题等网上破坏网络营商环境的各类问题，进一步加强涉企信息举报受理，督促网站平台拓宽举报受理渠道，强化问题网站平台和账号管理，为企业聚精会神干事业、心无旁骛谋发展营造良好的网络营商环境。

三、数据开放共享

数字技术时代数字营商环境建设的关键是要充分发挥数据赋能效用。所谓"赋能"并不是指简单地授予行动主体权力或资源，而是指为行动主体实现目标提供一种新的思路、方法和路径，以增强行动主体自我效能的过程。在数字技术时代，通过数据赋能将数字技术与营商环境有机结合，形成数据赋能的数字营商环境理念，能够助推营商环境优化升级。数字营商环境建设的关键在于打破政府、市场、社会之间的数据壁垒，实现三者之间数据资源的流通、整合和共享。

1. 树立安全与发展并重的数据共享理念

通过健全数据开放共享法规政策和制度体系，完善各种利益协调机制，推动政府行政体制改革，加强个人信息保护和数据安全保障，明确政府、企业、公众在数字营商环境建设中数据开放共享的角色定位和行为边界，健全多元主体数据开放共享的协同机制，有效发挥各主体在数字营商环境建设中的功能与优势，构建数字营商环境完整的数据生态链。在数据开放的广度、质量方面，政府掌握的数据无疑是最全面、系统，也是最权威的，政府承担主体责任。例如，社会保障数据、国家经济数据、人口相关数据、气象数据等数据。政府持有的公共数据的开放，为社会提供了基础的数据集。提供公共资源和服务，是政府的重要职责。传统公共服务主要指的是城市道路、医院、学校、高铁等实体基础设施。在数字经济时代，开放公共数据将成为政府提供的一项重要公共服务。各个行业协会、联盟等行业组织，是数据开放必不可少的重要桥梁。互联网、电信、金融、交通、物流、制造等行业要构建本行业的开放共享数据集，制定本行业的数据开放标准，保护本行业数据安全。同时，推动本行业数据在内部的共享应用，以及跨行业数据之间的开放、共享、应用。政府只能提供一些基础数据，要更加专业的行业数据，则需要该行业的共同努力。欧美国家在构建行业数据开放共享平台方面走在全球前列，有大量头部公司牵头构建行业数据共享平台。[①] 例如，励讯集团旗下律商联讯风险信息在全球范围内建立 17 个行业规模保险行业数据共享平台。在美国市场，律商联讯风险信息的车险理赔数据共享平台 C.L.U.E 已经有 20 多年的历史，覆盖 99％以上的车险行业理赔案件的准确细节信息，广为各家车险公司信任和使用。

2. 完善数据开放共享的规则体系

传统的行政体系在信息与数据方面具有较高程度的封闭性，数据只在政府内部的各个部门或单一主体内流通，并没有作为一项公共资源对外输出。如何打破部门之间的数据壁垒、做到政务信息与数据的整合是提高行政效率的必然选择。数字营商环境治理需要增强数据在政府和市场之间双向流动。政府不仅从市场收集数据，还向市场提供数据，取之于民用之于民。围绕数据开放标准、使用权限、规则体系和管理体制，完善贯穿数据全生命周期的开放共享规则体系，提高数据开放共享水平。通过制定统一透明的数据开放标准，依法分级确定数据使用权限，建立整体性的数据管理运营体制，实现政府、企业、公众之间数据的有效融合。政府、行业开放共享的数据，需要人工智能、大数据等企业来构建相应的智能应用，进一步释放数据价值。在数据开放共享应用层面，政府要充分发挥主导作用，制定数据开放共享战略规划，完善数据使用规则体系，加强数据安全保障。同时，政府要加强同企业、公众之间的互动，充分吸纳企业和公众的建议，以"顾客需求"为导向，为企业和公众提供个性化的数据服务，引导企业和公众参与数字营商环境建设。

---

① 范如国：《平台技术赋能、公共博弈与复杂适应性治理》，《中国社会科学》2021 年第 12 期。

四、数据监管规范

随着数据的商业价值和社会价值的快速提升及信息技术的快速发展，有效解决数据安全、高效、可信、合规流动问题是满足数字时代企业和公众对政务服务需求方式变革的需要，也是数字营商环境建设的重要内容。

1. 健全数据监管的技术支撑体系

在数字政府建设中，运用数字技术优化政务服务流程和完善社会信用体系的建设，将公共数据与社会平台的数据进行安全、有序、有选择地融合，形成"线上调用、线下核验"的业务协同。例如，引入海量数据算力平台，构建以各领域创新应用为最终目标的大数据生态体系，对监管业务和科学管理决策进行仿真模拟，推动政府监管更加精准、高效和智能。[①] 一方面，依托一体化智能化公共数据平台，建立专业化数据产品开发运营平台，提升安全存储、数据授权、数据存证、可信传输、数据验证、数据溯源、隐私计算、联合建模、算法核查、融合分析等能力，构建"原始数据不出域、数据可用不可见"的数据产品开发利用模式。积极利用国家、省统一的交易系统规则和技术体系，规范数据产品生产和交付；另一方面，构建数据流通技术监测体系。强化联合计算、隐私计算等数据安全技术应用，建立数据的存储、传输、加工、交易等环节全流程透明化、可记录、可审计、可追溯的安全监测体系。加强数据流全生命周期的日常安全检测，定期对公共数据使用和安全保护情况进行检查。鼓励行业组织、企业和高校院所等单位推动数据可视化、数据安全与隐私保护等核心技术攻关。

2. 推行数据分类分级监管

分类分级是数据全流程动态保护的基本前提，需要多视角开展数据定级工作，在政务共享平台以数据共享的视角开展定级，如"公开、有条件申请、审批通过可看"等，基于安全防护的角度定级，不同级别的数据在存储、传输、共享等流程中需要采取加密、脱敏等措施。根据分类分级的结果，不同

[①] 江小涓、黄颖轩：《数字时代的市场秩序、市场监管与平台治理》，《经济研究》2021年第12期。

级别的数据，采取不同的防护手段，通过全面了解数据安全威胁，建立数据安全解决方案，数据安全运营能力建设，实现数据安全运营流程化、集中化。① 同时，数据安全治理需要数据安全管理方建立管理能力和运营监管能力，数据安全运营方建立日常运营（监测和管理）能力，数据安全作业方建立监测和防护能力，从而构建运营体系、管理体系、技术体系相辅相成的行之有效的数据安全治理体系。管理制度建设层面，在考虑建设数据安全制度的同时，需要考虑客户已有的网络安全制度，充分考虑与现有的网络安全管理制度的融合。数据安全技术管控层面，基于数据业务流程与具体应用场景对不同级别的数据进行针对性技术防护。采取数据传输加密、存储加密、脱敏、水印、访问控制、审计、API 接口鉴权及监控等技术措施，全面覆盖数据全生命周期过程。

第三节　健全数字营商环境法律体系

习近平总书记多次强调，法治是最好的营商环境。② 随着营商环境治理水平与市场主体治理需求提升，营商环境优化不是靠税收优惠、土地免费等政策性优惠，而是要通过法治化保障营商环境常态发展、通过智能化促进政府服务效能的方式，实现营商环境的跨越式发展。数字营商环境法治化建设成为新发展阶段法治建设重点工作之一。

一、完善数据治理规则

数据治理包含了双重内涵：一是依数据的治理，即强调数据为治理构造了一个新的治理场域，推动治理主体以一种新的观念和视角去重新审视治理。

---

① 鲍静、张勇进、董占广：《我国政府数据开放管理若干基本问题研究》，《行政论坛》2017 年第 1 期。

② 《习近平主持召开中央全面依法治国委员会第二次会议强调　完善法治建设规划提高立法工作质量效率　为推进改革发展稳定工作营造良好法治环境》，《人民日报》2019 年 2 月 26 日。

二是对数据的治理,①不仅对政府机构内部数据的治理,更是政府为履行社会公共事务治理职能,对自身、市场和社会中的数据资源和数据行为的治理。②自20世纪80年代起,我国在数据治理领域不断探索,形成了具有中国特色的数据治理体系。

第一,提升数据治理基础制度建设能力。细化、落实国家数据治理基础制度设计。党和国家深刻把握数字化革命的历史机遇,科学部署网络强国、数字中国建设,为我国数据治理基础制度建设指明了方向、提出了要求,下一步应逐步落实国家数据治理基础制度的顶层设计,建立促进数据要素作用发挥的配套政策体系,着力构建完善的政策指导和制度支撑体系,针对数据治理建设中的基础性、机制性障碍,出台相应的指导意见、标准规范,调整与当前数据治理不相适应的制度安排。建立统筹有力、统分适度的全局性协调机制。国家层面应建立全局性数据治理统筹协调机制,各地各部门应充分发挥本级数据治理统筹协调机制的作用,协调解决好数据治理过程中涉及全局性、根本性的问题。保障国家数据治理政策的有效性、协调性,充分调动中央与地方数据治理的积极性,高效配置全国数据资源,为数据的横向与纵向流通提供制度保障。

第二,构建公共数据授权运营体制机制。完善治理结构,促进公共数据资源开发利用。兼顾公共数据的开发利用和安全保护,必须构建以政府数据管理机构为核心,多方主体共同参与、各司其职的综合治理结构。其中,数据管理机构代表政府对公共数据进行管理,对参与数据治理的企业和个人实施监管,推动落实网络安全、数据安全、个人信息保护等相关要求;公共部门作为数据的提供者和使用者,应遵守数据治理的各项规则和要求,保证数据质量、提出数据需求;数据运营商、研究支撑机构、数据交易机构等是公共数据运营过程中的重要主体,会接触到大量的数据,为此,政府应在运营中拥有主导权。

第三,明确数据授权规则。通过引入数据运营主体,在确保安全可控的

---

① 张康之:《数据治理:认识与建构的向度》,《电子政务》2018年第1期。
② 黄璜:《对"数据流动"的治理——论政府数据治理的理论嬗变与框架》,《南京社会科学》2018年第2期。

前提下尽可能地调动市场主体的参与积极性。从授权对象上看，公共数据属于公共资源范畴，政府应优先将公共数据作为出资交由国有企业运营，在保障安全的前提下充分释放数据价值。从授权范围上看，按照行业、区域、场景等维度予以明确的数据授权，限定数据运营主体的被授权范围，是兼顾发展与安全的必然选择。从定价方式上看，应结合公共数据的用途进行选择，拓展运营手段，支撑数据价值的充分释放。一方面，在公共数据运营中积极引入区块链、联邦学习、多方安全计算等新型技术手段，界定数据权责，减少数据跑路，为公共数据的安全、高效流转提供支撑；另一方面，创新运营中的数据流通模式，实现原始数据与数据应用"解耦"，破解安全与流通对立难题，支撑数据价值的释放。

二、灵活调整监管制度

公平竞争是现代市场经济的本质特征。我国大力优化数字营商环境，强化反垄断与反不正当竞争执法，市场秩序总体上不断改善，但数字经济有其独特的竞争逻辑，关于数字市场的垄断和竞争等新问题，各方还存在不同认识。以构筑国家未来竞争新优势为着眼点，准确把握数字市场竞争规律，加快构建起覆盖数字市场发展全周期、全链条的竞争规则体系，塑造公平公正、竞争有序、预期稳定的数字市场环境。

第一，完善数字竞争监管制度规范。持续完善数字市场竞争监管基本制度，加快出台与新修订《中华人民共和国反垄断法》相配套的经营者集中、滥用行为、垄断协议等规则，对一时存在争议或者看不清的行为，不急于立法规范。针对新产业新业态新模式，要坚持包容审慎监管理念，最大限度降低准入和退出门槛，但要加强监管协调，及时发现和弥补制度空白。针对金融、科技、媒体、安全、民生等重点领域，紧扣资本、数据、算法、技术、行为等的关键要素，分门别类研究制定竞争监管相关指南，发挥其竞争合规的指引作用，增强制度可预期性。还要完善数字经济领域相关道德伦理规范，防范技术滥用，确保技术应用以人为本。

第二，健全完善公平竞争审查制度。我国数字经济发展区域不平衡、新产业新业态新模式众多，对传统线下各个领域带来了巨大冲击，"新旧摩擦"现象突出，地方政府和部门有动力也有意愿去干预市场，其中就可能存在保护传统产业的冲动。针对地方保护、地区封锁和行业垄断等问题，要进一步分类完善公平竞争审查制度，从源头上防范限制竞争的政策出台。重点是加大对准入限制和各类支持性政策的审查力度，增强审查制度刚性，切实提升审查效能。

第三，加快完善竞争监管高效执行机制。发挥数字经济发展部际联席会议制度作用，探索建立跨部门跨区域执法机制，推进违法线索相互通报、处理结果互享互认，消除监管盲区，降低监管成本。持续完善竞争监管体制，依法推动反垄断执法事权下放，构建纵向联动、横向协同的数字市场竞争监管体制。强化多元共治，构建政府与市场、政府与社会组织多元协同、共享共治的扁平化监管体制，探索与数字市场相适应的高效治理模式。推进"互联网+监管"、信用监管、智慧监管，增强主动发现、监测和取证等能力，提升监管针对性、科学性和时效性。

三、优化平台治理规则

平台化经营模式已然成为社会主流的新型组织形式，电子商务、外卖送餐、网约车、共享民宿等数字经济业态的发展离不开平台企业的支撑，成为依托双边市场理论而构建的一种双边市场主体数量和价值相互决定的资源配置新范式。[①] 传统市场监管主要包括行政监管、行业自律、媒体监督和企业自治等方式。由于互联网时代平台具有典型的扁平化、去中心化特点，如果单纯依靠传统的行政监管方式，可能会出现时间滞后、力量不足、手段有限等问题，影响监管实际效果。因此，政府部门要在包容审慎监管的基础上，充分发挥互联网多元、合作、开放、创新的特征，进一步加强平台治理。在这一过程中，尤其要强化网络平台信息规制，加大信息公开和披露，向消费者和其他经营者传递真实、完整、科学、可靠的信息，解决平台经济信息不对

---

① 裴长洪、倪江飞、李越：《数字经济的政治经济学分析》，《财贸经济》2018年第9期。

称问题。

第一,平台要持续加大科技研发和治理创新,提升平台治理的效率性、精准性、系统性和公平性,不断提升经营者的营商获得感。[①] 充当守门人角色,注重信息审核,依法核验经营者、其他参与方的资质信息,尤其是那些涉及资格认证、商标标识、质量保证等方面的关键信息。例如,网约车平台在资格准入方面实行实名制注册,需要审核司机的个人身份信息、驾驶证、犯罪记录等信息,登记车辆的号码、品牌、颜色、发动机号等信息,防止信息审核不严产生安全漏洞问题。同时,通过提供免费店铺装修、免费海报设计、免费虚拟模特、免费翻译等普惠增值工具,有助于成千上万的经营者规避自主设计费高、知识产权侵权等问题,凸显平台治理的系统性和普惠性。

第二,平台的信息收集、整理、发布和传播。相对于消费者而言,平台是离具体经营者最近的主体,具有天然的信息优势。这要求平台在具体经营过程中充分发挥信息规制作用。在消费者注册时,平台的信息收集应当以必要为原则,防止过度采集,保护消费者的隐私权。同时,平台应当利用自身的信息加强对平台内经营者的管理,现在越来越多的平台着手收集平台内的经营者信息,并对其开展评估,对特定的商家打分评级,奖诚信、惩失信,这有利于确保平台信息的真实性,进一步提高平台的公信力和信任度。对于平台内部经营者销售量、信誉度造假现象,平台应当及时发挥应有的纠偏功能,及时澄清事实,强化信息披露,加大处罚力度,消除不良影响,只有如此不法现象才能得到有效遏制。

第三,平台信息的使用与共享。平台要与政府协同治理,推动跨平台治理模式创新,共同优化营商环境。平台经营环境的改善,离不开我国营商环境的整体持续优化。在平台上经营的企业或商户面临营商环境的"二重性",因此平台企业需要和政府协同治理平台,不断优化平台营商环境,同时规范自身发展。平台不能滥用消费者的知情同意权,违法授权他人使用自身平台的信息,要采取必要的保障措施,以防止这些信息遭受非法获取、泄露和利

[①] 郑磊、高丰:《中国开放政府数据平台研究:框架、现状与建议》,《电子政务》2015年第7期。

用。此外，平台也要与监管部门实现信息共享，将这些信息系统整合、共享共用，在政府与市场之间构建信息规制的公私合作机制，提高行政效率，提升服务水平。

第四节　构建数字营商环境评估体系

传统意义上考察企业全生命周期的营商环境评估正在被数字化方式有效地打破时空阻隔，营商环境评估必须覆盖到新的数字业态，其评估方法也须进行革命，更需要重视政府数字化改革和数据采集技术对营商环境评估的影响。①

一、数字营商环境国际评估指标

近年来不少国际组织陆续将与数字经济相关的评估指标纳入国别营商环境评估体系之中，当前在国际上影响力较大的评估指标主要有八种，分别为世界银行发布的三个指数：doing business 中所含的数字评估要素（以下简称 DB 指数）、B-Ready 中以数字技术指标为代表的数字评估要素（以下简称 B-Ready 指数）及数字营商指数（digital business indicators，以下简称 DBI 指数）；联合国国际电信联盟发布的信息通信技术发展指数（development index）；联合国经济和社会事务部发布的电子政务发展指数（E-government development index）；联合国贸易和发展会议发表的企业对消费者电子商务指数（business-to-consumer ecommerce index）；世界知识产权组织发布的全球创新指数（global innovation index）；世界经济论坛发布的全球竞争力指数（global competitiveness index）。

理论界将这八种指数按其各自特征分为：对数字营商环境水平的试评估（DBI 指数），对数字经济具体领域的专题评估（信息通信技术发展指数、企

---

① 潘思蔚、徐越倩：《数字营商环境及其评估》，《浙江社会科学》2022 年第 11 期。

业对消费者电子商务指数、电子政务发展指数），对数字经济指标要素的综合评估（B-Ready 指数、DB 指数、全球创新指数、全球竞争力指数）三类，其指标构成具有以下共同特点。

1. 强调数据治理法治化

数据是数字经济的关键生产要素，是驱动数字经济创新发展的核心动能。[①] 数据在数字经济中的核心地位在三个指数评估中得到充分体现，数据法治水平的高低成为经济体数字营商环境评分高低的关键。各指数明确数据治理依赖完善的制度规则，并对经济体的数据治理水平采取直接与间接相结合的评估模式——数据治理本身不仅作为直接评估要素纳入得分依据，还通过其他环节进行间接评估。例如，DBI 指数将"数据隐私与安全性"作为一级指标进行直接评估，该指标项下的"个人（数据保护）权利"与"跨境数据流动"指标考量经济体对网络数据保护（个人隐私保护）水平、未成年网络用户的数据权益保护、平台数据使用责任、跨境数据流动等方面的法治水平。此外，DBI 指数还在网络联通性、数字市场监管等指标中，将数据的合理使用、隐私保护、分类保护、跨境流动等评估环节融入指标事项中，如网络连通性指标中有关于"成员国是否对网络连通环节中的数据跨境传输进行立法"的调查，进而实现对经济体数据治理问题的间接评估。

B-Ready 指数同样重视数据治理问题，无论是前述项目数据采集、使用上的严格合规要求，还是对各指标数字技术水平的遍布式评估，数据法治考量贯穿 B-Ready 指数自身运作及项目评估之中。以"企业准入"指标为例，B-Ready 指数的"企业准入"指标包含三个二级指标：（1）企业准入法律制度质量。（2）数字公共服务和初创企业信息透明度水平。（3）企业准入效率。B-Ready 指数明确第（2）项包含 B-Ready 指数内容的评估，具体包括三个细化指标（三级指标）：(a) 有否提供用于企业注册和运营的在线服务，即企业注册运营过程中数字公共服务的提供情况，如有否提供电子平台、在线窗口、数字审批支持等；(b) 企业注册和运营过程中使用的在线服务之间的协同性

[①] 荆文君、孙宝文：《数字经济促进经济高质量发展：一个理论分析框架》，《经济学家》2019 年第 2 期。

（相互操作性）；(c) 企业信息的在线可用性和透明度问题。世界银行特别指出，对此类含数字技术评估的三级指标的数据收集，将既通过专家渠道又通过公开访问数据渠道进行交叉验证，以保证数据的准确性。从这些指标事项中也可以看出，要满足 B-Ready 指数企业准入数字评估要素的要求，就需要制备完善的数据制度规则，以保证数据的收集、存储、分析、应用、积累、标准、质量、权属、交流、公开、保护等环节的运作效率和治理水平。B-Ready 指数的数字法治评估已不仅局限于关注速度效率、制度负担等传统评估要素，还关注数字化运行背后的制度机制、规则架构、立法精度、执法水平的高低，是对公共数据流动、数据监管规制、数据开放共享等新问题的深度考察。

2. 关注数字平台法治水平

"平台"是各指数指标内容的"高频词汇"。各指数不仅关注经济体电子政务平台、电子税务平台、信用平台、产权交易平台等与企业经营紧密相关的行政平台的建设水平，还关注电子商务平台、第三方支付平台、物流平台乃至互联网网站、品牌等与公民数字生活密切联系的数字平台的建设治理问题。平台的法治化程度是经济体平台建设水平高低的重要指征。例如，DBI 指数在"数字市场监管"指标中对经济体有否对电子商务平台的消费者保护与中介责任进行立法提出了要求；在"支付"指标项下的"对支付服务提供商的许可""付款的授权及处理"与"（支付）安全性"二级指标对经济体在线支付业务的立法规制水平提出了细节要求，包括有否对支付服务提供商风险承担水平进行立法规制（如有否要求银行独立开户、有否要求账户余额为正、是否需持牌、外包业务有无专门规定等）；对支付使用用户的权益保障（如有否对支付服务提供商的信息披露提出法律要求、有否付款结算周期要求、有否强制退款规定等）。DB 指数则在评估经济体数字信用平台建设水平过程中，对征信立法的情况进行了考察。B-Ready 指数是平台治理指标的"集大成者"，既吸收了 DBI 指数对支付、电子商务、物流等平台的法治要求，也吸收了 DB 指数对税务、贸易、审批、产权等平台的评估要素，并以跨领域评估模式鼓励经济体对企业全生命周期各环节搭建、运用与规制平台。例如，公用服务接入、劳工、金融服务、国际贸易、纳税等指标均包含有各自的平台建设、使用情况及治理水平评估。值得注意的是，与 DB 指数类似，B-Ready 指数也十分倡导"单一平台"建设目标，鼓励经济体将各环节平台纳入单一的政务平台或综合平台进行运作与管理，并针对大平台、关键平台进行专门治理、分类治理，提高经营效率降低制度壁垒，总体而言对经济体平台综合治理能力提出了更高要求。

3. 重视数字市场公平竞争

三类指数均重点关注经济体数字市场准入便利性与公平竞争水平高低，鼓励经济体进行监管数字化转型。例如，对数字服务准入门槛、行政审批效能、数字平台服务及互联网服务规范程度等方面的关注，体现出对经济体市场准入便利性的考量。对经济体网络平台治理、恶意软件监管、数字知识产权保护、数字用户权益保护等问题的关切，则体现出对数字市场公平竞争问题的考察。实际上，经济体数字市场准入便利性与公平竞争水平高低是各指数评估经济体数字市场"健康程度"的主要依据，两个要素常常同时出现。DBI 指数在网络连通性下的"通用访问权限"指标中，既关注经济体网络市场对于境外主体的开放问题，也关注经济体是否对境内外网络运营主体的财产权给予平等保护。在此基础上，有否外商投资保护立法、有否设置负面投资清单制度、有否数字反垄断与反不正当竞争立法、数字市场监管法治水平等因素成为重要的得分要素。B-Ready 指数则将对市场竞争问题的关注上升到新高度。不仅将"市场竞争"新设为一级指标，并使用三个二级指标尽可能全面衡量经济体市场竞争总体水平，包括：（1）市场竞争相关立法规范质量。（2）市场竞争相关公共服务是否充分。（3）市场竞争相关关键服务的效率的评估。其中，第（1）项作为"法治评估"条款主要包含两个方面：一是对竞争立法质量的考察，如反垄断法规的制定与实施情况、消费者保护状况、市场监管执法质量等。二是对公共合同、招投标法规质量的考察，如政府采购法规的制定与实施情况、政府采购的透明度状况、企业信用体系建设水平等。这些评估要素同样需在跨领域的 B-Ready 指数中得到反映——对经济体数字市场公平竞争法治水平进行全方位考察，包括对数字市场竞争立法水平、市场监管水平、政府采购平台等数字平台的治理水平的考察等。此外，上述评估要素同时也反映出各指数对经济体监管数字化转型的理念倡导，提倡远程监管、在线监管、电子签名、远程授权等数字监管技术在各主体市场行为中的普及运用。

4. 强化数字用户个人权益保护

近年来，国际社会对数字用户个人权益保护的呼声渐高，数字权益被视为"人权"的组成部分基本达成共识。三类指数同样顺应趋势，在指标中引入了对网络数据安全、个人信息保护、平台责任、消费者保护等方面的立法考量，将"数字用户个人权益保护"作为经济体数字营商环境法治水平的评估成分。DBI 指数创新性地引入了区分保护的理念，对未成年数字用户提出了更高的立法保护要求。例如，在评估电子商务平台的法治化程度时，将未成年人个人信息、电子签名、在线支付、合同权利是否与成年数字用户区分保护作为一个判断标准，立法上若有对未成年人进行适当倾斜保护的规定，则可能得到更优的评估。B-Ready 指数虽暂未列明保护标准，但其将"劳工"新设为一级指标，以及对数据保护、公平竞争、在线交易、信息透明度、平台治理等事项提出法治要求等做法，实则系对个人与法人数字权益保护的种种具体化表现。

二、数字营商环境中国评估指标

在数字经济的大背景下，优化营商环境的具体内容更加丰富，构建良好的数字营商环境是一个全球性的问题，需要一个全面的、具体的、有代表性的评估标准。指标体系的设置更应突出考核评估的导向作用，做到以评促改、以评促建、以评促优。评估指标的设定既要能够客观完整地反映数字营商环境的高低优劣，同时又能够准确获得。构建适应数字时代的营商环境评估框架，需要充分借鉴国际上公认的评估指标体系，并结合社会主义市场经济体制的总体要求，植根新经济土壤，运用新技术工具，不断进行体制机制的创新，这是一个治理体系和治理能力现代化的过程。[1]

---

[1] 鲍静、贾开：《数字治理体系和治理能力现代化研究：原则、框架与要素》，《政治学研究》2019 年第 3 期。

数字营商环境的评估体系中所包含的政府改革、市场业态和数字技术三个关键要素,[①] 既体现出数字时代背景下营商环境评估对象的扩展,也体现出从效率导向到制度创新的内涵扩展,更是将无感监测的方法应用于评估的全过程。从政府改革的视角,分析营商环境的便利性和公平性;从市场业态的视角,分析新经济、新业态、新模式的兴起对于营商环境评估维度的影响;从数字技术的视角,分析通过其深度应用,如何影响营商环境及其作用机理。

具体而言,"政府改革"维度重点关注市场准入和行政效率的指标。市场准入体现在政府应当为各类所有制主体创造平等、公平的市场环境,包括企业属性类别、企业规模和企业属地特征等,对不同性质、特征和类别的企业是否一视同仁,决定了市场是否真正实现公平开放。行政效率的提升是政府职能转变的题中应有之义,决定着政府职能的实现,是实现营商环境优化的有效路径,因此行政效率的测量包含政务服务事项便利度、政务服务满意度和政务服务在线办理覆盖度等内容,高质量的行政效率保障市场主体的经营面临一个良好的制度环境、政策环境,最大限度降低制度交易成本。

"市场业态"维度重点关注市场发育程度、数字经济基础等内容。市场发育程度对经济社会的发展起着重要的作用,同时以经济社会发展的程度为基础和依据,主要包含经济总量、工业基础、服务业基础、非国有经济基础、专业化经济等观测点。数字经济基础则不仅反映新经济发展的速度,也是改造提升传统产业的支点,包含数字经济核心产业比重、数字产业链完整度、工业互联网平台构建、数字贸易规模等内容。既有的数字经济产业基础一定程度上体现了各区域在数字时代新赛道上的站位,影响着当地数字经济的后续发展,提供了构建营商环境的市场基础条件。

"数字技术"维度重点关注数字基础设施发展情况、数字经济制度成本等内容。其中,数字基础设施发展情况是以数据创新为驱动、通信网络为基础、数据算力设施为核心的基础设施体系,是新基建的重要组成部分,主要包含设施建设、能耗支持等观测点。数字基础设施的完善对有效打破信息界限、

---

① 徐浩、祝志勇、张皓成等:《中国数字营商环境评估的理论逻辑、比较分析及政策建议》,《经济学家》2022年第12期。

产业界限、空间界限，促进供需互动、产业跃升等方面具有显著优势，是推进数字经济发展的重要抓手。数字经济制度成本是数字经济规范发展的首要问题，有助于提高生产效率和供需匹配效率，主要包含数据开放程度、数字规则建设情况、数据隐私保护等。加强数字经济制度成本建设将有效提升政务服务效能、促进供需两端精准对接，为改善营商环境提供有力支撑。

三、科学优化数字营商环境评估

传统意义上考察营商环境从企业生产到消亡的评估逐渐向数字化、信息化营商环境评估转变，评估对象从传统工业向新产业、新业态、新模式转变，评估内容从全生命周期向新生产要素转变，评估路径从线下填报、问卷调查向数据归集和无感监测转变。数字时代对营商环境的重新考量，既是对传统工业时期市场主体所处制度环境的全面反思，也是回应新发展阶段的理念创新和方法论重塑，更是国家治理体系和治理能力现代化的重要组成部分。

1. 丰富评估数据采集方法

营商环境"无感监测"运用数字技术直接获取相关数据信息，实现从企业咨询、申请到服务结束的手续、时间、成本等数据全量抓取、实时动态监测、自动比对、智能分析，评估结果也更加透明、客观和精确。

第一，线上线下全链条监测。推进线下营商环境无感监测试点工作，通过在服务大厅窗口嵌入监测接口，加强对企业办事过程情况、体外循环事项的监测，包括企业与政府交互的业务办理手续、时间及便捷度等指标，补充线上"无感监测"以外的监测事项，从而形成"线上+线下"全链条监测，客观真实反映企业办事过程、办事环节、申请审结时间及企业主体感受，从而解决以往营商环境评估主要以"线下调查""事后评估"为主，导致的调查时间长、时效性不强、样本不全面等问题。

第二，靶点数据全自动匹配。聚焦营商环境重点指标业务，建立业务系统及取叫号系统清单，迭代升级政务服务大厅叫号终端，在叫号时增加采集企业信息、经办人信息、办事事项等内容，从而实现线上线下靶点数据精准匹配，靶点数据应归尽归，全面记录业务办理行动轨迹。将企业、个人在服务大厅取号、办理窗口编号、办理开始与结束时间节点等作为靶点数据，实时归集到平台数据仓中，精细绘制经办人员服务中心活动轨迹，作为营商环境线上监督的重要补充。

第三，营商环境全景式呈现。在应用端设置线上线下"无感监测"评估可视化模板，设计营商环境总览、地区分览、指标监测、最优比对等模板，实现线下无感监测数据的实时汇总分析。通过建立监测预警机制，实时对各项数据进行监测，设定营商环境线下监测各项指标对应的标准阈值及最优阈值，并将实时数据与标准阈值进行比对，从地区、指标、时间等不同维度对各地区营商环境情况进行灵活展示，实时展现营商环境无感监测过程性评估，从而达到"以评促优、以评促改"的目的，推进营商环境评估模式制度重塑，推动营商环境进一步优化。

2. 完善评估结果运用机制

评估结果有效运用是营商环境评估效用发挥的关键环节，有助于精准定位数字营商环境优化要点，具体包括两个方面。

第一，建立法治化营商环境大数据平台，建立独立的第三方信息库，使法治化营商环境评估过程实施流程化管理，针对各项指标的评估信息进行收集和整理，保证信息数据真实、完整、安全、及时。利用数据挖掘技术、分类预测技术和数据预处理技术，对评估结果进行分析和运用，使评估结果能够充分发挥其决策参考价值。政府相关部门要将法治化营商环境评估结果通过网络等多种媒体手段进行及时公布，确保评估结果公开化、透明化。决策机关通过平台掌握法治化营商环境评估结果后，能准确查找到所要改进的问题，并在规定的时间内，有的放矢进行整改，有利于接受社会公众和市场主体的有效监督、增进政府的公信力，加强社会公众对法治化营商环境建设的支持。

第二，进一步明确和压实属地政府优化营商环境的主体责任，建立健全工作保障机制，督促各级政府、部门真正重视并采取切实措施优化营商环境。严格营商环境考核评估，加大考核力度，制定配套奖励措施，对在优化提升营商环境工作中作出突出成绩的单位和个人给予表彰奖励；对破坏营商环境和侵害企业利益的行为要督查问责，严厉查处执行不力、推诿扯皮、效率低下等问题，坚决消除各类隐性障碍和"潜规则"，切实保护各类市场主体合法权益。此外，还应建立国内营商环境常态化评比机制，定期对各省市营商环境进行全面动态的监测、评估，充分发挥评估指数的"风向标"和"指挥棒"作用，进一步激发地方政府改革动力，以更好促进各地政务环境、市场环境、社会环境、法治环境的全面优化提升。

复习与思考

1. 数字营商环境的概念与特征是什么？
2. 数字营商环境治理的重点内容有哪些？
3. 简述数字营商环境法律体系的内容。
4. 国外数字营商环境评估的特点有哪些？

第五章 市场监管

学习目标

1. 了解市场监管的释义。
2. 熟悉市场监管部门基本职能。
3. 掌握市场监管的治理重点。

案例导入

网约车司机违规运营乱象该治治了![1]

近年来，我国网约车行业迅猛发展，市场规模开始迅速扩大。但随着网约车行业的发展，运行中的弊病也逐渐显现。由于网约车平台的价格低于出租车的运价，通过低价大量抢单，抢夺出租客运市场，致使出租车乘客锐减，出租车的运价被统一管理，不能随意降低，这就导致了出租车司机生意惨淡，苦不堪言，很多出租车司机被迫转行甚至失业。同时，网约车市场的运营乱象也越来越多。例如，乘客在网约车平台打车出行时，被司机要求收取额外费用的情况屡见不鲜，有的是上车前司机打来电话要求加价，有的是上车后司机提出要返程费、车费补贴等。有的司机要求乘客取消平台订单"转私单"，乘客无奈遵从，对于消费者而言，若将平台订单转为私人接单，一旦发生交通事故，可能面临拒赔或无法获得足额赔偿的风险。还有的网约车司机私自利用多个平台接单，导致乘客本来应当独享乘车空间最后却被迫拼车。网约车司机不合理接单、收费的行为，涉嫌侵犯消费者知情权、自主选择权、公平交易权等，同时也表明网约车平台存在监管漏洞，有义务对消费者遭遇

---

[1] 参见孙天骄《网约车司机违规运营乱象该治治了!》，《法治日报》2023年10月24日。

的不公平待遇承担相应责任。

思考：网约车市场监管在哪些点位如何发力？

第一节　市场监管与市场综合监管

一、市场监管的产生

市场失灵是指内在功能缺陷和外部条件缺陷引起的市场机制在资源配置的某些领域运作不灵。① 造成市场失灵的原因既有内在性因素，也有外在性因素，市场失灵主要是市场的不完全性、不充分性及市场的外在性造成的。同时，由于市场机制作用的自发性、盲目性和滞后性，常常导致虚假需求和生产的盲目性，对经济活动的远景缺乏导向，市场机制容易助长投机行为，从而破坏市场运行的有序性和稳定性等。市场机制作用的这些特点会造成社会经济运行的紊乱，使市场总供求关系发生以超额供给或超额需求为特征的总量失衡，引发严重通货膨胀、失业和经济衰退等。因此，市场失灵问题是政府监管的逻辑起点，② 需要依靠政府监管矫正市场失灵。

而全球正在经历监管型国家建设的浪潮，监管意味着政府与市场关系的基础性重构。③ 在政策层面，市场监管有广义和狭义之分。广义的市场监管是我国政府五大职能之一，包括对消费品市场、金融市场、文化市场、能源市场、交通运输市场等领域的监管；狭义的市场监管则特指消费品（含有形产品和服务）市场监管。

---

① 市场失灵理论是由于市场机制不能充分地发挥作用而导致的资源配置缺乏效率或资源配置失当的情况。在一个经济社会中，整个经济实现一般均衡，并且资源配置达到帕累托最优状态是有条件的。这些条件包括：经济主体是完全理性的、信息是完全的、市场是完全竞争的、经济主体的行为不存在外部影响等。符合这些条件的完全竞争市场显然是不现实的，而当这些条件不具备时，资源最优配置或者帕累托最优状态通常不能得到实现。如果完全竞争的条件受到破坏，或者即使存在完全竞争条件，市场机制在很多场合不能实现资源最优配置，就会出现所谓的市场失灵。
② 席涛：《市场监管的理论基础、内在逻辑和整体思路》，《政法论坛》2021 年第 4 期。
③ Ayesha Bhatti, Saad Azmat. Rethinking Islamic Finance: markets, regulations and islamic law [M]. Taylor and Francis, 2018: 1.

计划经济时代的国家高度一元化，以政企不分和政治权力全面渗透为特征的全能主义，导致独立的市场主体和社会主体缺乏。[①] 当时国营企业和集体单位几乎控制了整个市场，政府通过行政命令方式管控着行业宏观供需和生产经营者微观活动，并形成"条块分割""分段管理"的格局。以消费品市场为例，机械、化工、纺织、轻工等工业部门负责本行业的投资、生产、销售和质量；商业部门管理城乡各级百货公司的批发和零售工作；工商行政部门则主办农贸市场、集市等有形市场，并对其交易活动进行管理。由于监管是政府对市场失灵的干预和纠正，而计划经济的统购统销本身不承认自由市场，当然也就无监管可言。同时受计划经济利润分配机制影响，生产经营者提高效率的内生激励不足，出于利益驱动的恶意行为也较少发生。

改革开放后，既有的经济管理手段显得越来越不适应新的情况。一方面，随着民营、外资等不同所有制性质企业的出现，政府无法通过计划指令调控市场主体数量和产品供需，市场秩序容易失控；另一方面，政府逐步退出国有企业微观干预以激发其活力和灵活性。加之其他所有制性质企业本身就没有行业主管部门，相伴而生了内部管理混乱、产品质量低劣甚至欺行霸市等市场失灵现象。面对严峻形势，政府从规范市场进入、维护市场竞争、惩处违法行为、保护经营者和消费者合法权益等维度入手，逐步探索出许可、检查、处罚等市场管理机制，其中最重要的是构建市场准入体系。1984年国务院颁布《工业产品生产许可证试行条例》，针对直接关系公共安全、人体健康、生命财产的工业产品质量安全，建立起重要消费品的市场准入制度。随着全社会对食品质量安全提出更高要求，质监部门还逐步建立了专门的食品生产许可制度。而在生产经营主体的市场准入方面，国务院于1988年颁布《中华人民共和国企业法人登记管理条例》，明确由主管部门批准后向工商部门申请营业执照的"审批登记制"。后来的《中华人民共和国公司法》确立了"核准主义"的公司商事登记制度，个体工商户则直接向工商部门登记。上述

[①] 张国山、刘智勇、闫志刚：《我国市场监管现代化指标体系探索》，《中国行政管理》2019年第8期。

制度弥补了计划指令退出后的市场准入规范缺位。①

正式意义上的现代市场监管始于 1993 年党的十四届三中全会。会议通过的《中共中央关于建立社会主义市场经济体制若干问题的决定》首次提出，改善和加强对市场的管理和监督，建立有权威的市场执法和监督机构。随后的 1998 年国务院机构改革撤销了几乎所有的工业专业经济部门，同时加强执法监管部门，从而消除了政企不分的组织基础。随着工商行政管理、质量监督和检验检疫、食品药品监督管理、知识产权等部门纷纷升格或组建，有一些还实行省级以下垂直管理体制，我国市场监管体系初步形成。② 在之后的 20 多年时间里，出现三个无可置疑的经验事实：一是市场监管作为一类政府职能或政策工具被广泛运用于实践，2003 年进一步与经济调节、社会管理和公共服务并列，成为社会主义市场经济条件下政府四项基本职能；二是越来越多的市场监管机构得以组建，涵盖经济监管、社会监管和竞争政策中的反垄断等领域；三是一些市场监管机构还在专业细分的基础上逐步实现综合化，并强化属地责任。③

中国特色社会主义进入新时代后，高层决策者提出在简政放权的同时加强事中事后监管，破除制约市场在资源配置中起决定性作用的体制机制弊端，这势必要求监管体系有所调整。党的十八届三中全会强调，改革市场监管体系，实行统一的市场监管。实际上，早在 2009 年，深圳市就依据决策权、执行权、监督权既相互制约又相互协调的原则，整合工商局、质量技术监督局、知识产权局及部分食品安全监管职责部门，组建市场监管局。从 2013 年起，浙江、安徽、天津等地率先试点，在不同层级组建市场监管部门，旨在建立权责统一、权威高效的综合行政执法体制。新机构涵盖产品、商品、特殊商品等不同消费品品类，横跨生产、流通、使用（食用）等不同环节，整合了标准、认可认证、商标、专利、检验、风险监测等质量监管基础设施。在有

---

① 胡颖廉：《"中国式"市场监管：逻辑起点、理论观点和研究重点》，《中国行政管理》2019 年第 5 期。

② 刘亚平、苏娇妮：《中国市场监管改革 70 年的变迁经验与演进逻辑》，《中国行政管理》2019 年第 5 期。

③ 薛峰：《我国市场综合监管的理念创新与实践路径》，《上海经济》2018 年第 4 期。

效总结基层机构改革经验后,国务院于 2018 年组建国家市场监督管理总局,并以此作为建立统一开放竞争有序的现代市场体系的关键环节,让人民群众买得放心、用得放心、吃得放心。与此同时,农业农村、交通运输等领域监管体制和机构也不断优化协同。

二、市场监管释义

市场监管是指市场监管主体对市场活动主体及其行为进行限制、约束等直接干预活动的总和。[①]

其一,市场监管的主体是有权实施监管的机关、机构、团体,其中以政府机关为主。行使市场监管职能的有关政府机关是一国政府体制的重要组成部分,包括综合性监管机关和具体市场的专门监管机关,其监管权由国家立法直接授予。政府机关附属的一些机构(事业单位性质),也因政府机关依法授权而有权监管市场(如国家金融监督管理总局)。在国外,这类机构与政府机关一样,也被称为公共机构。非官方的社会团体(多为同业协会)和民间机构(如交易所),也承担着辅助政府对市场监管的职责,并且是一线监管,这类团体、机构的监管权来源于其成员的共同约定或普遍认可,实施监管也是其履行法定的自律义务的体现。近年来,消费者和广大普通民众也日益成为市场监管的一种新兴力量。

其二,市场监管的对象是市场活动的参与者及其市场行为。市场参与者主要分为三类:一是提供交易产品或服务的经营者(各类企业及其分支机构、个体经营者及农户等);二是产品或服务的接受者(购买人、存款人、投保人等);三是各类市场的投资、融资人(包括机构与个人)。市场监管主要针对经营者与投资、融资人。市场行为是市场主体为满足自身需要,在市场中进行的各种活动,包括经营、消费、融资、投资、交易、中介等。

其三,市场监管的目标是控制市场风险、保障市场安全、建立和维护正常的市场秩序。通过保护合法经营,取缔非法经营,打击违法活动,制止不

[①] 宋林霖:《中国市场综合监管概论》,国家行政学院出版社 2023 年版,第 9 页。

正当竞争和垄断现象，抵御、防范、降低风险的危害，建立正常的交易秩序，促进市场的有序运行和健康发展。

其四，市场监管的依据是有关市场管理法律法规和行业规定。在市场执法和监督管理过程中，必须依据国家有关市场规则，主要是有关市场管理的法律法规及有关政策规定。

其五，市场监管的方法是对市场运行全过程的制约。包括市场行为发生前的事先制约（如入市资格）、市场行为发生时的同步制约（如实时监控、及时制止违法行为）、市场行为发生后的事后制约（如定期或不定期的检查、经营财务资料的分析、对违法行为的处罚等）。

三、市场监管的原则

保护投资者的利益，关键是要建立起公平合理的市场环境，为投资者提供平等的交易机会和获取信息的机会，使投资者能够在理性的基础上，自主地决定交易行为。因此，建立和维护证券市场的公平、公正、公开的"三公"原则，是保护投资者合法利益不受侵犯的基本原则，也是保护投资者利益的基础。[1]

市场监管的三公原则是指公平、公正、公开，是市场监管工作的基本原则。首先是公平原则，即保障市场竞争的公平环境，不允许存在垄断、欺诈、不正当竞争等行为，保护市场主体的合法权益，促进市场资源公平分配。

其次是公正原则，要求监管机构依法公正地行使监管职权，对违法违规行为一视同仁，保护市场秩序的公正性，维护市场主体的合法权益。

最后是公开原则，要求监管工作公开透明，让市场主体和公众都能够了解监管政策和措施，促进监管决策的公开透明，增加监管的可预期性和可操作性。

总之，市场监管的三公原则是促进市场规范有序发展的基础，也是维护

---

[1] 林建浩、陈良源：《商事制度改革背景下的市场监管多元共治》，《经济社会体制比较》2021年第1期。

市场主体合法权益的重要保障。只有遵循这三个原则，才能够保证市场的健康发展，维护消费者和市场主体的合法权益。

四、市场监管的主体与范畴

在政府职能分工中，国家市场监管总局是监管综合部门，在监管改革创新、部门综合协调、重要职能承担、行业监管指导等方面扮演重要角色；其他各职能部门承担行业监管职责或专门领域监管职责。在市场监管的改革创新和综合协调方面，国家市场监管总局是主要推动者和引领者，其他相关部门是重要参与者。在国务院各部门中，国家市场监管总局承担了最多的监管职能，有条件从总体上、宏观上把握市场监管在我国社会主义市场经济体制中的地位，从全局的角度谋划市场监管改革创新的方向和重点，从监管理念、监管方法、监管能力、监管手段等方面提出推进市场监管治理体系现代化的建议，并在实践中成为新理念、新方法的推动者和引领者。同时，国家市场监管总局需要承担质量强国战略、食品安全战略和标准化战略等重大国家战略的组织实施任务，承担市场监管重大规划的制订和组织实施任务。相关任务的推进需要协调所有的市场监管参与方，因此，国家市场监管总局也是牵头推进市场监管工作的协调者。在此过程中，承担特定领域或行业监管的职能部门需要结合各自职能积极参与监管改革创新和重大战略实施。[1]

在市场监管的政策实施和行政执法方面，国家市场监管总局是若干重要监管职能的承担者，其他相关部门按照分工各自开展相关领域的市场监管工作。其中，国家市场监管总局承担了工商登记注册、公平竞争、质量监管、信用监管、食品监管、药品监管等若干重要专项监管职能，以及计量、检验检测、认证认可等辅助职能。各职能部门承担环境、安全、文化、旅游、网络信息、电信、能源、自然资源及金融等具体领域的监管工作。在行业和专门领域监管中，国家市场监管总局与各部门是分工协作、相互协同的关系。

---

[1] 胡颖廉：《差序异构：政府职能边界模糊的新解释——以市场监管部门为例》，《新视野》2022年第1期。

第二节 我国市场监管体制

一、市场监管部门组织框架

2018年3月，第十三届全国人民代表大会第一次会议批准国务院机构改革方案，该方案明确：将国家工商行政管理总局的职责、国家质量监督检验检疫总局的职责、国家食品药品监督管理总局的职责、国家发展和改革委员会的价格监督检查与反垄断执法职责、商务部的经营者集中反垄断执法以及国务院反垄断委员会办公室等职责整合，组建国家市场监督管理总局，作为国务院直属机构；组建国家药品监督管理局，由国家市场监督管理总局管理，主要职责是负责药品、化妆品、医疗器械的注册并实施监督管理；将国家质量监督检验检疫总局的出入境检验检疫管理职责和队伍划入海关总署；保留国务院食品安全委员会、国务院反垄断委员会，具体工作由国家市场监督管理总局承担；国家认证认可监督管理委员会、国家标准化管理委员会职责划入国家市场监督管理总局，对外保留牌子；不再保留国家工商行政管理总局、国家质量监督检验检疫总局、国家食品药品监督管理总局；重新组建国家知识产权局，将国家知识产权局的职责、国家工商行政管理总局的商标管理职责、国家质量监督检验检疫总局的原产地地理标志管理职责整合，重新组建国家知识产权局，由国家市场监督管理总局管理，具体情况见图5-1。

同时，国务院机构改革方案明确：整合工商、质检、食品、药品、物价、商标、专利等执法职责和队伍，组建市场监管综合执法队伍，由国家市场监督管理总局指导；鼓励地方将其他直接到市场、进企业、面向基层、面对老百姓的执法队伍，如商务执法、盐业执法等，整合划入市场监管综合执法队伍；药品经营销售等行为的执法，由市县市场监管综合执法队伍统一承担。

按照深化党和国家机构改革的部署，各地有序推进市场监管机构改革。

基本形成国家、省（区、市）、市（地、州、盟）、县（市、区、旗）贯通、覆盖全国城乡各地的市场监管系统。省级市场监管部门作为政府直属机构的共26个，作为政府组成部门的共5个（北京、天津、上海、吉林、宁夏），新疆生产建设兵团市场监管局为兵团行政工作部门。各省（区、市）均组建药品监管局，由市场监管部门管理。新疆生产建设兵团市场监管局对外加挂兵团药品监管局牌子。省级知识产权部门采取在省级市场监管部门加挂牌子、由市场监管部门管理或单独设立等形式设置。

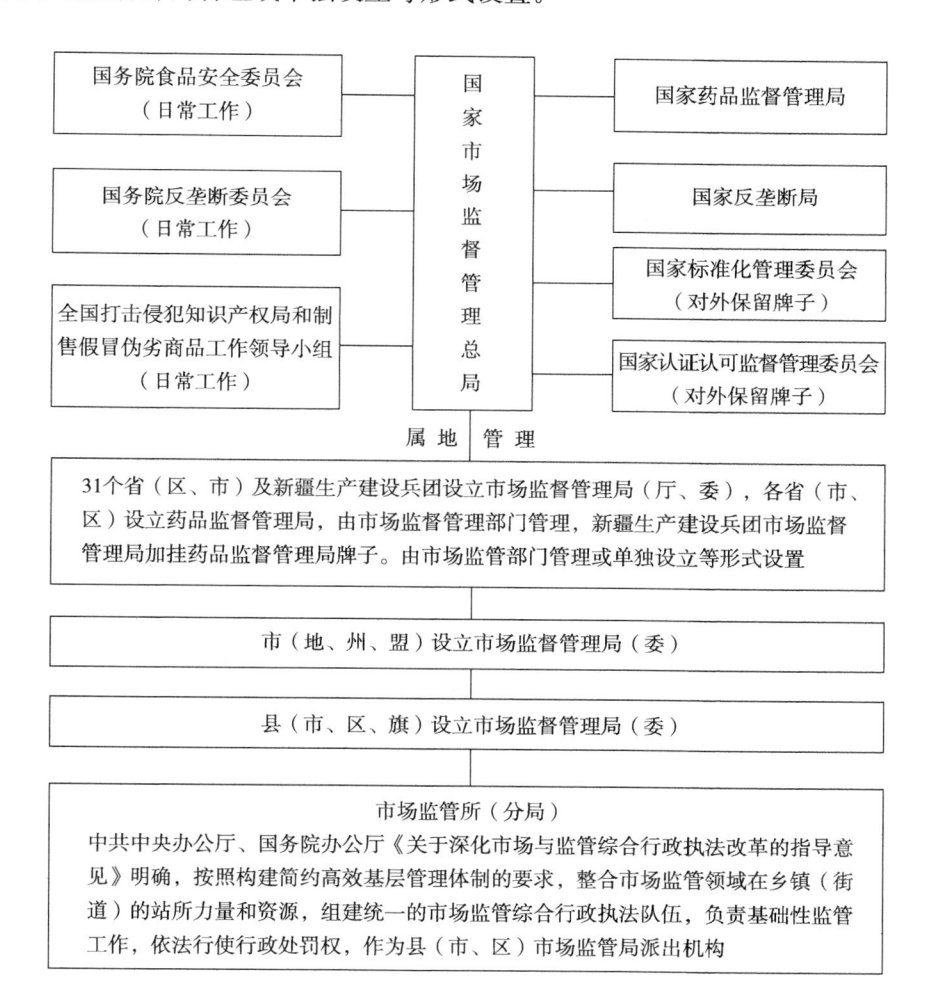

图 5-1　市场监管部门组织框架

2023年3月,中共中央、国务院印发了《党和国家机构改革方案》,将国家知识产权局由国家市场监督管理总局管理的国家局调整为国务院直属机构。市场监督管理机构的组建,实现了市场综合监管和综合执法,理顺了生产、流通、消费市场监管链条,有效解决了职责交叉、分段监管、多头执法等问题,更加凸显市场监管在政府架构中的重要作用,统一规范、权威高效的新时代市场监管体制逐步完善,市场监管事业进入健康发展的快车道。

二、市场监管部门基本职能

市场监管职能作为政府职能的重要组成部分,是市场监管部门依法行政的具体体现,具有法定性、独特性和系统性等特点。党的十八大以来,按照深化党和国家机构改革的决策部署,市场监管部门贯彻落实党中央关于市场监管工作的方针政策和决策部署,在履行职责过程中坚持和加强党对市场监管工作的集中统一领导,其基本职能见表5-1。

表5-1 市场监管部门基本职能

序号	职能	内容
1	市场综合监管	负责起草市场监管有关法律法规草案,制定有关规章、政策、标准,组织实施质量强国战略、食品安全战略和标准化战略,拟订并组织实施有关规划,规范和维护市场秩序,营造诚实守信、公平竞争的市场环境
2	市场主体统一登记注册	指导各类企业、农民专业合作社和从事经营活动的单位、个体工商户及外国(地区)企业常驻代表机构等市场主体的登记注册工作。建立市场主体信息公示和共享机制,依法公示和共享有关信息,加强信用监管,推动市场主体信用体系建设
3	组织和指导市场监管综合执法工作	指导地方市场监管综合执法队伍整合和建设,推动实行统一的市场监管。组织查处重大违法案件。规范市场监管行政执法行为
4	反垄断统一执法	统筹推进竞争政策实施,指导实施公平竞争审查制度。依法对经营者集中行为进行反垄断审查,负责垄断协议、滥用市场支配地位和滥用行政权力排除、限制竞争等反垄断执法工作。指导企业在国外的反垄断应诉工作

续　表

序号	职能	内容
5	监督管理市场秩序	依法监督管理市场交易、网络商品交易及有关服务的行为。组织指导查处价格收费违法违规、不正当竞争、违法直销、传销等行为。指导广告业发展，监督管理广告活动。指导查处无照生产经营和相关无证生产经营行为。指导中国消费者协会开展消费维权工作
6	宏观质量管理	拟订并实施质量发展的制度措施。统筹国家质量基础设施建设与应用，会同有关部门组织实施重大工程设备质量监理制度，组织重大质量事故调查，建立并统一实施缺陷产品召回制度，监督管理产品防伪工作
7	产品质量安全监督管理	管理产品质量安全风险监控、国家监督抽查工作。建立并组织实施质量分级制度、质量安全追溯制度。指导工业产品生产许可管理。负责纤维质量监督工作
8	特种设备安全监督管理	综合管理特种设备安全监察、监督工作，监督检查高耗能特种设备节能标准和锅炉环境保护标准的执行情况
9	食品安全监督管理	负责食品安全监督管理综合协调。建立覆盖食品生产、流通、消费全过程的监督检查制度和隐患排查治理机制并组织实施，防范区域性、系统性食品安全风险。推动建立食品生产经营者落实主体责任的机制，健全食品安全追溯体系。组织开展食品安全监督抽检、风险监测、核查处置和风险预警、风险交流工作。组织实施特殊食品注册、备案和监督管理
10	统一管理计量工作	推行法定计量单位和国家计量制度，管理计量器具及量值传递和比对工作。规范、监督商品质量和市场计量行为
11	统一管理标准化工作	依法承担强制性国家标准的立项、编号、对外通报和授权批准发布工作。制定推荐性国家标准。依法协调指导和监督行业标准、地方标准、团体标准制定工作。组织开展标准化国际合作和参与制定、采用国际标准工作
12	统一管理检验检测工作	推进检验检测机构改革，规范检验检测市场，完善检验检测体系，指导协调检验检测行业发展
13	统一管理全国认证认可工作	建立并组织实施国家统一的认证认可和合格评定监督管理制度

综上，市场监管部门主要负责市场主体准入、生产、经营、交易中的有关违法行为监管职能。从事权分布来看，市场监管部门除了承担食品、药品、化妆品、保健品、医疗器械监管任务外，还需承担反垄断调查、广告业务、计量、特种设备和全国重点工业产品质量监管，网络产品和网络市场交易同

样纳入市场监管范围。此外，市场监管职能也包括诸如商事登记、企业服务、产品流通、合格评定、举报投诉等系列服务事项，以及定期或不定期开展各类专项整治行动等工作。可以说，市场监管部门涉及全过程、全环节、全领域、全方位、全链条监管，职能最多、范围最广、责任最重。改革初步实现了"通过对政府横向职能聚类和纵向职责确认的梳理，着力构建具有网络关系的协调机制，推进大市场监管体系现代化"[①] 的目标。

一是从市场主体来看，包括从准入到退出的全过程监管。根据2021年8月24日国务院颁布的《中华人民共和国市场主体登记管理条例》，市场主体登记包括设立登记、变更登记和注销登记。

二是从市场客体来看，包括生产、流通到消费的全环节监管。市场监管部门整合了原质监部门生产领域监管、原工商部门流通领域监管、原食品药品监管部门食品药品监管职能，形成贯通生产、流通、消费等环节的完整监管链条。

三是从市场载体来看，包括从有形市场到无形市场、从传统市场到网络市场的全领域监管。市场监管部门既要巩固加强传统有形市场监管，又要积极探索开展新兴网络市场监管，推进线上线下市场监管一体化。

四是从市场行为来看，包括竞争、广告、价格的全方位监管。市场监管部门作为维护市场秩序、保护消费者合法权益的重要部门，需要承担起对市场行为的全方位监管。

五是从监管方式来看，包括许可、监督到执法的全链条监管。机构改革后，市场监管方式已经由原来主要依靠事前审批向事前事中事后一体化监管转变，并广泛使用信用约束、信息披露、大数据分析等综合监管手段，形成更加科学高效的全链条监管机制。

三、市场监管干部队伍建设

市场监管干部队伍是党和国家干部队伍的重要组成部分。进入新时代，

[①] 宋林霖、许飞：《论大市场监管体制改革的纵深路径——基于纵向政府职责系统嵌套理论分析框架》，《南开学报（哲学社会科学版）》2018年第6期。

实现市场监管事业的改革创新发展，必须全面加强党的领导，贯彻新时代党的组织路线，努力建设忠诚、干净、担当的高素质、专业化市场监管干部队伍。

1. 市场监管干部队伍建设的主要目标

政治过硬、对党忠诚。市场监管干部要在监管执法中树牢"四个意识"，坚定"四个自信"，坚决做到"两个维护"，提高政治站位，自觉把思想和行动统一到习近平总书记对市场监管工作的重要论述和批示精神上来，把市场监管工作放在党和国家工作全局中来谋划，全力服务党和国家中心工作。

履职过硬、敢于担当。市场监管工作关系群众切身利益，关系市场竞争秩序，关系高质量发展。党中央、国务院对市场监管工作寄予厚望，社会各方面充满期待。市场监管干部队伍要切实增强责任意识，勇担重任、主动作为、敢抓敢管、敢于碰硬，脚踏实地推动市场监管事业持续发展。

能力过硬、素质优良。从全系统来看，省市两级市场监管部门应重点培养专家型、骨干型监管执法人才，对重点领域实施监督管理，查办大案要案。县级市场监管部门应加强培养一专多能的复合型人才，补齐业务短板，适应综合监管的需要。综合执法队伍要培养精通业务的办案能手，提升执法质量和办案效率。各级市场监管部门要按照高素质、专业化的标准，不断强化干部队伍的专业素养，逐步提升履职能力。

作风过硬、坚守底线。市场监管工作社会关注度高，市场监管行风如何，干部作风好坏直接影响到市场监管系统形象，关系到监管执法公正性，关系到党群干群关系。必须持之以恒加强作风建设，时刻牢记为人民服务的根本宗旨，勤政务实、清正廉洁，锻造一支作风过硬、坚守底线的市场监管干部。

2. 市场监管人员编制管理

机构编制管理涉及党的机关、国家机关和各民主党派机关、群众团体机关及事业单位，其主要任务是通过调整职能配置、理顺职责关系、合理设置机构、核定人员编制及确定领导职数，逐步建立与社会主义市场经济和民主法治建设相适应的廉洁高效、运转协调、行为规范的党政管理体制和工作机制，促进社会进步和经济发展。加强机构编制管理工作，对于确保我国在新世纪现代化建设事业的顺利推进，巩固党的执政地位和国家政权建设，提高党的执政水平和政府管理能力,保证国家机器的高效协调运转,实现党政机关为人民服务的根本宗旨,都具有十分重要的意义。

在控制编制总量的前提下,如何加强编制资源的统筹调配,如何建立动态管理机制,这是解决严控与满足事业发展需要之间的矛盾应该考虑的问题。机构编制管理要根据经济社会发展需要对机构及其职责进行调整,或在同一层级内或在不同层级间调整,实行机构编制动态管理。将有限的机构编制资源向关键环节、重点领域倾斜,满足教育、卫生、食品药品安全等民生领域需求,使机构编制资源效益最大化。

其一,提高市场监管领域人力资源供给质量。严把人员"标准关",建立以能力标准和知识标准为主要指标的,具有针对性、专业性的任职资格体系。严把人员"招聘关"。建立高标准、严要求、公正严格的招聘选拔机制,优化招聘流程,规范考评标准,严格招聘纪律,确保招聘工作公开、透明。拓展来源"渠道关"。除通过公开招聘、选调等方式引进人员外,还可采取与高校联合培养"定向生"等方式,拓展人员供给渠道。严把源头"质量关"。着眼高质量人才体系建设,有针对性地加大高学历、高职称等高层次人才引进力度,从源头提升专业技术人才质量。

其二,配强基层市场监管力量。确保基层市场监管部门编制专编专用。根据工作需要科学配置和整合人力资源,推进监管力量向基层一线倾斜,各基层市场监管所合理配备人员。每个行政村(社区)确定市场监管协管员、市场监管信息员若干名,协助市场监管所做好日常监管、宣传教育等工作,并根据承担的任务,给予一定的补贴。积极引导县级市场监管部门机关干部到基层一线锻炼。记功奖励、先进评比和干部晋升等在同等条件下向基层市场监管分局人员倾斜。重视基层市场监管所工作人员生活待遇问题,确保国家规定的基层工作人员待遇等政策落实到位。

3. 市场监管干部队伍建设的方式方法

一是推进监管骨干队伍建设。突出监管重点,加强信用、反垄断、价格、反不正当竞争、规范直销打击传销、网络交易、广告、食品药品安全、特种设备安全、产品质量安全等急需紧缺专业化监管骨干队伍建设。加强轮岗交流、交叉任职,开展多岗位锻炼,进一步激发人力资源潜能。广泛开展多种形式的岗位练兵、技能比武、知识竞赛、现场演练等活动，激发广大干部学习政策、钻研业务的热情。

二是强化专业能力培训。按照统一规划、分级负责、分类指导、学以致用、注重实效的原则，科学制订培训计划，创新培训方式方法，增强培训的针对性和有效性。推进在线学习，充分利用大数据、互联网+等新技术手段。分专题开发市场监管业务短视频微课程，创新培训方式方法，注重运用研讨式、案例式、模拟式等互动教学方法，激发学员学习积极性和主动性。加强系统培训机构、师资、课程、教材和激励建设开发优化，促进优质培训资源优化整合，提升培训质量。积极鼓励从事食品、餐饮、药品、特种设备安全监督管理等专业性较强的岗位工作人员参加提升学历教育。

三是建设好综合行政执法队伍。加快建设职业化的市场监管执法队伍，实行持证上岗和资格管理。适应市场监管综合行政执法的专业性、技术性要求，加大食品、药品、特种设备等急需紧缺专业人才培养和引进力度，提升一线监管执法人员履职能力。坚持"综专结合"，要保证专业人员干专业事，要培养一专多能的复合型人才，强化依法行政意识，严格依照法定权限和程序履行职责，强化执法监督，规范执法行为，不断提高综合行政执法队伍依法行政。

第三节　市场监管的治理重点

一、市场准入制度改革

市场准入最早是经济学领域的词汇，指一国允许外国的货物、劳务与资本参与国内市场的程度。市场准入制度，是有关国家和政府准许公民或法人进入市场，从事商品生产经营活动的有关条件、程序、规则的各种制度和规范的总称。它是商品经济发展到一定历史阶段，随着市场对人类生活的影响范围和程度日益拓展和深化，为了保护社会公共利益的需要而逐步建立和完善的。随着市场种类和市场要素的不断增多，市场准入也被应用到其他学科，如法学、行政学、工商管理等。

市场准入制度的核心理念是"法无禁止即可为",一方面,它赋予了市场主体更充分的行为自由,是一种激活主体活力、促进社会财富创造的法律机制;另一方面,有助于规范政府行为,促进行政行为的公开化、透明化。[①] 此外,这种模式也有助于提高监管效率。市场主体只要符合法定的准入条件,行政机关"必须为",实现由事前监管向事后监管转变,形成一套高效完善的备案体系和公示公信制度,有利于准确掌握市场主体的实际经济活动状况,实现高效监管。

目前,世界上主要采用三种市场准入制度模式。一是自由放任模式,即国家对主体进入市场采取不干预政策,任何人以任何方式进入市场,从事生产经营活动,都不被法律所禁止。一般认为,早期自由资本主义时期,西方一些国家曾采取过这样的市场准入模式。二是特许主义模式,特许设立原则是指由专门法律或命令的方式准入主体进入市场,它主要用于通过设立企业进入市场的情形。三是行政许可主义模式,行政许可主义又称核准主义,指企业经国家行政机关批准才能设立。核准原则的特点是可以防止企业的滥设,但如果适用范围过大,则不利于企业的设立,因此,这一原则的施行范围日益缩小。

中国市场准入制度偏向于行政许可主义模式,在具体实施过程中采取"清单"管理方式。市场准入负面清单之外,不对民营企业设置不合理或歧视性的准入条件,不采取额外的准入管制措施。对于清单内的管理措施,明确审批条件和流程,对所有市场主体公平公正、一视同仁,减少自由裁量权,在市场准入、审批许可、投资经营等方面,打破各种形式的不合理限制和隐性壁垒,营造稳定公平可预期的营商环境。同时,通过建立市场准入负面清单动态调整机制,政府定期清理修改不符合新发展理念、不利于高质量发展的市场准入规定,有助于推动各领域市场准入限制进一步放宽,不断缩减清单事项,加快构建市场开放公平、规范有序,企业自主决策、平等竞争,政

---

① 实行市场准入制度后,需要行政机关审批的领域仅限于法律明确列举的事项,并要对市场准入的限制条件进行合理说明,政府的审批权力仅限于负面清单所列举的事项,即使在法律没有明确规定的领域里,行政机关也不得设置额外的市场准入条件,这极大地规范了政府权力的行使。

府权责清晰、监管有力的市场准入管理新体制。

市场准入制度的任务包括：一是对涉及国家利益和公共安全的行业实行专营。对于涉及国家利益和公共安全的行业，政府必须专营，如公共安全、公共邮政、公共卫生、公共交通、公共教育、军工等。对这些行业，实行禁令性管制。① 对不需要实行专营的公益事业，如基础设施、城市建设、电力生产等，应该逐步取消行政垄断，让非公有制资本进入，由企业自主判断投资风险、项目收益。② 二是对自然垄断行业进行相应改革。随着社会经济的发展，交通通信网络日益发达，融资方式日益增多，原来的自然垄断行业日益失去了垄断的特征，成为竞争性行业。所以，应区别不同情况，采取不同的规制措施，限制或鼓励非公有制资本进入这些行业。三是对竞争性行业建立科学的市场准入制度。取消竞争性领域的投资项目行政审批制，将行政性的准入转变为核准制和备案制，即对于企业不使用政府投资建设的项目，政府仅对重大项目和限制类项目从维护社会公共利益角度进行核准，其他项目均由审批制改为备案制。逐步建立和完善科学的市场准入制度。

二、反垄断监管

党的十八大以来，在以习近平同志为核心的党中央坚强领导下，坚持更好地服务国家改革发展大局，竞争政策基础地位逐步确立和强化，中国特色的反垄断法律制度体系不断健全，高效协同优化的反垄断统一执法体制基本建立，充实反垄断监管力量，建立并全面落实公平竞争审查制度，明确反垄断监管的基本方向、主要目标和工作任务，全面强化反垄断监管执法，持续优化市场化法治化国际化营商环境，着力保护市场公平竞争、维护消费者利益，反垄断监管取得显著成效。为了更好地指导反垄断实践，2022年8月1

---

① 所谓禁令性管制，是政府宣布企业不能做什么，对那些环境污染大、安全隐患多、危及公众安全的项目发布禁令，严禁企业进入。

② 政府可以通过以下四个方面让非公有制资本进入不需要专营的公益事业：第一，鼓励非公有制资本进入公用事业和基础设施领域。第二，鼓励非公有制资本进入社会事业领域。第三，支持非公有制资本进入金融服务业。第四，促进非公有制资本参与国防科技工业建设。

日起，新修订的《反垄断法》开始实施。此次发布的这些配套规章，不仅是新《反垄断法》在监管层面的实施细则，而且是监管部门推进反垄断监管规范化、常态化建设所做的制度性探索。就具体内容来说，这些配套规章对新《反垄断法》的内容予以细化和延伸，通过设定精细化和实操化的反垄断监管标准，优化反垄断监管流程，能够有力提升反垄断监管的科学性和统一性，并为市场主体提供更加清晰的行为指引。

当前，我国开启实现第二个百年奋斗目标的新征程。立足新发展阶段，完整、准确、全面贯彻新发展理念，构建新发展格局，我国全面着力深化改革开放，加快完善社会主义市场经济体制，推进创新驱动发展，坚持供给侧结构性改革，推动高质量发展，实现共同富裕。反垄断作为国家治理体系和治理能力现代化的重要组成部分，立足于服务经济社会发展大局，面临着新形势新任务新要求，要统筹发展和安全、效率和公平、活力和秩序、国内和国际，不断提升反垄断工作的质量和水平。[1]

一是推动经济高质量发展，要求营造公平竞争的市场环境。市场经济实践充分证明，只有公平竞争、优胜劣汰，不断提升市场竞争的层次和水平，才能促进产业转型升级，推动经济在更高层面和更深层次发展。[2] 只有营造良好的市场环境，保护竞争、鼓励创新、激发活力，才能实现创新驱动发展，提升发展的质量和水平。反垄断监管是国家发展和完善市场经济进程中政府的重要职能，加强和改进反垄断监管是政府机构职能调整优化的重要方向。越是发展市场经济，越是需要加强反垄断监管，越是需要构建完善的反垄断监管机构和监管体制，越是需要充分发挥反垄断维护市场公平竞争的作用，打造市场化、法治化、国际化的公平竞争营商环境，当好市场公平竞争的维护者。[3]

---

[1] 王湘军、刘莉：《冲击与重构：社会变迁背景下我国市场监管手段探论》，《中共中央党校（国家行政学院）学报》2019年第2期。

[2] Masahiro Kawai, Eswar S. Prasad. Financial market regulation and reforms in emerging markets [M]. Brookings Institution Press and Asian Development Bank Institute, Brookings Institution Press, 2011: 63.

[3] 石亚军、王琴：《以整体性重构推进市场监管和执法体制改革》，《东岳论丛》2020年第1期。

二是加快建设高标准市场体系，要求提升反垄断监管的整体效能。习近平总书记深刻指出，强化反垄断、深入推进公平竞争政策实施，是完善社会主义市场经济体制的内在要求。我国发展和完善社会主义市场经济体制，构建高标准市场体系，客观要求更加深刻把握经济社会发展和市场经济运行规律，在我国经济社会发展大局中谋划和安排反垄断监管，不断完善公平竞争法律制度体系，强化公平竞争政策基础地位，加强反垄断监管执法，不断提升反垄断监管的专业化、科学化、系统化水平，有效维护公平竞争市场秩序，促进实现更深层次和更高水平的竞争，持续激发创新活力和发展动力。①

三是服务人民对美好生活的需要，要求切实保护消费者利益。我们党始终把人民放在第一位，坚持以人民为中心的发展思想，把满足人民日益增长的美好生活需要作为发展的根本宗旨和最终目标。当前，我国大力促进社会公平，增进人民福祉，推动实现共同富裕，广大人民群众对破除垄断、实现社会公平正义充满期待，对维护消费者权益充满期望，希望反垄断发挥更大作用。保护消费者利益是《反垄断法》的重要价值追求，要求始终坚持执法为民的基本理念，更加突出保护人民群众利益的执法取向和工作目标，坚持将维护消费者利益、增进人民福祉作为反垄断监管的出发点和落脚点，紧紧围绕人民群众所急所盼所愿，解决民生痛点难点问题，要通过加强反垄断执法，保障消费者的知情权、选择权、公平交易权等各项权利，当好消费者利益的保护者。

四是加快构建新发展格局，要求加快建设全国统一大市场。统一开放、竞争有序的市场体系是形成我国全面开放新格局的重要基础，是扩展我国经济发展新空间的重要保障。我国加快构建以国内大循环为主体、国内国际双循环相互促进的新发展格局，客观要求要素资源自由流动、国内循环充分畅通、市场竞争公平有序，要求在充分发挥市场配置资源决定性作用的同时，更好发挥政府维护市场竞争秩序的作用，有效预防和制止垄断行为，有效破除地方保护、行业分割、市场壁垒，促进商品要素在更大范围自由流通，打

---

① 张毅、王宇华、王启飞：《"互联网＋"环境下的智慧监管模式》，《上海行政学院学报》2020年第2期。

通各类市场循环堵点，加快建设高效规范、公平竞争、充分开放的全国统一大市场，为构建新发展格局创造有利市场条件，以更深层次、更高水平促进高质量发展。①

我国作为世界第二大经济体，已深度融入全球经济。充分利用国际市场资源，促进国内国际双循环，不断健全完善开放型经济新体制，持续推动"引进来"和"走出去"相结合的对外开放战略，要求我们积极参与全球竞争治理和规则制定，共同维护国际市场公平竞争，积极维护以规则为基础的多边贸易体制；稳步拓展竞争领域制度开放，深化多双边国际合作交流，为完善全球竞争治理体系贡献中国智慧，维护我国各类市场主体公平参与国际竞争的合法权益，营造对我国有利的国际竞争环境。

三、市场秩序规范

市场秩序是一种利益共享、合作且富有效率的秩序。良好的市场秩序是指明晰的产权为基本制度，以价格体系为资源配置的基本机制，以有效竞争为结构特点的市场经济体系，在配置资源中所呈现的和谐、有序、稳定的运行状态。

市场主体并非孤立、自由的个体，而是与上下游企业、产业之间都存在联系的实体。参与市场竞争的市场主体都离不开经济主体之间的分工、创新、合作，宏观视角看多元主体的利益来自主体间的合作的收益。因此，多元主体为提升经济效益、采取规模竞争等方式增强合作的积极性与资源性，同时为追求合作效益与自身效益的最大化，市场主体在参与竞争中具有一定的公平性。

市场秩序是一种规则约束下的自由秩序。市场秩序中的自由表现在市场主体在交易、合作与选择方面的自由，即市场主体可以根据自身意愿选择满足自身合作的偏好与合作利益的市场主体进行合作，在市场交易行为中，交易双方在法律法规规范的框架内，自行约定交易方式、交易规则等，不受其

---

① 徐鸣：《监管限度内中国监管绩效评估体系的构建研究》，《当代经济管理》2019年第7期。

他行为主体借用隐含抽象规则①的过度控制。在市场秩序的范围内,市场行为主体间可以在满足双方意愿基础上采取市场行为,不干涉、不参与市场主体间的行为选择,有效实现市场主体公平参与市场竞争、最大限度发挥资源配置效用。

市场秩序是一种不断扩展的秩序。市场秩序作为一种抽象的实体,将创造收益的市场主体纳入范围内,为市场主体营造规范主体行为的空间。但是市场秩序并不是一成不变的,需要随着主体间竞争产生的新问题进行完善。②因此,市场秩序随着经济全球化的不断发展而拓宽横向范围,随着新基础与新产品的创新与突破而拓宽纵向范围,实现市场秩序对市场主体行为的基础规范作用。

市场秩序是一个具有自我出清、自我纠错、自我维持的秩序。营造稳定的市场秩序需要市场秩序不断纠错与自我出清,③将影响市场有效竞争、偏离市场运行规则的市场行为与市场主体淘汰,保障多元主体在市场秩序中公平、有效地参与竞争,增强市场主体参与竞争的灵活性。同时,针对市场秩序范围内产生的共享利益、协作效应、沉没成本等内容形成反馈机制,以更好维持与拓展市场秩序,减少外界对于市场秩序的干扰。

为缩短市场秩序、市场环境与经济社会发展实际和人民群众期待的差距,规范自生自发秩序④方向主要体现在四个方面:一是聚焦市场主体参与竞争过程中的焦点问题,明确市场秩序的目标导向、规范方向、规范内容,增强市场主体参与竞争的公平性与有效性。二是聚焦影响供给与需求良性循环的问题,营造便利化的市场准入制度,同时营造安全的消费环境以增强消费信心,

---

① 霍伊曾说"在一个人口数目庞大,人与人之间相互依存的程度相当高的社会中,只有一抽象的秩序才能使需求得到满足"。参见霍伊《自由主义政治哲学》,刘峰译,三联书店1992年版,第92页。

② "市场秩序中的竞争也会使各种主体主动地在创新中扩展交易的范围和交易对象",参见周业安、冯兴元、赵坚毅《地方政府竞争与市场秩序的重构》,《中国社会科学》2004年第1期。

③ 自我出清是市场在良好的价格机制的作用下能够十分灵敏地对各种资源的稀缺状况作出反应,达到内部和外部的均衡。

④ 哈耶克倡导自生自发秩序,认为自生自发秩序的形成乃是他们的要素在应对其即时性环境的过程中遵循某些规则所产生的结果。参见哈耶克《自由秩序原理》,邓正来译,三联书店1997年版,第134页。

科学高效优化投资与消费的市场秩序。三是聚焦市场秩序规范的体制问题，构建政府、社会、市场等多元主体协同参与的治理体制，以有活力的微观主体、有效的市场机制、有度的宏观调控构建规范体制。四是聚焦人民群众关心的痛点问题，坚持以人民为中心的市场秩序构建思想，以满足人民对美好生活的需要为出发点，努力构建公平竞争的市场环境、安全舒适的消费环境。

第四节　现代市场监管的改革趋势

一、深化综合执法体制改革

综合执法是市场监管部门的"拳头"和"抓手"，是市场监管职能实现的重要方式和执法权威塑造的重要路径。构建新时代市场监管综合执法体制机制是深化改革大背景下的一项紧迫而重要的任务。市场监管综合执法改革是党中央作出的重大决策部署，是深化党和国家机构改革的重要组成部分。加快构建统一、权威、高效的市场监管综合执法体制机制，事关建立统一开放、竞争有序的现代市场体系，事关国家治理体系和治理能力现代化，事关人民日益增长的美好生活需要。当前，全国市场监管综合执法改革已进入关键阶段，检视已有的机构改革情况，深刻把握改革的总体要求、基本遵循和重要路径，加快构建体现中央精神、紧跟时代需求、着眼未来发展的市场监管综合执法体制机制，成为一个紧迫而重要的现实问题。

多年来的实践表明，各地的综合执法改革在不同程度上解决了现行执法体制存在的问题，取得了明显成效，符合改革的方向，要不断总结各地的经验，解决面临的问题。构建现代市场综合监管的发展趋势要求将综合执法放到深化行政体制改革和建设法治政府的大背景下，进行统筹规划，整合执法资源，界定综合执法职责范围，理顺综合执法机构与有关部门关系，推动形成与统一市场监管相适应的执法模式。建立横向协同、纵向联动的执法办案机制，地市级以上市场监管部门加强对重大跨区域案件的查办、指导，实行重大案件挂牌督办、指定管辖、公开通报制度。加强日常监管与综合执法衔接，建立健全信息通报、案件移交、执法反馈等协调机制。统筹综合执法和专业执法，探索建立分类执法机制，对市场秩序类、产品安全类、质量标准类等不同类型予以分类指导，推进专业化执法，提高综合执法效能。加强职业化专业化执法队伍建设，健全执法人才库和专家库，加快培养跨领域跨专业的复合型执法人才，对于专业性技术性较强的执法岗位原则上实行专人专岗。

理顺执法体制机制。按照"一个部门、一个机构管执法"的总体改革要求，理顺体制机制，明确执法机构的职责定位。根据改革的经验和共识，实行综合执法，能综合的应尽量综合，不能综合的不必强求，关键是如何科学合理地划定综合执法的职责范围。为了避免综合执法机构与职能部门的职责交叉，可考虑按照以下四个标准衡量和取舍执法事项的划转：一是执法的专业程度，专业技术性强的执法事项不适合划转。二是金融、海关、国税等实行垂直管理部门的职责不能划转，属于地方政府工作部门的职责可以划转。三是是否属于剩余职责，任何政府部门都有自己基本的、固有的职责，这种职责不能划转，否则该部门就没有了存在的必要，剩余职责是政府部门除基本职责之外的其他职责，这种职责可以划转。四是是否属于专属执法权，专属执法权是指法律明确规定由某行政机关行使而不得由其他行政机关行使的执法权。只有科学界定综合执法的职责范围，才能避免综合执法机构事项过于宽泛，陷入"小马拉大车"的被动局面，更好地发挥综合执法的作用。

加强执法队伍建设。一是加快基层执法人员补给。指导各地严格按照配备比例配齐执法办案人员，设置新招录公务员必须到执法办案一线工作两年的入职条件，配备辅助人员从事执法办案日常辅助事务，督促建议各地出台政策规定给予执法人员津补贴。二是按照"一专多能"原则加强执法队伍能力建设。贴近执法实战，组织开展调查、询问、证据固定、信息技术使用、大数据分析等专项培训。组建执法经验丰富的业务骨干讲师团，划定行政片区、业务板块，保证基层同一业务的监管人员和执法人员同时培训。三是加快执法人员思想素质提升。尽快提炼总结"市场监管文化内涵"，用文化凝聚思想。建立全国统一的市场监管考核机制，明确激励和惩罚措施。尽快研究制定尽职免责机制，减少执法后顾之忧。

创新执法方式。全面推行"双随机、一公开①"监管，提高抽查检查的科学性、有效性、覆盖面和威慑力，减少执法盲区。建立综合执法自由裁量权基准制度，加强执法办案形势分析，探索问卷调查、第三方评估等有效方法，推行靶向执法办案，以有力有效有为的行动，及时回应市场主体和人民群众关切。同时，健全执法案件主办、联办和协查等办案方式，不断提升执法办案的科学性、精确性。推进"互联网+执法"，统一执法办案业务系统，探索推行非现场执法，充分运用互联网、大数据、云计算、5G、区块链等现代技术，通过智能监控、移动执法等科技手段，综合运用标准、计量、检验检测、认证认可等质量基础优势，整体提升综合执法办案的针对性、有效性。

二、创新丰富市场监管工具

以大数据、云计算、互联网为代表的新一轮科技创新和产业变革，促进了技术、资源和市场的跨时空、跨领域融合，颠覆了许多传统的产业模式和消费模式。新兴产业与新技术的出现，既为监管提供了新工具，也提出了更高的专业要求。传统的拉网式、运动式、人盯人的监管方式，已不能适应市场经济发展的方向，迫切需要实现市场监管手段现代化。② 同时，面对超大规模市场和层出不穷的新技术新业态新模式，仅靠单一的监管工具，是难以监管好市场的，必须创新和丰富监管工具。充分运用大数据手段和技术，丰富智能监管工具的运用场景，完善阶梯式监管工具，针对不同的违法情节情形，选用不同的监管工具，采取不同的监管方式，如普法宣传、合规指南、行政指导、行业公约、公开承诺、约谈、警告、检查执法等监管手段，提高市场综合监管的高度精准性。

拓展新技术赋能市场监管智能化的应用场景。应用场景的拓展是将新技术赋能市场监管智能化的潜力落实到具体实践的关键性步骤。现代新技术在

---

① "双随机、一公开"，即在监管过程中随机抽取检查对象，随机选派执法检查人员，抽查情况及查处结果及时向社会公开。"双随机、一公开"是国务院办公厅于2015年8月发布的《国务院办公厅关于推广随机抽查规范事中事后监管的通知》中要求在全国全面推行的一种监管模式。

② 张林山：《"十四五"时期我国市场监管的形势与任务》，《中国经贸导刊》2020年第2期。

监管信息采集与分析、市场主体信用评估、智能审批、监管风险研判与预警、分级分类监管实施、联合惩戒与激励等方面均具有毋庸置疑的巨大应用潜力。理想地看,新技术赋能市场监管智能化应使大数据、人工智能等技术嵌入市场监管的全流程和各个环节中,全方位提升市场监管效能。一般而言,大数据技术可用于描绘企业大数据画像,人工智能技术可用于无人"智能审批""秒批"等诸多场景,物联网技术可用于产品全程追溯,区块链技术可用于身份认证、电子证照链等场景。例如,将区块链技术应用到食品药品市场监管的场景之中,通过将监管对象的所有信息记录在案,可准确高效地监测监管对象,食品药品质量一旦出现问题,即可利用该技术进行溯源倒查。因此,应强化对大数据、物联网、区块链、人工智能等新技术对于市场监管应用的研发。监管部门可将自身监管实践经验丰富并熟悉监管各个环节、各种情况的优势和现代新技术专业研发部门的技术优势进行结合,将大数据、物联网、区块链、人工智能等新技术深度嵌入监管的现实需求之中,拓展新技术的应用场景,推进监管智能化。

综合运用行政强制、行政处罚、联合惩戒、移送司法机关处理等手段,依法处理监管中发现的违法违规问题。对情节轻微、负面影响较小的苗头性问题,主要通过约谈、警告、责令改正等措施及时予以纠正。对情节和后果严重的,依法严惩,涉及犯罪的及时移送司法机关处理。建立完善惩罚性赔偿和巨额罚款制度、终身禁入机制。强化普法宣传,强调以案释法。通过编印市场监管各类业务典型案例,开展典型案例巡讲。开通中国市场监管行政处罚文书网,公示行政处罚文书;建设反垄断执法信息发布平台,公布反垄断行政处罚和审查决定。丰富普法形式,提升市场监管法治宣传实效。充分发挥12315投诉举报平台、企业信用信息公示系统等平台法治宣传优势。将12315投诉举报平台建设成为普及市场监管法律法规的前沿阵地。积极融合发挥传统媒体和新媒体在法治宣传教育中的积极作用。依托主流媒体进行政策解读和法治工作宣传报道,利用多种形式讲好市场监管法治故事。

深入推进市场监管信息资源共享开放和系统协同应用。数据共享是市场监管信息资源共享中的关键,数据共享中统一的标准体系是关键,制度保障、职能转变、思想转变、资源整合都是为了将数据统一,统一的数据才能实现共享。建立统一的政务服务事项标准体系，将数据信息统一起来，才能够有效推动市场监管信息资源的共享，提高政府工作效率，推进大数据市场监管模式的建立。持续推进监管平台建设，强化信息整合、资源共享，为协同监管提供支撑。各级地方政府应以"制度先行、平台保障"为理念，建立以综合监管为基础、以专业监管为支撑、以信息化平台为保障的事中事后监管体系框架，综合利用地方网上政务大厅、公共信用信息服务平台等已有资源，以集约化方式搭建集信息查询、协同监管、联合惩戒、社会监督、决策分析等功能于一体的事中事后综合监管平台。

三、完善多元市场监管路径

多元共治理念是监管体制和监管格局转变的重要基础。随着市场经济的发展，市场监管的理念产生了根本性变化，信息技术的发展、互联网的勃兴、市场力量的增强、企业主体责任意识和公众参与意识的提高为市场监管提供了前所未有的机遇。加强社会治理制度建设，完善党委领导、政府负责、社会协同、公众参与、法治保障的社会治理体制，提高社会治理社会化、法治化、智能化、专业化水平。随着商事制度改革的推进，市场主体呈现井喷式增长，基层市场监管责任和压力持续加大，大量的事前审批转变为事中和事后监管，市场监管部门有限监管力量与无限监管任务之间的矛盾更为突出。因此，传统依靠政府的单一监管，监管力量永远不够，监管资源永远不足。新形势下，市场监管必须有新的作为，拓展新的合法性力量，在挖掘现有监管潜力的同时，发展新的监管能力，改变以往政府单打独斗的监管格局，形成政府、行业协会、社会专业组织、企业、社会舆论及公众等多种主体参与的综合性市场监管基本框架，引导市场主体自治，推进行业自律，鼓励社会监督，构建市场监管的社会共治格局，形成上下联动、内外互动，多元参与的综合监管模式，促进中国市场综合监管的现代化。

一是政府监管。社会共治模式下的政府监管是要着力解决好政府与市场的关系，让市场在资源配置中起决定性作用，把原本属于社会和企业的权利义务，还给社会和企业。最大范围地把权力放给社会组织和行业协会、第三方机构，使他们承担更多的社会治理功能。政府要以职能转变、管理创新为抓手，创新市场管理体制，改变管理方式，优化管理流程，推动部门协同、社会支持、市场配合。将行政执法、政府服务、社会监督、市场评估有机结合，着力构建政府监管、行业自律、企业自治、社会监督、公众参与的"多位一体"的透明、高效、便捷的大监管格局。社会共治模式下政府监管方式发生了根本性改变。从原来监督管理企业经营行为的保姆式监管转为对企业经营全生命周期的合规性的监管。以行政指导的方式引导市场主体履行主体责任，引导市场上下游关联方之间进行合规有序的市场竞争，形成良好的市场生态。引导社会公众参与社会治理，行使社会监督责任，实现由政府"一元化"被动式监管向与多元参与方互动式监管转变。

二是企业自治。企业最核心的社会责任就是提供合格的产品和优质的服务，以及按照法律法规从事生产经营活动。企业自治一方面是自证合规，主动公开经营过程中涉及产品及服务品质的证据信息，证明提供的产品或服务是有价值的，以获得消费者的认可，进而从市场中获利；另一方面是自控合规，企业通过各种技术或管理手段，对生产经营活动的规范性和产品服务质量进行管控，从而保证提供的产品是合格的、服务是优质的，保证产品和服务是严格按照相关规范被生产、流通、销售和提供的，同时在自控合规的基础上，实现合规证明信息的公开公示。本质上来讲，所有企业的经营都是以盈利为目的的，趋利避害是企业经营的天然属性和企业本质。良好的市场秩序会因企业的趋利避害而形成良币逐劣币的市场生态，而恶劣的市场环境则会造成劣币逐良币的恶性循环。只有政府、行业不断完善适宜的法规规范，严格执法监管和信用监管，企业才会避免因违法违规被政府实施处罚、因失信违约被行业协会惩戒、因产品服务品质差被消费者和行业摈弃而导致企业发展受限、经营受损。这种自证合规、自控合规是企业的自发行为，动力来源于企业自身，是在政府监管、社会监督、市场反向制约的多重机制作用下，倒逼企业趋利避害，内生自治动力。

三是多元参与。社会共治模式下，市场环境的治理不再是政府一家独揽天下，而是社会各方共同参与。政府行政监管具有权威性、强制性和独立性，而行业自律具有灵活性、适时性和民主性，两者相互依存、平等合作，通过协商、谈判等方式完成对市场的共同监管和治理。在实践过程中，多元共治模式不仅要求形式上引入多元主体进行监管，也要有实际赋权的行为。在政府部门内部，要采取扁平化行政体制，将财权、事权下放到市镇（街）两级政府，保证财权和事权相匹配，有效增强政府履行行政职责和提供公共服务的能力。通过政府购买服务的方式，委托行业协会等社会组织开展行业咨询服务、企业信用评估、市场监管效果评估，推进政府监管和行业自律的良性互动。

构建信息公开机制，实现市场监管透明化。部门间数据不共享导致职能不协调，行业组织信息不公开导致公信力丧失，缺乏媒体及时报道、公众舆论得不到反馈使社会参与治理积极性下降。因此，需要建立有效的信息披露机制，实现多方信息的有效沟通，形成监管闭环，优势互补，提高监管效率。在多元参与市场监管过程中应当强化新闻舆论监督，积极推动政府信息公开，建立健全对新闻曝光案件的追查制度和监督查处结果发布制度，有助于社会及时了解市场监管过程和结果，提高市场监管工作透明度。在信用监管过程中，基于企业信用信息公示系统，整合企业的基本信息和奖惩信息记录，统一信息格式并向社会公示，同时支持行业协会等加强行业诚信建设，依法收集、记录和整理行业内企业的信用信息，开展信用评估并向公众和政府公开结果，提供多维监管信息。对于公众提供的监督线索，市场监管部门应该及时跟进，认真调查核实，并依法向社会公布处理结果，从而提高公众参与市场监管的积极性。

复习与思考

1. 市场监管的原则有哪些？
2. 简述市场监管部门的基本职能。
3. 多元市场监管路径具体包括哪几个方面？

第六章　新型政商关系

📎 学习目标

1. 了解我国政商关系的发展历程。
2. 熟悉我国政商关系建设的重要经验。
3. 掌握我国新型政商关系建构的主要逻辑。

📎 案例导入

政商恳谈早餐会，吃出了什么"味道"?[①]

一份简餐、一圈长桌，不设话题、不准备材料，7月26日，包头市第十二场"政商恳谈早餐会"如期"开席"。包头市委书记、市长邀请新能源新材料、服务业共13位企业负责人共进早餐，面对面倾听大家的意见建议，点对点解决问题。一个多小时的早餐会气氛轻松，企业家的发言没有客套话，直奔问题，坦诚交流。面对大家提出的问题和建议，包头市主要负责人现场逐一回应，能现场确定解决方向的，现场给予回复；需要进一步研究的，立即明确要求相关部门负责跟进，办理情况及时向大家反馈。一道道早点陆续端上桌，一个个问题提出并被回应。吃的是地方特色，谈的是发展蓝图，聚的是创新动能，诉的是企业心声，解的是企业家心结……吃的是"烟火气"，聊的是"大实事"。

"变电站等电力设施建设能不能加快一些？"

"项目建设用地规划可不可以再提前一些？"

[①] 参见蔡冬梅《包头政商恳谈早餐会，吃出了什么"味道"？》，光明网，https://difang.gmw.cn/nmg/2023-07/30/content_36732246.htm。

"代建厂房能不能加快交付?"

"政策兑现能不能采取更多方式?"

早餐会上,当热气腾腾的早餐打开大家的味蕾,也撬动了企业家们的话匣子,被邀请的企业"掌门人"纷纷把发展中面临的困难、成长中遭遇的"烦恼"一股脑倒了出来。而与吃什么相比,早餐会传递出的信息更重要:营造亲清政商环境,塑造更务实的氛围。

"这样的早餐会气氛轻松还非常亲民,亲商安商敬商氛围扑面而来。对我们企业提出的难点问题,领导们现场就给出了解决的路径和方法,还限定了时间。有了这个平台,企业扎根包头、发展壮大的信心更足了。"通威高纯晶硅有限公司总经理袁中华对早餐会竖起大拇指。

参加早餐会的企业家们普遍认为,利用早餐时间,政府和企业之间既能充分沟通,又能节约时间,采用这种新颖的形式,政商交往既"清"又"亲",没有常规会议形式的拘束,企业家可以敞开心扉,提出自己的意见和建议,推进问题解决,坚定了团结一心谋发展的信心。从认真倾听、积极回应到督办落实,政企恳谈早餐会时间很短,但传递给企业家们的信号很强烈:以企业需求为导向,为企业办实事,打造"包你满意""包你放心"营商环境,把招商引资的氛围营造得更浓,激励引导更多企业家来包发展,努力让包头成为国资敢干、民资敢闯、外资敢投的发展高地。

思考:"政商恳谈早餐会"对新型政商关系建构的作用机制是怎样的?

第一节 政商关系概述

一、政商关系释义

优化营商环境与构建亲清政商关系相互呼应,政商关系是当前现代国家治理中要面对的治理问题,也是中国政治发展过程中必须关注的重大课题。政商关系起源于商品交换,属于社会关系的一种,出现于人类历史上的第三次社会大分工。作为公共资源的分配者与商业资源的分配者,政府和商人必然会在社会资源分配中产生一定关联,这种联系就是政商关系基本内涵的逻辑起点。

"政商关系"的概念属于"社会资本"这一概念的组成部分,是一种企业与上级领导机关、当地政府部门及下属企业、部门联系,获得稀缺资源的能力,于天远和吴能全将"政商关系"定义为民营企业与地方政府及国有企业的联系。[①] 而韩影和丁春福认为所谓政商关系,一般是指政府和商人在行政职能和经济职能履行过程中形成的互动关系。[②]

政商关系包含宏观和微观两个层面,宏观层面表现为政府与市场、政府与企业的关系;微观层面表现为政府官员和企业家之间的关系。在社会发展过程中,一个国家的政商关系由于受到不同时代的经济发展状况、政治生态环境及社会思想发展程度等多种因素影响,逐渐发展为一种多层次的复杂结构,包含政治与经济、国家与人民、政府与企业、公权力与私权力等多个方面的内容。我国的政商关系并不是单纯理论层面的"政"与"商"的关系,而是多种权力关系的集合,反映在政治领域的焦点是公权力作用于市场运行的恰适性;反映在经济领域则是社会效率与不当得利的博弈。

在现代化经济体系下,政商关系的本质是一种互利关系,是以双方资源为基础,以满足对方需求为核心而形成的特殊关系。[③] 优化政商关系的目标在于实现社会公共利益,政府和市场在维护公共利益这一点上存在交集,新型政商关系的核心就是追求良性互动,追求合作共赢,追求公共利益的最终实现。

二、我国政商关系的演进逻辑

在我国长期的封建社会中,国家政权对商业的管控是较为严格的。早在

[①] 于天远、吴能全:《组织文化变革路径与政商关系——基于珠三角民营高科技企业的多案例研究》,《管理世界》2012年第8期。

[②] 韩影、丁春福:《建立新型政商关系亟需治理"权""利"合谋行为》,《毛泽东邓小平理论研究》2016年第4期。

[③] 胡凤乔、叶杰:《新时代的政商关系研究:进展与前瞻》,《浙江工商大学学报》2018年第3期。

春秋战国时期，管仲就曾提出"官山海"的理念，即主张国家通过推行盐铁专卖政策，加强对经济社会的控制，有关国计民生的各种商品，通常都由官府直接经营或管理。到了近代，这种官办官营的传统得到保留，无论是清政府、北洋政府还是国民政府的商业政策，总体上都表现出一种垄断经济的倾向，且由于政治社会环境动乱、封建势力影响等因素，官商勾结较为严重，这种情况一直持续到新中国成立。

1. 引导与改造（1949 年至 1978 年）

党的二大宣言划定了"人民"的范围，即"中国人民（无论是资产阶级、工人或农民）最大的痛苦是资本帝国主义和军阀官僚的封建势力"。这就将资产阶级纳入"人民"的范畴，将其视为民主革命可以联合的政治力量。1952 年到 1956 年，中共中央发出《关于调整商业的指示》，要求在全国范围内对公私商业关系进行调整；中央人民政府财政经济委员会发出《关于有步骤地将有十个工人以上的资本主义工业基本上改造成为公私合营企业的意见》，提出将高级形式的国家资本主义进一步发展起来；中共中央发出《关于资本主义工商业改造问题的决议（草案）》等文件，对民族资本企业进行改造，一方面，限制其投资活动；另一方面，引导其向公私合营的形式过渡。与私营经济相比，国家对个体经济引导的手段较为温和，主要通过分行业、分情况地对个体批发商与零售商进行改造。在国家强有力的政策调控下，我国在 1956 年初步形成了以国营商业为主导，合作社商业为助手，个体商业为补充的社会主义商业体系。

"一五"时期的商业改造取得了巨大成功。截至 1957 年一季度末，除西藏等少数民族地区外，全国各地基本实现了全行业的公私合营，全国商业体系在党中央的领导下趋于稳定。但是，这种局面很快被打破并走向激进。1957 年 8 月，国务院发布《关于由国家计划收购（统购）和统一收购的农产品和其他物资不准进入自由市场的规定》，将 22 种土产品和 38 种药品、经济作物纳入国营商业统一收购范畴，进一步收紧市场自由贸易空间。1958 年，国家开始实施第二个五年计划，全国范围抽调大批物资和人力办"大企业"，甚至不管商品价格高低、质量好坏，提出了"生产什么，收购什么，生产多少，收购多少"的口号，给国家带来了严重的经济损失。同年 3 月，中共中央发出《关于继续加强对残存的私营工业、个体手工业和对小商小贩进行社会主义改造的指示》，提出要加强对个体经济的监督和管理，对他们采取与原本私营经济一样的利用、限制和改造的政策。中共中央先后于1961和1962年出台《关于改进商业工作的若干规定（试行草案）》和《关于商业工作问题的决定》，恢复了国内市场和多条商品流通渠道，但1966年后，城市和乡村商业经营被国营企业与合作社掌控，集市和个体商户趋于消失，国家商业经营整体陷入一种缺乏活力的"秩序"之中。

2. 厘清政府与市场边界（1978年至2001年）

1978年的改革开放是我国政商关系的一个转折节点。国企改革的第一阶段的重点是给企业"放权让利"，为企业松绑，扩大企业自主权，落实企业责任。1978年，四川省开始"扩权"试点，首批只有5家企业参加。次年7月，国务院进一步扩大国营工业企业经营管理自主权、实行利润留成、征收固定资产税、流动资金全额信贷、提高固定资产折旧率及改善折旧费等，企业获得了利润留成，在定员定额内有权决定自己的机构设置、任免中下层干部等，政府对企业的考核也仅集中在产量、质量、利润、合同执行情况等。1980年，试点企业达到6600多家。1984年，国务院颁布《关于进一步扩大国营工业企业自主权的暂行规定》，扩大了企业生产经营计划权、产品销售权、产品价格权、资金使用权和人事劳动权等10项权利，"放权让利"的改革从试点转向全面实行。"放权让利"改革因为有着相当大的弹性空间，导致政、商两边的经济预期都难以稳定。1983年，国家开始推行"利改税"，试图明确政、商的利益分成。所谓"利改税"，就是将国营企业的利润确定一个比例，和税合并，采取利税合一的方式，上缴财政，此外的其他利润则属于企业。1983年4月，"利改税"第一阶段展开。国营大中型企业不必再向主管部门上交利润；国营小企业则按超额累进方式缴纳。1984年10月，"利改税"开始第二阶段，国营企业向政府缴纳所得税和调节税，税后利润归企业自主安排。松绑的结果是企业的活力得到了进一步的释放，政商关系从命令服从关系转换到谈判式关系。

国企改革的第二阶段的重点是引进外资，建立现代企业制度。1984年，党的十二届三中全会通过《中共中央关于经济体制改革的决定》，提出个体经济"是和社会主义公有制相联系的，是社会主义经济必要的有益的补充"；"坚持多种经济形式和经营方式的共同发展，是我们长期的方针，是社会主义前进的需要"；"利用外资，吸引外商来我国举办合资经营企业、合作经营企业和独资企业，也是对我国社会主义经济必要的有益的补充"。"转变政府职能，建立现代企业制度"，已经触及了政商关系的核心焦点，不仅是利益如何分配，而是如何清晰划定政府的权力边界。1993年11月，党的十四届三中全会《中共中央关于建立社会主义市场经济体制若干问题的决定》明确提出，国有企业的改革方向是建立"适应市场经济和社会化大生产要求的、产权清晰、权责明确、政企分开和管理科学"的现代企业制度。要使企业成为自主经营、自负盈亏、自我发展、自我约束的法人实体和市场竞争主体。在社会主义市场经济体制框架下建立现代企业制度是我国改革政商关系实践具有划时代意义的重大突破。这一时期与陷入困境的国有企业形成鲜明对照的是，其他经济类型工业企业继续保持20世纪80年代以来的高增长态势，特别是在20世纪90年代中后期，其发展基数低的状况得到了显著改观。企业数量从20世纪90年代初1万家的水平迅速提高到20世纪90年代末超过10万家的水平。规模以上的其他经济类型工业企业数量，先是在1998年超过了规模的集体工业企业数量，随后又在1999年超过了国有工业企业数量，成为工业企业的重要主体。1992年至1995年，其他经济类型工业企业的工业总产值年均增长50%左右，于1995年、1997年分别突破1万亿元和2万亿元大关。

3. 国企改革推动市场规范秩序建设（2001年至2012年）

在计划经济时代，国营企业的经营形式很难满足群众的商业需求。一是统支统销，工人"只进不出"，企业经营内部缺乏活力。二是造成部门、领域分割，资源配置不均，阻碍了更大范围的社会化大生产。改革开放后，国家对国营企业进行了重新审视，逐步放开对国营企业的直接经营权，实行所有权与经营权的"两权分离"。这种"两权分离"的认识与西方思想中的所有权股东掌握，经营权交由经理层控制不同。我国国营（有）经济改革的"两权分离"更多是针对计划经济时期"政企不分"问题提出，更加突出企业相对于政府的独立性。从今天来看，国营（有）经济作为国民经济的命脉，在社会主义国家仍然有着不可代替的重要作用，包括我国2001年加入世界贸易组织时,也仍然保留了粮食、棉花、食糖、植物油、原油、成品油、化肥和烟草8种商品国家专营权。国企改革的关键在于明确哪些商品行业需要国家经营及在何种程度上进行管控,从而提升国营(有)经济的整体效率。

2003年,党的十六届三中全会召开,对完善社会主义市场经济体制的若干重大问题进行了讨论,提出要进一步巩固和发展公有制经济,鼓励、支持和引导非公有制经济发展,加快建设全国统一市场,大力发展资本和其他要素市场。在此背景下,政府进一步推动商业体制改革,陆续发布《关于推进资本市场改革开放和稳定发展的若干意见》《关于促进流通业发展的若干意见》《关于加强土地调控有关问题的通知》《关于加强食品等产品安全监督管理的特别规定》等重要政策文件。从加入世界贸易组织到党的十八大前,我国商业体制改革的重点一直是巩固与完善,即一方面巩固社会主义市场经济制度,推动公有制、非公有制经济合理确位;另一方面查漏补缺,完善市场规则,加强商业监管,为全面推行商事制度改革奠定了坚实的基础。

4. 优化营商环境推动构建"亲清"政商关系(2013年至今)

2013年后,我国加快建立统一开放、竞争有序的市场体系,建立公开透明的市场规则,其关键在于要把市场机制能够有效调节的活动都交给市场,让市场能最大限度上实现资源配置效益的最大化。但是,发挥市场在资源配置中的决定性作用,不意味着政府对市场彻底放手不管,关键是要明确政府与市场的边界,政府该管的事一定要管好、管到位,该放的权一定要放足、放到位,坚决克服政府职能错位、越位、缺位现象。政府除了要履行弥补市场失灵的功能外,关键是要推进政府体制改革和政府职能转变,实现政府的"自我革命"。习近平总书记于2016年3月4日在参加全国政协十二届四次会议民建、工商联界政协委员联组会上首次用"亲""清"两字阐明了新型政商关系,指出:"新型政商关系,概括起来就是'亲''清'两个字。"这一要求,对新型政商关系作出新的定位,为构建新型政商关系指明了方向。同一时期,全国范围广泛推进"放管服"改革、优化营商环境,以"简政放权、放管结合、优化服务"为核心,为各类市场主体提供高效、便捷的商事及监管服务。

2017年,"构建亲清新型政商关系"写入党的十九大报告,成为国家治理的关键词；2019 年，党的十九届四中全会强调："完善构建亲清政商关系的政策体系，健全支持中小企业发展制度，促进非公有制经济健康发展和非公有制经济人士健康成长。"2020 年，党的十九届五中全会进一步强调："优化民营经济发展环境，构建亲清政商关系，促进非公有制经济健康发展和非公有制经济人士健康成长。"2020 年 12 月新修订的《中国共产党统一战线工作条例》颁布，纳入"推动构建亲清政商关系"的内容。现代治理体系下对政商关系提出的挑战与提供的支持并存，而新型政商关系的构建从政治环境、社会责任、市场秩序等方面成为影响和推动现代国家治理体系的重要一环，在国家治理现代化进程中开展构建新型政商关系机制研究具有重要意义。根据商务部统计，自 2013 年商事制度改革以来，我国年均新增市场主体总量超千万家。[1] 我国的商业和商人正经历从"个人经商"跨入到"全社会营商"新的历史阶段。

第二节 我国政商关系改革的重要经验

一、集体经济改革优化供销体制

在农村创办合作社（合作经济组织）是中国共产党早期进行商业体制探索的重要标志。1923 年，中国共产党就曾在安源创办路矿工人消费社，这一传统一直延续到今天，并成为农业生产、资源流通及农副产品经营的重要组织。从性质来讲，合作社组织是一种以私有制为基础的集体经济组织。[2] 作为国有经济的补充部分，合作社起到了串联小生产者与国家的重要作用。1950 年 7 月，中华全国供销合作总社成立，同一时期全国范围的机关、街道、学校、厂矿等广泛建立起生产合作社、供销合作社及消费合作社等。在计划经

---

[1]《数智观察：市场主体年均新增千万家 小微市场快速增长折射发展信心》，新华网，http://www.xinhuanet.com/fortune/2021-07/30/c_1127714050.htm。

[2] 毛泽东在中国共产党第七届中央委员会第二次全体会议上对合作社组织的表述为："这种合作社是以私有制为基础的在无产阶级领导的国家政权管理之下的劳动人民群众的集体经济组织。"

济时代，以合作社为代表的集体经济商业保障了社员的大部分生活必需品，同时组织起农民及小生产者的原材料供给、商品流通渠道。但是，这种合作社组织下的供销体制也存在"供需矛盾"的问题，将原本的"需求－供给"颠倒为"供给－需求"，不仅导致产品脱销与积压现象同时存在，也可能出现商品无法满足人民期望的情况。自1954年到1978年的24年间，合作社与国营商业经历了两次分合，性质时而集体，时而全民，[①] 合作社的合作属性被行政功能压制。2015年，中共中央、国务院下发《关于深化供销合作社综合改革的决定》，提出合作社的基本属性应该是合作经济，要坚持市场经济改革方向，运用多种经济手段开展经营服务。以合作社组织形成的"供销体制"是我国集体经济改革的一个缩影。在市场经济体制下，供销体制改革的关键是抓好服务农民生产生活的综合平台，从而为乡村振兴和农业农村现代化贡献力量。

二、个体与私营企业发展推动审管关系变化

个体与私营商业改革的关键是"准入"和"准营"问题，落实到政策层面，就涉及政府如何审批及监管。然而在新中国成立以来的相当长一段时间里，我国政府对于个体和私营商业的监管，是通过"以审代管"来实现的。1950年12月，政务院发布《私营企业暂行条例》，规定私营企业要依照执行政府制订的产销计划进行销售。这种统购统销，以审代管的情况随着计划经济的建立愈加严重，1970年6月，工商行政管理局并入商业部，个体与私营商业的经营空间再次受到挤压，这一时期几乎所有的商品流通都被国营商业及供销社垄断。改革开放后，国家虽然放松了一部分准入与准营的行业，但"以审代管"的手段依然延续。进入新世纪后，我国市场准入标准有所降低，在大幅度提升市场主体活力的同时也让秩序更加混乱。这一时期部门林立，权力分割，以审代管愈加严重。2013年，党的十八届三中全会审议通过的

[①] 1958年，供销社实行国有商业财务制度，性质从集体所有制变为全民所有制；1975年，供销社从国有商业中分离出来，县级以上供销社实行全民所有制，县级以下实行集体所有制。

《关于全面深化改革若干重大问题的决定》提出：实行统一的市场准入制度，在制定负面清单基础上，各类市场主体可依法平等进入清单之外领域。同时推动行政审批制度改革，以审代管现象减少。为解决准入不准营问题，国家还连续推出"多证合一""证照分离"等改革。我国政府与私营、个体商业的"审管关系"也从以审代管，过渡到审管分离，再到党的十八大后的审管结合。

三、工会与工商联建立化解劳资矛盾和保障商人权益

新中国成立后，关于劳动力资源的主要问题集中于两个方面，一是就业，二是权益保障。在商业领域，权益保障又可以分为工人和商人两大群体，于是工会和工商联组织的作用就尤为重要。其中，工会早在中国共产党早期领导工人运动时就已经存在，邓中夏指出："工会是为无产阶级谋利益的，是保障无产阶级利益，以至于图谋本身的完全解放的机关，所以工会是一个重要的武器"[1]，具有鲜明的阶级斗争属性。新中国成立后，工会的性质开始逐渐变化，联合与保障的色彩更加浓厚。其中，李立三对工会工作理论进行了勇敢探索，先后撰写《在公营企业中贯彻公私兼顾政策等问题的几点意见》《关于中华人民共和国工会法草案的几点说明》等，对新中国成立后工会工作面临的新问题作了初步探讨，分析了公私关系，个人利益和整体利益、日常利益和长远利益的关系，厘清了工会和国家企业行政在根本一致基础上的内部矛盾关系，探讨了工人参加工厂管理的重要途径等一系列工会建设中的重大理论问题。与此同时，李立三积极引领新中国工会实践工作，主持起草的《中华全国总工会章程》，规定了单一会员制和团体会员制的入会程序，确立了民主集中制的组织原则，规范了全总组织机构的性质和任务，使新中国工会的组织走上了制度化、规范化、程序化的道路，极大地推动了工会组织的建设。1953年，中华全国工商业联合会正式成立，在代表和维护工商界的合法权益方面发挥了重要作用。无论是工会还是工商联，它们对于商业体制发展的贡献都具有两重性，一是代表各自的主体利益；二是党联系工人和商人

---

[1] 《邓中夏全集》（中），人民出版社2014年版，第860页。

的桥梁与纽带,在党的领导下维护和实现劳动者的权益,促使二者成为对社会主义商业体制发展不可或缺的重要组成部分。

四、公司制改革完善企业经营机制

"政企分开,两权分离"是赋予企业管理自主权的前提,但它并不能解决企业经营难题。在此基础上,国家采取了两种措施逐步推动企业经营机制改革,首先是企业承包经营责任制,其次是从承包责任制过渡为股份制。1984年7月,国务院转批商业部《关于当前城市商业体制改革若干问题的报告》,初步提出有计划、有步骤地实行企业内部承包责任制。1987年,企业承包责任制在全国范围推广,按照包上缴国家利润,包完成技术改造任务,实行工资总额与经济效益挂钩"两包一挂"的形式进一步明确了国家与企业的权责利关系。[1] 承包责任制的推行取得了一定效果,但仍然存在资源配置、收入分配及放权不到位的缺陷。因此,企业经营机制改革的第二个重要措施,是推动企业从承包责任制向股份制改革。股份制是商品经济发展的产物,不仅广泛存在于资本主义国家,也可以适应社会主义企业改造。在推行股份制后,可以使企业成为自主经营、自负盈亏的商品生产者,在市场经济中更加公正透明地接受社会和股民监督,同时理顺企业内部的产权关系,扩大生产规模。1993年,党的十四届三中全会通过了《中共中央关于建立社会主义市场经济体制若干问题的决定》,提出现代企业实行公司制。同年12月,《中华人民共和国公司法》颁布,标志着我国企业经营制度正式走上规范化道路。公司已经成为我国国有、集体及私营等企业最主要的组织形式。

五、商品经济机制改革适配价值与价格规律发展

我国社会主义改造完成后到1978年改革开放前的计划经济时期,我国商

---

[1] 孙健:《20世纪的中国——走向现代化的历程(经济卷1949—2000)》,人民出版社2010年版,第153页。

品、要素价格是国家计划的一部分。党的十一届三中全会后,围绕建立社会主义商品经济,我国开启轰轰烈烈的"价格改革"。在我国经济理论界极为重要的莫干山会议上,"价格改革"是核心议题。之后分行业推进的"价格双轨制"改革,保持"计划内"的存量、放开"计划外"的增量改革,释放了市场活力。回顾我国价格改革进程,渐进式地放开价格虽然产生"条子经济"、"黑市"、"物价闯关"、通货膨胀等问题,但以增量改革带动了存量改革,最终在大多数消费品领域、生产资料领域实现了价格管制退出历史舞台,围绕价格形成的供求关系开始发挥主要作用。2015年10月,中央全面深化改革领导小组第十六次会议通过的《关于推进价格机制改革的若干意见》强调,竞争性领域和环节要基本放开,政府定价范围主要限定在重要公用事业、公益性服务、网络型自然垄断环节。党的十八大后,政府定价大幅减少,包括全部电信业务资费、非公立医院医疗服务、绝大部分药品价格、绝大部分专业服务价格都已经放开。通过加强价格预警、成本调查监审、反价格垄断等办法加强价格监管。社会主义市场经济下,对于商品价格的调控尤为重要,关键在于弄清楚哪些商品是需要价格严格管控的,哪些可以放开,从而让价值和价格规律在调控社会主义政商关系时起到关键性作用。

第三节　新型政商关系的建构逻辑

一、基于政治逻辑的新型政商关系建设

1. 政商平等对话

不健康的政商关系往往表现为利益的捆绑或联盟,官商之间通过不合法、不正当的暗箱操作谋取私利,形成官商利益联盟。"既亲又清"的政商关系需要建立平等对话机制,政府及官员坦荡真诚地与企业及企业家沟通交流。首先,构建双向对等的政商关系。对等的政商关系,一方面要求政府进一步简政放权,减少政府公权力过度干预企业,从而有效减少官商之间通过暗箱操作谋求非法利益的行为,防止官员打"关系牌"、动用"特批权"、使用"优

先权",进一步规范民营经济人士的政府安排等;另一方面要打通政府与企业平等对话的多维通道,为企业创造一个对等、公平、公正的市场环境。其次,构建沟通互助的政商关系。建立沟通联系和双向信息反馈机制,政府官员充分了解企业及企业家经营状况、思想动态和面临困境,及时给予引导、支持和帮助,定时将党委、政府关于民营经济发展的重大政策、指示精神进行传达。企业家主动汇报企业及个人发展动态,表达诉求。政府及官员定向联系企业,建立结对联系名单,定期开展走访调研、联谊交友活动。最后,构建阳光健康的政商关系。阳光健康意味着加强大众监督,其中,新闻媒体舆论监督引导机制是政商关系在"阳光下运行"的必要条件。新闻媒体舆论监督引导机制的建立首先要使公民的政治参与权和新闻媒体的独立报道权得到依法保障,维护社会公民对政府决策和公共政策的知情权,通过新闻媒体、社会舆论等的监督和引导,促进健康政商关系走向可持续发展。

2. 厘清政商边界

以机制明确权力边界。现代治理体系要求在明确"权利—义务"的前提下规范政商关系,既要对官员的权力边界进行界定,也要对商人的合法权利进行保障,同时还要明确政商双方应有的社会责任。明确权力边界首先要从法律制度体系上对政府公权力进行严格约束,严格"法无授权不可为",明确政府权力边界,在现实操作层面就是要建设服务型政府,减少公权力的设租空间。政府权力过大且没有监督就会过度干预市场,为政商勾结创造条件。虽然商人也会主动寻求权力的庇护,但在政商关系中,权力往往占主动地位。以机制助推职能转变。加快推进政府职能转变,建设服务型政府,为市场的发展提供宏观调控和政策服务,限制公权力的"自由裁量权"的过度化,保证公职人员在行政过程中依法依规办事,培养健康的人生观、价值观和良好的职业素养,在源头上抑制不健康的政商关系。例如,2016年4月,广东省佛山市纪委监察局在全国率先推出新型政商关系的交往规则,号召社会形成多元参与的监督机制,发布了《佛山市政商关系行为守则》和《佛山市政商交往若干具体问题行为指引(试行)》,提出正面倡导和"负面清单"在内的行为规范,在答疑解惑中作出指引,加强政企沟通,鼓励"正常交往""为官有为",明确纪律要求等。

二、基于行政逻辑的新型政商关系建设

1. 法治政府建设

以法治思维和法治方式推动新型政商关系建立,将各项法治措施纳入法治轨道,切实推进法治政府建设。首先,政府要坚持依法推进改革,使各项改革措施于法有据。要以立法引领改革、授权改革,以立法确认改革成果、预留改革空间、消除改革障碍。政府立法工作需主动适应改革和经济社会发展需要,对不适应改革的法律法规,及时修改、废止。① 其次,政府抓紧对现行不适宜的法律法规进行清理。对于一些与社会主义市场经济发展有所牵制的法律法规条款,加以废止或修订,对于部分不符合法律法规精神的行政规章、规范性文件,要坚决废止。再次,以合法的方式和程序,加大对改革创新的支持。政府改革创新需要法律的支撑和维护,但部分改革可能会"突破"现有法律法规的限制,从而出现"矛盾"。在这种情况下,相关部门可以提请立法机关通过法定程序进行授权,允许其在特定的地区、程序上突破法律法规限制,进行试点改革。最后,明确政府自身职责和边界。正确处理政府和市场、商人关系,确保市场在资源配置中起决定性作用。

2. 要素市场化建设

市场体系是社会主义市场经济体制的重要组成部分和有效运转基础,是推进政府改革的重点领域。改革开放以来,要素市场化配置始终是企业准入准营建设的难点问题。为此,必须破除阻碍要素自由流动的体制机制障碍,扩大要素市场化配置范围,健全要素市场体系,早日建立要素价格市场决定、流动自主有序、配置高效公平的体制机制。② 一是要加快完善城乡统一的土地市场,加快打破城乡二元土地制度带来的不合理障碍,建设权利平等、规则统一的土地交易平台,扩大国有土地有偿使用范围,建立公平合理的集体经

---

① 刘青:《习近平法治思想中的系统观与法治政府建设》,《行政法学研究》2022年第1期。
② 韩文龙、晏宇翔:《构建高水平社会主义市场经济体制的重大理论与实践问题研究》,《政治经济学评论》2022年第2期。

营性建设用地入市增值收益分配制度,推动不同产业用地类型合理转换,探索增加混合产业用地供给。二是推进资本要素市场化配置。进一步发挥资本市场的枢纽功能,完善股票、债券等资本市场制度,全面推行股票发行注册制,建立常态化退市机制,从立法层面建立统一的市场准入、信息披露、交易、违规违法处理标准,推动债券市场一体化建设,探索公司债、企业债等信用债统一的评估体系,深化债券监管机构改革。

3. 探索新兴监管模式

加快探索市场监管新模式,有助于推动建设高效规范、公平竞争、充分开放的全国大市场,帮助企业有效辨别市场风险,提升监管效能,减少对企业的不必要干预。一是优化适应新经济发展的监管机制。探索符合平台企业、数字行业、创新个体、小微企业、共享经济等新业态的监管模式,促进新经济行业有序健康发展。创新监管工具和手段,完善智慧监管、敏捷监管、包容审慎监管等新监管方式,进一步发挥新业态企业在市场中的作用。[①] 二是完善知识产权保护制度。建立跨区域、全链条的知识产权保护机制,充分运用行政保护和司法保护在知识产权救济中的作用,尽快建立企业内部知识产权保护制度,让知识产权管理和保护工作纳入企业研发、生产与经营的全过程。全面建立并实施知识产权侵权惩罚性赔偿制度,在部分地区试点建设知识产权大数据中心和公共服务平台。三是加强反垄断监管。一方面,政府自身需加强国内外对反垄断问题的研究,定期组织开展大型企业的检查、监督、审核、评估活动,及时制止不合规、有垄断倾向的企业经营行为,对相关人员进行惩戒;另一方面,在全社会倡导诚实守信、公平竞争的经商文化,宣传企业在生产经营活动中严格守法,鼓励经营者全面、有效开展反垄断合规管理工作,防范合规风险。四是依法规范行政执法行为。编制市场监管和行政执法权责清单,按照清单事项的不同类型制定市场监管和行政执法办事指南和行政权力运行流程图,确保权责一致、履职到位,强化市场监管执法监督机制和能力建设,保障市场主体合法权利。

---

① 林建浩、陈良源:《商事制度改革背景下的市场监管多元共治》,《经济社会体制比较》2021年第1期。

三、基于市场逻辑的新型政商关系建设

1. 公平竞争

市场经济的核心是公平竞争，只有竞争是公平的，才能实现资源的有效配置和企业的优胜劣汰。竞争性政策是实现公平竞争的基本制度，是以创造公平市场竞争环境为目标选择，规范市场竞争主体行为的制度安排。强化竞争政策的基础地位，是以竞争政策为基础来协调统领其他相关政策，并通过构建高标准的统一、开放、竞争、有序的现代市场体系来实现。政府是竞争政策的制定者、维护者，是产权保护制度的推动者，是推进公平竞争审查的实施与义务主体。政府以完善公平竞争制度为目标，以确保所有市场主体都能获得公平竞争的权利，推动竞争性政策的优化，关键是促进市场开放、保障市场主体的公平竞争。完善公平竞争制度对优化政商关系非常重要，公平竞争制度是现代市场经济的基本规则，是市场经济体系有效运行的保障，是加快完善社会主义市场经济体制的内在要求。建设与完善公平竞争制度是一项长期性、系统性、复杂性工程，这项工作不可能一蹴而就，制度建设也不会一劳永逸，需要在切实执行现有制度规定的基础上，结合我国社会主义市场经济体制改革的创新实践，不断优化公平竞争制度，使其系统化、科学化，这要求政府做好公平竞争制度的顶层设计与系统集成，对各种竞争政策有效系统整合。

公平的竞争环境是政商关系的内核。公平竞争要保障各类市场主体公平参与市场竞争，营造公平竞争的营商环境，强化反垄断、深入推进公平竞争政策实施。一方面，反垄断、反不正当竞争执法司法要平等适用于所有企业，对内资和外资、国有企业和民营企业、大企业和中小企业、互联网企业和传统企业一视同仁；另一方面，需要深入推进公平竞争审查制度，清理妨碍全国统一市场和公平竞争的政策文件，优化民营企业发展环境。要依法平等保护民营企业产权和企业家权益，保障民营企业依法平等使用资源要素、公开公平公正参与竞争、同等受到法律保护，为民营企业打造公平竞争环境，给民营企业发展创造充足市场空间。

2. 弘扬企业家精神

企业家精神并不是一个新名词，在经济学文献中，"企业家"一词在1800

年最早由法国经济学家理查德·康替龙（Richard Cantillon）在《商业性质概论》一书中首次提出，是指人们竞相成为企业家的一种行为，它是由法文"entreprendre"引申而来，其意思是"着手工作，寻求机会，通过创新和开办企业实现个人目标，并满足社会需求"。企业家精神是一个多维的概念，经合组织（OECD）则将企业家精神定义为"勇于承担风险和创新，创新意味着提供新的产品和服务，承担风险涉及对新的市场机会的甄别"。

企业家精神的核心应该是一种价值观体系，也就是人们对各种事物的态度，包括对工作、生产、财富和储蓄的态度，以及对风险、失败、新信息、新发明和陌生人的态度等。由于企业家精神是一种价值观体系，很容易受到文化环境的影响，所以其含义是不稳定的。在市场经济发展的初期，企业之间竞争激烈，物质资本极为稀缺，所以冒险性、竞争性和节俭就成为企业家精神的重要内容。随着市场经济的发展，大规模工业生产逐渐成为社会生产的主要方式，企业家配置生产资源的能力就成了企业家精神的集中体现。

2017年9月8日，中共中央、国务院发布了《关于营造企业家健康成长环境弘扬优秀企业家精神更好发挥企业家作用的意见》，将企业家精神界定为三个方面：爱国敬业遵纪守法艰苦奋斗的精神、创新发展专注品质追求卓越的精神、履行责任敢于担当服务社会的精神。意见要求，要着力营造依法保护企业家合法权益的法治环境、促进企业家公平竞争诚信经营的市场环境、尊重和激励企业家干事创业的社会氛围，引导企业家爱国敬业、遵纪守法、创业创新、服务社会，调动广大企业家积极性、主动性、创造性，发挥企业家作用，为促进经济持续健康发展和社会和谐稳定、实现全面建成小康社会奋斗目标和中华民族伟大复兴的中国梦作出更大贡献。

第四节 亲清政商关系的构建

一、坚定非公有制经济的重要作用

从战略上来讲，确立公有制经济和非公有制经济都是社会主义市场经济的重要组成部分，都是我国经济社会发展的重要基础，是中国共产党发展市场经济的一个重大理论认识，也是打造亲清政商关系的前提。为此，国家围绕支持非公有制经济健康发展，提出了一系列新的方针政策，体现了支持非公有制经济发展方针的一贯性、连续性和创新性，主要包括三方面内容：

第一，重申"两个毫不动摇"，激发非公有制经济活力和创造力。自党的十六大提出"两个毫不动摇"，党的十七大提出要把"两个毫不动摇"作为长期坚持的方针后，党的十八届三中全会《中共中央关于全面深化改革若干重大问题的决定》提出，以公有制为主体、多种所有制经济共同发展的基本经济制度，是中国特色社会主义制度的重要支柱，也是社会主义市场经济体制的根基。必须毫不动摇巩固和发展公有制经济，坚持公有制主体地位，发挥国有经济主导作用，不断增强国有经济活力、控制力、影响力。必须毫不动摇鼓励、支持、引导非公有制经济发展，激发非公有制经济活力和创造力。第二，提出"三个平等"，创造非公有制经济发展的公平竞争环境。由于体制的原因，我国非公有制企业在发展中受到了一些歧视、约束和限制，这种局面不利于非公有制经济和市场经济的健康发展。党的十八大后，国家进一步拓宽了非公有制经济准入领域，赋予非公有制经济参与竞争的平等市场环境和政策环境，在发展环境上与公有制经济同等对待、一视同仁，进一步创造了非公有制经济平等参与市场竞争的前提和条件。第三，强调"两个不可侵犯"，构筑非公有制经济发展财产权基础。财产权是所有制的核心和主要内容，是个体、私营企业等非公有制经济发展的物质基础，只有完善财产权保护制度，保护它们的产权和合法权益，才能促使非公有制经济真正走上持续发展之路。强调非公有制经济财产权"不可侵犯"，提升了对非公有制企业产权和合法权益的保障力度，有利于改善非公有制企业的生存环境，增强非公有制企业创新创业的动力，完善非公有制经济现代产权制度和现代企业制度。

总体来看，党的十八大后国家为非公有制经济发展提供了更加强有力的制度保障和政策保障，提供了更加广阔的发展空间和发展机遇。可以从"待遇"和"机遇"两个方面来说。

第一个方面——"待遇"。首先就是社会经济基本制度层面上的坚持，即强调"两个毫不动摇""三个平等""两个不可侵犯"等，指出必须坚持和完善中国社会主义基本经济制度和分配制度，毫不动摇巩固和发展公有制经济，毫不动摇鼓励、支持、引导非公有制经济发展。其次，国家拓展了对非公有制经济的政策待遇，具体说来至少包括：激发和保护企业家精神；鼓励更多社会主体投身创新创业；完善产权制度，实现产权有效激励；积极发展混合所有制经济；破除垄断，放宽市场准入；构建"亲清"政商关系，保障"两个健康"，即非公有制经济健康发展和非公有制经济人士健康成长发展。

第二个方面——"机遇"。根据当前国家治理的重要方略，非公有制经济发展至少可以获得以下机遇：经济转型机遇，如供给侧结构性改革等；创新驱动机遇，如鼓励更多社会主体投入创新创业、保护和弘扬企业家精神等；深化改革机遇，如完善产权制度、进一步推动要素自由流动、实现竞争公平有序、发展混合所有制经济、深化金融财政税收改革、深化政府管理体制改革等；发展战略机遇，如创新驱动战略、区域协同战略、乡村振兴战略等；全面开放机遇，如"一带一路"建设、自贸区建设等。

我国从计划经济时代走来，市场经济的建立不过40余年时间，非公有制经济在当前看来发展是非常迅速的，但由于体制方面的原因，在配套支持、招标采购等许多方面非公有制企业仍然不能与国有企业相比。在此背景下，党的十八大后中央政府坚定发展战略，支持、引导非公有制经济发展，保证各种所有制经济依法平等使用生产要素、公平参与市场竞争、同等受到法律保护。第一次将非公有制经济与公有制经济置于同等重要的地位，表明中国共产党对非公有制经济的认识达到一个新的高度。这种对非公有制经济的强调和重视，也是构建亲清政商关系的前提和重要基础。

二、维护非公有制的经济地位与正当利益

构建亲清政商关系，在战略上坚定非公有制经济的重要作用是前提，但将战略落实到实践层面必须有完备的法律保障。企业为政府公共职能的实现创造物质财富，双方各尽其责、各取所需。按照"亲""清"关系的要求，通过协调推进全面深化改革和全面依法治国，在法治框架下，政府依法行政，企业依法经营，形成领导干部和民营企业家在法治和契约规则上的合作关系，

已经成为优化增量制度的坚定方向。良好商业环境法律的出台，为亲清政商关系的构建提供了充分的法律保障。

第一，《优化营商环境条例》出台，各项亲商政策、经验上升为法律制度。2019年10月22日，时任国务院总理李克强签署国务院令公布《优化营商环境条例》（以下简称《条例》），其最核心的意愿，就是把近年来各地区、各部门在优化营商环境方面大量行之有效的政策、经验、做法上升到法规制度，使其进一步系统化、规范化，增强权威性、时效性和法律约束力，从制度层面为塑造亲清政商关系提供更加有力的保障和支撑。《条例》在多个层面保障非公有制企业发展：一是强调平等对待各类市场主体，明确国家依法保护各类市场主体在使用要素、享受支持政策、参与招标投标和政府采购等方面的平等待遇，为各类市场主体平等参与市场竞争强化法律支撑。二是强调为市场主体提供全方位的保护。依法保护市场主体经营自主权、财产权和其他合法权益，保护企业经营者人身和财产安全。加大对市场主体知识产权的保护力度，建立知识产权侵权惩罚性赔偿制度。三是强调为市场主体维权提供保障。推动建立全国统一的市场主体维权服务平台，为市场主体提供高效、便捷的维权服务。《条例》的颁布，再一次向全社会发出一个清晰的信号，国家对于全面有效保护市场主体合法权利、营造良好市场环境的决心是坚定不移的，有助于进一步稳定市场主体预期，提振市场主体信心，让企业家安心经营、放心投资、专心创业。《条例》对亲清政商关系的作用，不仅体现在条文本身，还在于《条例》必将进一步增强各级政府及社会各方面对亲清政商关系的意识，在全社会营造尊商、护商的浓厚氛围，稳定预期、提振信心，这种作用更具有基础性和持久性。

第二，《中华人民共和国反不正当竞争法》出台，促进公有制经济和非公有制经济公平竞争。竞争政策是为促进和保障市场公平竞争而制定的法律法规、实施的政策措施和设立的监管与实施机构的总和。广义的竞争政策包括禁止滥用行政权力排除和限制竞争、禁止滥用市场支配地位、禁止垄断协议、经营者集中审查、公平竞争审查、竞争倡导及其他促进公平竞争的政策等。其中，反对各种形式的垄断行为是竞争政策的核心。为此，中央在一系列重要政策文件中明确了竞争政策的基础性地位。2015年发布的《中共中央国务院关于推进价格机制改革的若干意见》首次提出"竞争政策的基础性地位"。党的十九届三中全会通过的《中共中央关于深化党和国家机构改革的决定》进一步指出要"加强和优化政府反垄断、反不正当竞争职能，打破行政性垄断，防止市场垄断，清理废除妨碍统一市场和公平竞争的各种规定和做法。" 2019年5月，《反不正当竞争法》修正法案出台，对遏制市场中不正当竞争的行为，以维护市场秩序进行法律约束。从构建亲清政商关系的角度来看，确立竞争政策基础性地位，有利于充分发挥非公有制经济的作用，实现市场的价格发现功能，通过"无形之手"实现资源优化配置。保障政策制定的科学性是政府部门的重要目标。公平竞争审查制度是竞争政策的重要组成部分，是保障政府决策科学性的有力手段。通过落实竞争政策和反行政垄断执法可以减少政府"有形之手"对资源的不合理配置，减少公共决策中的寻租行为，避免公共资源无效使用，防范地方政府恶性竞争，提升非公有制企业获得感。同时，《反垄断法》等相关法律的完善，有利于减少产业政策、投资政策及其他经济政策的扭曲效应，避免"有形之手"导致的资源错配，从而推动非公有制经济发展，为营造亲清政商关系奠定基础。

法律是构建亲清政商关系最重要的保障，只有把构建新型政商关系放在全面深化改革、全面依法治国的战略布局中综合考虑制度设计，处理好盘活存量制度与优化增量制度的关系，才能真正确保国家战略的根本性、全局性、稳定性和长期性作用。

三、完善政商交往的制度基础

第一，建立了畅通的政商沟通制度。政商关系的实践证明，建立政商联系沟通机制是构建亲清新型政商关系的重要制度保障。党的十八大以来，全国各地党委、政府通过搭建制度化、常态化的政商沟通机制，畅通申诉、投诉、反馈渠道，建立健全党政领导与企业经常性沟通联络机制，为企业家沟通联系政府部门，解决实际问题提供了解决方式。包括建立了主要领导"包联"企业制度，通过积极参与企业、商会经常性沟通联络工作，举行企业家座谈会听取意见建议等方式，每位党政主要领导挂钩联系重点企业，挂钩联系行业商会、异地商会等，帮助企业解读政策、解决困难。同时，建立司法机关与工商联、商会组织、企业的经常性沟通联络机制。司法机关及纪检监察机关等对于涉及调查处理有关民营企业家的案件，既改进了办案方式方法，也能充分履行职能，严格依法依规办案，防止办案对非公有制企业正常生产经营活动造成负面影响，把政商沟通不力的影响和损失降到最低。

第二，完善了严格的政商关系监督制度。党的十八大后，全国各地出台了一批规范政商交往的文件，督促党员领导干部坚持政商平等交往，在不触碰纪律红线和法律底线的基础上，与企业、企业家接触交往。督促深化政务公开，提高政府重大投资项目、政府采购等领域的透明度，为市场主体更加及时、准确、便捷、公平地获取相关信息、开展全过程监督提供便利。同时，围绕构建亲清政商关系，结合审查调查和监督检查中发现的问题，以健全制度机制为抓手，不断厘清政商交往边界，畅通政商沟通渠道、规范政商交往行为，在出台正负面清单的基础上，重点聚焦重大项目落地、涉企问题办理、营商便利度指标提升。而我国的官员晋升采取组织部门考察、群众监督、同级人民代表大会选举通过的方式，完全接受来自党内、民主党派、社会民众的监督与考察，代表了最广大人民群众的利益，而不是某些具体企业和个人的利益。媒体等公共机构在此中也发挥着重要的监督作用，有助于公平公正地产生官员。

第三，优化了完善的政府激励问责制度。党的十八大以来，全国各地从解决政商交往的程度问题入手，将落实中央八项规定精神与构建亲清新型政商关系紧密结合，将现行公务管理规定与健全政商交往制度紧密结合，制定出台政商交往正负面清单，明确规定党员领导干部在联系、调研、服务企业时"可为"和"不可为"界线，旗帜鲜明鼓励与企业家正常接触、阳光交往的同时，逐一划出交往的底线、红线。强化监督执纪执法，让党员领导干部亲而有度，不敢破界。通过设立优化营商环境监测点、一企一监察专员和"清风亭"微信监督平台等方式，建立联企直通车机制，把监督落到实处细处。对反映政商交往中的腐败和作风问题，对服务企业不担当不作为等形式主义、官僚主义问题及时查处、通报曝光，不断形成震慑作用。

对于亲清政商关系来说，制度构建是使战略、法律真正落实到政府部门实践的关键，当前看来许多富有成效的改革，本质也是制度面的革新。但从长远来看，建立健康的政商关系同时在于文化的改造和建设。这是一个长期的过程，它取决于社会的发展、经济的进步、文化的开放和人的意识的改变，但毋庸置疑的是，文化对于塑造亲清政商关系是非常重要的内容。

四、营造优良的社会文化氛围

第一，准确把握亲清政商文化的理念。一是合作理念。合作理念是一种古老而又全新的理念，在构建和谐社会的背景下，一个良序的社会，必然是政府与企业有着良好互动关系的社会。亲清政商文化中，政府与企业之间要有亲和力，产生亲近感，无疑离不开政府与企业、官员与企业家之间的合作。相互合作，互帮互助，朝着共建一个美好社会的目标共同前进，这是亲清政商文化最基本的理念内涵。二是包容理念。社会包容除了常规的政策性价值之外，已经内化为现代国家治理中的政治伦理准则，具有重要的政治价值。在亲清政商关系中，包容理念是政府与企业、官员与企业家之间合作的内在要求，也是政府与企业在市场机制条件下得以各司其职的前提，亲清政商文化的形成离不开社会包容。三是契约理念。契约理念是人们对自己的承诺必须自觉兑现的价值理念。契约理念强调对党纪国法、各项规章制度、承诺的自觉遵守和执行等。如果没有牢固的契约理念，就无法处理好政府与企业、官员与企业家之间的关系，两者也不可能朝着亲清方向发展。契约理念中友好合作、对话协商等要素，正好与亲清政商文化的价值目标相符合。四是法治理念。"法者，治之端也。"法治是人类社会文明进步的重要标志。在传统政商关系中，权力主导一切，而在市场经济的条件下，两者是相互运作的。没有法治的保障，往往会导致权力资本化和资本权力化的现象。亲清政商文化中的"清"，要求政府与企业之间清清白白，恪守交往的底线，这就需要用法治来规范，厘清界限，让两者在属于各自的领域中活动。

第二，全面提升亲清政商文化的影响力。要在全社会范围内构建一种亲清政商文化，首先是要在社会中营造一个具有开放式治理结构特征的亲清政治生态环境，让亲清政商文化作为文化个性的辐射力与作为文化共性的整合力之间开展同时态互动。一是要用亲清政商文化引领包括政商文化在内的社会意识。作为一种文化意识形态，亲清政商文化是传播社会主义精神文明的重要途径。亲清政商文化中所蕴含的合作、包容等理念与社会主义和谐文化中的诚信友爱、和谐共处等精神价值具有高度契合性，因此，在弘扬亲清政商文化时，要从整体出发，用亲清政商文化引领社会意识。二是要用亲清政商文化引领新型政商关系。文化具有教化性和引领性。亲清政商文化以其合作包容、契约法治为主旨的文化内涵为主要标志，要妥善处理政商关系，就要最大限度地调动政府官员和企业家之间的积极性，同心协力、集中力量建设中国特色社会主义。三是要把亲清政商文化的传播放在凝聚社会资源的高度。在社会利益的协调中，人们对一种文化价值的主观认定、理性判断与情感体验无不与社会整体资源的利益形成机制息息相关。亲清政商文化的传播，就是要站在凝聚社会资源的高度，协调以政商关系为主的各方利益，通过各种载体让亲清政商文化成为社会主义先进文化的重要组成部分。

---| 复习与思考 |---

1. 如何理解现代政商关系的本质？政商关系的含义是什么？政府与市场、权力与资本、经济与社会的关系是怎样的？

2. 如何理解新中国成立以来我国政商关系的变化？

3. 中国特色政商关系改革有哪些经验，在哪些方面作出了探索？

4. 如何理解当前政商关系中的"亲""清"含义？

5. 了解党的十八大后新型政商关系的构建方式。

第七章　地方营商环境治理创新

学习目标

1. 掌握政府创新的内涵。
2. 熟悉营商环境治理创新的内涵、动力与特征。
3. 熟悉营商环境治理创新的主要范畴。
4. 了解当前我国地方政府营商环境创新的主要方向和行动逻辑。
5. 掌握推动我国地方政府营商环境创新持续性的主要内容。

案例导入

深圳：用改革创新"硬举措"提升营商环境软实力[①]

全国率先实现电子营业执照"一照通办"、全国首创"大湾区组合港"海关物流模式改革项目、探索政务服务"全市域通办"、打造无实体卡证城市……深圳正以建设国家营商环境创新试点城市为契机，用改革创新的"硬举措"，不断提升营商环境"软实力"，把企业生存发展的土壤培育得更好，在打造市场化、法治化、国际化一流营商环境上勇当尖兵、先行示范，为全国持续深化营商环境改革积累经验、树立标杆。

加力度　成全球客商投资热土

2021年11月，北京、上海、重庆、杭州、广州、深圳被正式确定为国家首批六个营商环境创新试点城市。2022年年初，深圳出台《深圳市建设营商环境创新试点城市实施方案》，提出200项改革措施，为各类市场主体投资创

[①] 《"硬举措"提升营商环境"软实力"　全球客商纷至沓来投资深圳》，深圳市人民政府网站，https://www.sz.gov.cn/cn/xxgk/zfxxgj/zwdt/content/post_10364808.html。

业提供更好的保障和支持，深圳营商环境改革正式进入5.0时代。

事实上，作为国内市场主体规模最大、民营经济最活跃的城市之一，深圳始终坚持把优化营商环境作为"一号改革工程"，近年来迭代推出了营商环境系列改革政策，从先行先试到全面落地，改革举措在全市"遍地开花"，吸引了一大批优质的企业在深圳落户发展。截至目前，全市登记的商事主体累计达到391.1万户，总量和创业密度继续保持全国第一。

"我是一个上海人，我的合伙人在上海的大学教书，但我们决定一起创业的时候，却都选择了深圳！"在2022年11月举办的"深圳创投日"启动大会上，初创型企业深圳柏垠生物科技有限公司获得了深圳天使母基金的青睐，其CEO崔俊锋表示，在做创业综合评估的时候，便深刻地感受到了深圳对企业的政策支持及资本的眷顾。

当前，深圳已成为全球客商眼中的投资热土、兴业宝地，无数企业"用脚投票"，纷至沓来。截至目前，深圳A股上市公司总数逾400家，各级专精特新企业超过3800家，其中国家级"小巨人"有442家，数量在全国大中城市名列前茅；2022深圳全球招商大会上，洽谈签约项目315个，投资总额达8790亿元，其中不乏亚马逊、英特尔、马士基、海克斯康、中石化、中石油、中节能等国际知名企业。

做减法　数字赋能企业轻装上阵

2022年3月9日，盐田区的熊先生登录深圳市市场监管局网站"开办企业一窗通"，按照流程填报股东信息、场地信息、经营范围、注册资金等内容，完成了"深圳市鑫锐康医疗器械科技有限公司"的注册申请。第二天，他就顺利拿到了营业执照、公司印章、税控设备，"简单、高效！"熊先生连连为深圳的高效便捷点赞。

深圳在服务企业开办过程中推出一系列"减法"，让众多像熊先生这样的创业者受益。以"开办企业一窗通"平台为例，它实现了市场监管、公安、税务、社保、公积金等多部门间数据共享和业务协同，将商事登记、申领发票、刻制印章、员工参保登记、住房公积金开户登记5个环节整合为1个环节。

不仅如此，深圳全国率先实现电子营业执照"一照通办"。建设工程交易平台实现了企业办理电子营业执照即可在线完成交易平台登录、签名、标书加解密、在线合同签订等招投标业务，在全国首次实现了招投标全业务"一照通办"，进一步深化了交易平台全流程电子化改革。

"减法"还体现在市场主体的培育和服务上，清除阻碍企业发展的"中梗阻"，为深圳企业、产业"施展拳脚"开拓了更广阔的天地。

深圳围绕涉企"政策一站通、诉求一键提、业务一窗办、服务一网汇"等功能，打造了全市统一市场主体培育服务平台"深i企"。截至2022年11月8日，"深i企"累计注册个人用户283.88万人；累计注册商事主体用户262.74万家，累计访问量7166万次，基本实现全市大中小微型企业和个体工商户等市场主体培育和服务的全覆盖。

重保护　为新兴产业发展保驾护航

法治是最好的营商环境，健全的产权制度、交易制度，是企业赖以健康发展的营商环境制度基础。

深圳是知识产权大市。2022年上半年，深圳知识产权创造数量和质量持续提升，全市专利授权量14.48万件，发明专利授权量2.58万件，商标注册量22.05万件，核心指标居全国前列；每万人口发明专利拥有量达124.9件，约为全国平均水平6倍；PCT国际专利申请量连续18年居全国首位。活跃的市场活动也让深圳知识产权保护工作面临主体多、任务重的压力。

深圳如何做？知识产权维权面临着"举证难""周期长""赔偿低"问题，深圳率先建立并实施知识产权惩罚性制度，以法治度量衡充分肯定无形资产的有形价值。目前，深圳法院在司法实践中已适用惩罚性赔偿作出判决案件17宗，累计判赔金额超1.3亿元，让侵权者付出沉重代价，让权利人享有合法权益，让创新者更有信心。

更重要的是，深圳在"互联网+知识产权保护"领域创新性引入"鸿蒙协同云平台"，将行政、司法、知识产权服务机构、技术鉴定机构、权益单位、智库机构等融为一体形成知识产权保护生态圈，形成了一个集维权鉴权、监测处置、联合打击及司法认定为一体的社会政企高效联动知识产权线上保护机制，实现了知识产权全链条保护。

创新的深圳通过重点领域立法创新，为新兴产业发展保驾护航。2022年

6月，我国首部关于智能网联汽车地方性法规《深圳经济特区智能网联汽车管理条例》颁布；9月，我国首部人工智能产业专项立法《深圳经济特区人工智能产业促进条例》颁布，这些法规的颁布，为深圳建设全国智能网联汽车全城开放示范城市提供了有力的法治保障。

思考：深圳市营商环境治理创新的领域有哪些？营商环境治理创新的动机是什么？

政府创新是全球政府治理改革的重要事件，业已成为社会科学研究的核心话题之一。地方政府创新作为一种试验性、渐进性的改革路径，不仅促进了市场经济发展与我国经济腾飞，并且为支撑我国的制度变迁、全国性改革与现代国家建设奠立了实践基础。

第一节 地方营商环境治理创新概述

近年来，我国坚持市场化、法治化、国际化的营商环境体系建设逻辑取得了积极成效。在国内外经济形势日益复杂的情况下，我国地方政府围绕驱动区域经济高质量发展、优化区域营商环境开展角逐，各种创新举措层出不穷，优化营商环境已成为当前我国政府治理及创新治理的重要内容和地方政府竞争的新场域。

一、政府创新与营商环境治理创新

1. 政府创新释义

自 20 世纪 60 年代以来，政府创新成为公共管理学及政策科学研究中兴起的一个重要议题。在政府创新的概念界定上，不同研究视角给予了不同的解释。

基于创新理论的解释。政府创新具有创新的本义特征——"崭新的行为或实践"，认为政府创新是公共权力机关为提高行政效率和增进公共利益而进行的创造性活动,① 是政府部门所进行的、以有效解决社会经济政治等问题,从而完善自身运行,提高治理能力为目的的创造性活动。就内容而言,分为制度创新和技术创新。② 基于组织理论的解释,则聚焦政府组织创新的形式和目的,认为政府创新是政府组织在变革社会中,不断适应变化动荡的外在环境,通过形成新的结构、流程、机制和行为方式,探寻和建立较为合理的政府体制运转模式,从而确保社会资源能够得到最优化配置,确保最大限度地实现公共利益。③ 基于制度变革的解释,政府创新需具备一定的制度条件,政府创新本身也面临着制度化和法治化的问题,在内涵上体现为三个层面:理论层面的政府创新、体制层面的政府创新和技术层面的政府创新。④

2. 营商环境治理创新

营商环境包括政治环境、经济环境、法治环境等必要的环境要素,是政府营造的影响投资主体从事商业活动的政治环境、经济环境、法治环境及国际化环境等各种环境的有机复合体。而随着整体经济发展形势和国家经济治理任务的变化,现有政府营商环境治理体制机制呈现出与高质量发展不相适应的问题,这也亟须通过改革创新实现更高程度的治理绩效。2021年11月,国务院颁布《关于开展营商环境创新试点工作的意见》,鼓励有条件的地方进一步瞄准最高标准、最高水平开展先行先试,选择北京、上海、重庆、杭州、广州、深圳6个首批试点城市,加快构建与国际通行规则相衔接的营商环境制度体系,持续优化市场化法治化国际化营商环境。营商环境治理创新是公共权力机关为提高营商环境治理效能、营造市场化法治化国际化制度环境而进行的一系列体制机制改革的创造性活动。

二、地方营商环境治理创新的动力

地方政府创新的动因研究探讨的是地方政府作为创新的主体在政府创新中

---

① 俞可平:《论政府创新的主要趋势》,《学习与探索》2005年第9期。
② 杨雪冬:《中国地方政府创新:特点和问题——中央编译局专家笔谈:"政府创新与和谐社会"专题之一》,《甘肃行政学院学报》2007年第4期。
③ 王丽平、韩艺:《创新政府管理和服务方式的原则和领域》,《中国行政管理》2008年第1期。
④ 刘靖华:《政府创新》,中国社会科学出版社2002年版,第68页。

扮演的具体角色和动力机制问题。地方政府创新之所以可能并成为一种必然，根源在于其动力因素，而地方政府创新的动因不同又决定着地方政府创新的内容、形式和持续性上的差别。而营商环境成为当前我国政府治理及创新治理的重要内容和地方政府竞争的新场域，也必然受到竞争动力学因素和地方治理现实需求的共同影响。① 总体而言，营商环境治理创新的动力包括以下几个方面：

1. 发展型动力

这是地方政府对于创新所带来的预期净收益的诉求，制度经济学的研究普遍认为，"如果组织或操作一个新制度安排的成本小于其潜在制度收益，就可以发生制度创新"，这里的收益和成本皆作广义的理解，政府是否会和究竟通过何种方式来获取这一预期净收益，主要受制于这个社会的各个利益集团之间的权力结构和社会偏好结构。现阶段，我国地方政府普遍面对促进地方经济社会高质量发展的任务，而营商环境作为重要的制度环境成为助推区域发展的关键要素，基于区域发展现实而产生的发展型动力是促进营商环境治理创新的动力之一。

2. 竞争型动力

"为什么在大多数的发展中国家很难激励这些政府官员去推动当地的经济发展，而中国能做到这一点？中国是如何解决政府内部的激励问题的？"因为长期存在的"晋升锦标赛模式"及有关公职人员考核机制的激励，地方政府有强烈的动机去推动政府创新，这种机制的存在客观上强化了地方负责同志形成了"对上负责"而不是"对下负责"的观念。② 地方之所以会展开营商环境创新竞争，主要原因在于地方政府及政府中的"代理人"为人们提供优质的"非市场提供的产品与服务"和"政府供给产品与服务"，可以吸引特色资源，推动地方发展，发挥竞争动力学优势。

3. 压力型动力

大型国家治理的现实需求，是中央允许地方以竞争的方式进行"自下而

---

① 苟学珍：《地方法治竞争：营商环境法治化的地方经验》，《甘肃行政学院学报》2020 年第 4 期。
② 虽然行政与财政分权确实构成地方政府激励的重要来源，但它们是否构成我国地方政府内部激励的最为基本和长期的源泉，这是值得进一步推敲和讨论的，因为中央和地方的行政和财政分权必须具有高度的稳定性才能发挥激励效应。

上"营商环境创新试验的主要原因。地方政府会受到来自上级政府对于经济增长、区域发展战略、改革落实情况等多方面全领域的考核，对于地方政府营商环境治理绩效提出了更高标准和要求，这也是政府创新的"不得已"和"不得不"情形客观存在的根本原因。但需要注意的是，压力型营商环境创新动力，既有地方政府主动的情形，也有被动创新的情况。

三、营商环境治理创新的特征

1. 从经验探索到制度设计

从经验探索到制度设计是指地方政府往往先从中央那里获得某个领域的政策支持，就某一事项进行政策创新，并在之后的治理实践中不断总结完善，经过法定程序最终提炼生成稳定的制度约束，从而实现创新从经验探索到制度设计的飞跃。虽然在营商环境改革早期，经验能够打破一定的外部约束，从而有效推进改革。但经验并非制度，无法发挥制度对改革的稳固与激励作用。一方面，规则的模糊不清难免会增加改革的风险、成本与不确定性；另一方面，及时把好的改革经验上升为具有普遍约束力和透明度的制度，不仅能够有效巩固营商环境改革成效，还能够稳定市场与社会的适应性预期，从而持续为改革创新增添动力。特别是随着全面深化改革的深入推进，营商环境领域改革的制度设计更是成为从中央政府到地方政府的关键词，[1] 地方政府营商环境治理创新也更加注重从经验探索上升到制度设计。

2. 从单兵突破到协同推进

从单兵突破到协同推进是指地方政府营商环境创新的取向、主体、领域及举措等由一元向多元转变。早期营商环境治理创新属于"单兵作战"，停留在单一领域的创新，如单一政务服务事项数字化改革。[2] 随着市场主体的日益成熟与经济体制改革的深入推进，地方政府营商环境创新也由最初的单一市

---

[1] 李曙光：《世界银行营商环境新指标的法治内涵及制度价值》，《中国政法大学学报》2023年第6期。

[2] 徐艳晴、郭娜、毛子骏等：《政策引导基层政务服务数字化变革研究——以海口市龙华区政务服务中心为例》，《公共管理学报》2022年第4期。

场化、便利化改革转变为经济、行政、社会等多元并举。在创新主体方面，从改革早期的地方政府单兵创新到市场、社会与政府的多主体协同创新，从原先改革试点的地方政府创新到以试点地方政府为中心的跨行政区地方政府联动开展创新。从为方便企业办事的联合行政审批到政府职能转变的行政审批中心再到"放管服"改革的一网通办的政务服务大厅，对于地方政府协同联动提出了更高要求，地方政府在创新的目标、领域、方式、内容等方面更加注重与中央的顶层设计保持协同。同时，地方政府之间也在进一步强化营商环境治理创新的协同性。

3. 从压力驱动到自觉行动

从压力驱动到自觉行动是指地方政府营商环境治理创新由外部力量驱动转向内生自发行动。在压力型体制之下，特别是早期从计划经济向社会主义市场经济转型阶段，地方政府往往顶住强大的计划体制压力，与中央政府进行博弈以探寻发展的政策空间。因此，地方政府创新就成为某种"倒逼机制"的结果。对于地方政府而言，一方面，中央政府会把经济绩效显著的地方政府提倡为"典型"，并提炼出普遍适用性的原则进行推广，这更加激励地方政府通过适应性学习来二次创新，从而推动本地区经济发展；另一方面，基于晋升压力，地方政府往往是更具有企业家精神的"政治企业家"，[①] 通过对新技术、新工具的创新性运用来提升治理绩效。特别是党的十八大以来，中央一方面抓营商环境顶层设计，另一方面鼓励地方政府围绕营商环境治理的目标并结合地方实际，创造性地贯彻开展各项改革，而地方政府也通过创新自觉发挥应有的作用，在自由贸易试验区、政务服务跨省通办、行政审批局模式探索等方面，地方政府创新的自觉性持续高涨。

四、营商环境治理创新的行动逻辑与主要内容

1. 技术应用逻辑

创新技术应用是优化营商环境的重要引擎，当前，以互联网+、大数据、

---

① 罗影、汪毅霖：《路径创造与制度企业家：基于中国故事的分析》，《人文杂志》2021年第12期。

云计算、人工智能、区块链为代表的现代信息技术，在实践中不断发展成熟并普及应用，为营商政务环境的优化提供了新型技术手段和平台支撑。国家政务服务平台、"一窗办、一网办、简化办、马上办"改革、"最多跑一次"改革等新实践，[1] 实际上都借助现代信息技术得以实现，改革系统推进和营商环境建设取得的成绩很大程度得益于技术驱动，国家治理方式逐步从支配型治理向技术型治理转变。营商环境治理创新的要义之一，就是运用信息技术提升政府治理能力，重构政府权力结构、运行机制和管理方式，形成集约化、高效化、透明化的现代政府治理模式。

2. 制度建构逻辑

完善制度设计是优化营商环境的有力保障，在着力改善营商环境进程中，各项改革的协调推进、各方面制度的成熟定型，成为增进民生福祉和高质量发展的有力保障。行政审批制度改革持续推进，市场监管体制定型，商事制度变革，推行市场准入负面清单、"双随机、一公开"监管等制度；坚持营商环境法治化建设，《优化营商环境条例》从市场主体保护、市场环境、政务服务、监管执法、法治保障五个方面作出制度化规范，在法治层面，保障各类市场主体投资兴业。因此，优化营商环境是激发市场主体活力、促进经济发展的有益制度安排，也是推进经济社会各领域改革、提升国家治理水平的综合性体现，我国累积的制度优势已逐渐转化为实际的治理效能。

3. 组织结构逻辑

政府创新的组织制度论，核心讨论制度环境与组织关系问题，从组织与制度的互动中分析政府创新与制度变迁等问题。当前，各地高度重视地方政务服务大厅的建设和应用，为营商环境治理提供组织制度保障。政务便民服务大厅作为各项政策落实的直接载体和前沿阵地，承担了越来越多的便民服务职能，推进行政审批机构改革是新时代完善现代国家治理体系和提升现代国家治理能力的必然要求，行政审批局模式的现代治理意涵在于优化配置制度建设主体要素及重构革新治理主体组织结构，[2] 并在制度依据、机制运行和

---

[1] 吴金群、游晨：《互动共生、秩序重构与复合交错："最多跑一次"改革的制度逻辑——以浙江省为例》，《江苏行政学院学报》2021年第4期。

[2] 贾义猛、张郁：《模式的扩散与扩散的模式：行政审批局创新扩散研究》，《求实》2022年第2期。

治理效能三个层面建构起改革运行机理。

4. 文化理念逻辑

革新文化理念是优化营商环境的内生动力,在自上而下的改革作用下,全面深化改革已成为地方政府各项工作的重要指导思想,更充分认识到优化营商环境对区域经济发展的正向意义。"放出活力""放出创造力""管出公平""管出质量""服出便利""服出实惠"等理念已逐渐成为共识,对于新兴产业实行柔性监管,争做"店小二"主动靠前服务,营造"亲清"新型政商关系。[①] 政府行政管理理念已逐渐由封闭向开放转变,由保守向进取转变,由人治向法治转变;坚持以人民为中心,营商环境改革导向从行政需求转变为民众需求,价值取向发生根本性转变,以求营造出公平、法治、便利的营商软环境。

第二节 地方政府营商环境治理创新的典型经验

在近年来地方政府营商环境治理和改革创新的实践中,涌现出一批围绕组织结构改革、体制机制创新、技术场景赋能的优秀改革做法,为营商环境治理创新提供了有益思路。

一、浙江"最多跑一次"改革

2015年5月,国务院首次提出"放管服"改革的概念,2016年又提出大力推进"互联网+政务服务",对建设服务型政府提出新的要求。作为响应,浙江省在总结行政审批制度、"四张清单一张网"改革经验的基础上,率先于2016年12月提出实施"最多跑一次"改革。[②] 几年来,改革取得巨大成效,

---

[①] 何晓斌、李强、黄送钦:《如何构建新时代的新型政商关系?——从新加坡政商关系实践中得到的几点启示》,《经济社会体制比较》2020年第5期。

[②] 浙江省于2016年12月率先提出实施"最多跑一次"改革。"最多跑一次"改革是通过"一窗受理、集成服务、一次办结"的服务模式创新,让企业和群众到政府办事实现"最多跑一次"的行政目标。"最多跑一次"改革是一场以人民为中心的改革,是一场从理念、制度到作风的全方位深层次变革,体现了我们党全心全意为人民服务的根本宗旨,彰显了全面深化改革的根本价值取向。

办事效率大幅提高，群众、企业的改革体验感和获得感进一步增强，在推进治理体系和治理能力现代化方面展现了"重要窗口"的示范价值。

1. 立法司法执法改革一体推进

浙江"最多跑一次"改革重视法治与营商环境相衔接，主要从立法保障、司法落实、简化执法三个维度推进改革落实。

一是立法保障。2018年，浙江省人大常委会会议审议通过了《浙江省保障"最多跑一次"改革规定》，并于2019年1月1日起在全省范围内施行。这部创新性的法规也是全国"放管服"改革领域首部综合性地方性法规，通过地方立法保障的形式将浙江式改革引入到优化营商环境之中。该法规涉及8个章节共49条款项，对商事登记、企业投资项目、事中事后监管做了具体条款的详细规定：推行全程电子化的商事登记，实施一照一码、多证合一及证照分离与联办制度；企业可以选择线上和线下两种申报模式；线上申报的企业，除涉及国家秘密的项目，其余一般均可通过在线监管平台进行申报；对设立后未开业企业和无债权债务企业的注销，可以按照简易程序减少环节、优化流程、缩短时限；规定数据共享与法律责任承担；升级数字化政府状态，致力于公共数据平台建设与共享文件的透明化，为营商法治环境的建设构建完整的共享数据链网络；对于相关人员的失责行为，法人或非法人组织均可通过电话和平台投诉；对于失职人员进行问责与相应的按规处理。

二是司法落实。"最多跑一次"改革在司法领域主要集中在立案、服务及调解三大板块。早在2018年，浙江现场立案登记率维持在95%，近50%以上的民商事案件实现网上立案，跨区域立案、延伸立案及巡回法庭的设立在处理民商事纠纷的诉讼中起到了关键的作用。浙江司法公开网的设置、新型诉讼服务中心的构建、12368司法服务热线的畅通、移动客户端与短信平台等一体化诉讼服务体系，为营商法治环境提供线上线下、方便快捷的一站式诉讼服务。分层次的调解递进模式更是将80%以上的民商事纠纷在诉前与审查前得到解决。诉前化解、立案调解和简案速裁成为解决民商事案件的三种重要做法。

三是简化执法。"最多跑一次"改革在司法领域的落实成效显著。至于在行政方面，尤其是执法层面的简政放权，不仅要设立全部门联合机制，更要依规落实一次到位的事中事后监管。大数据与风险监管的随时抽检、信用监管的按标处理，也在行政执法层面减少了反复执法、选择执法及多头不当执法现象。

2. 顶层设计与属地合理特设机制相结合

浙江"最多跑一次"改革在全省把控改革态势的基础上，充分发挥地方治理机制的特色。立足于国家标准化综合改革试点的契机，积极推动所辖各县级融媒体中心建设，完善全省工程建设项目的审批机制，真正做到落实办理、就近办理、一证化与信息技术网络化的便携式治理。合理特设机制的运行，既是各地行政服务开展的特色化，也是"最多跑一次"改革的浙江地方展现。

例如，在改革过程中，杭州市推出 24 小时的签注自助服务。该项服务极大地促进了出入境及港澳台地区与本市人员来往交流，为外商进入杭州市域提供更便捷的投资交流环境。宁波鄞州区设立移动端的微审批。用户可以通过手机进行远程项目申报，在线审核通过即可完成业务的办理，实现零跑腿的行政服务。该区还构建了微交易公众平台，使公共资源交易更加透明与便捷化。湖州开拓新企业证照合一办理方式。新企业主通过签订相关承诺书的方式当天就可以领取营业许可证与营业执照。绍兴实施一件事一窗受理模式。以往的工程材料经营不仅要办理证照，而且需要各种备案及登记，有的时候甚至需要一天连跑多个部门进行相关的工程材料业务办理。在一件事一窗办模式下，所有相关的工程材料经营审批均由一个商业管理窗口受理，将"最多跑一次"落实到各个业务领域。[①]

3. 现代信息技术的深度应用

现代信息技术的运行是浙江"最多跑一次"改革的特色。基于大数据构建的"浙里问""浙里办""浙里督"的"三浙"模式，完美契合浙江的发展特点。浙江省数据管理中心为"最多跑一次"改革提供实时数据化的共享平台服务，通过云计算信息处理，融合、转换、整顿全省的数据化资源以供改革所需。

海量的数据库管理模式，不仅提供各类法人、证照等资质与信用登记，

---

① 楼何超：《浙江"最多跑一次"改革的实践及启示》，《宏观经济管理》2020 年第 8 期。

而且能为各政府部门、企事业单位提供数据调用服务。平台已收入近1300余万家企业等法人单位数据,提供多达140余种各类证照服务的数据支持。通过大数据分析,群众与企业真正体验到只跑一次就可以完成相关业务的办理或者审批。此项举措有力地打破了原先各部门信息交流沟通不畅、审批事项分批次多窗口办理的弊端,解决了政务运行的信息孤岛问题,打造出信息时代的"浙里办"全新流程。无纸化的网络材料审批与电子政务的融合,使浙江基本实现了80%以上的现代政务由线上网络化处理,包括多审合一的各项企业事务办理。

目前,浙江政府数据公开单位已陆续开发近50个单位、545个数据化集块,包含5600多项数据、近4000多万条数据。在浙江省政府门户网站设置的分类中涉及安全生产、商贸流通、市场监督、财税金融、信用服务、资源能源等14个门类,部门分类涉及省委办公厅、省发展改革委、省商务厅、省建设厅、省司法厅等18个部门。此外,网站还提供最新的数据查询、热门数据评估及最优化数据分析等业务,同时,政策动态模块也为各类商事企业实时传递最新法律法规信息。

二、行政审批局模式的地方探索

行政审批局模式[①]最早可追溯到2008年成都市武侯区行政审批局的设立。党的十八大以来,以天津滨海新区为代表的部分地方政府设立了行政审批局,推动行政审批工作从程序集中向实体集中。行政审批局模式是将原行政审批

---

① 行政审批制度改革是转变政府职能、深化行政体制改革及健全社会主义市场经济体制的重要措施。党的十八届三中全会明确提出,"进一步简政放权,深化行政审批制度改革",为打造服务型政府和法治政府,持续优化营商环境,我国各地政府积极推动行政审批制度改革。行政审批局模式主要依托行政审批中心模式演进形成,核心是相对集中行政审批权,即把分散在各部门的审批职权相对集中到行政审批局,原则上由其行使有关本级政府的行政审批权力;行政审批局人员的编制独立,完全由该部门进行派遣、管理与考核。它的直接法源是《中华人民共和国行政许可法》第二十五条,"经国务院批准,省、自治区、直辖市人民政府根据精简、统一、效能的原则,可以决定一个行政机关行使有关行政机关的行政许可权"。行政审批局模式最早于2008年在成都市武侯区实践。党的十八大以来,中央编办和国务院法制办印发《相对集中行政许可权试点工作方案的通知》,确立改革试点,以天津滨海新区、宁夏银川市为代表的地方先行先试,推动行政审批局模式在全国范围内由点到面的扩散。

机关的审批职权转移给行政审批局，行政审批局原则上行使一级政府所有的审批权力，其人员在编制上自成一体，完全接受行政审批局的派遣、管理与考核，有助于打破"职责同构"壁垒，形成职责分工合理、事权相对独立、相互协调的新型府际关系。①

1. 滨海特色：审批集中与审查管理分离相结合

天津市滨海新区按照大部制改革的总体要求，将职能相近、职责相似的政府部门整合归并，于2014年5月正式组建行政审批局，包括发展改革委、经信委、建交局、教育局、科委、财政局、民政局等在内的18个部门216项审批职责，全部划转到行政审批局直接实施审批事项。启用行政审批专用章，实现滨海新区"一枚印章管审批"。审批主体由分散变为集中，为审批服务效率提升奠定了坚实基础，为激发市场活力创造了良好条件。

自成立运行以来，行政审批局打破按政府部门设置审批窗口的常规模式，积极再造审批流程，按企业办事过程建立"车间式流水线"审批方式。对审批工作人员实行定岗定责定质和绩效考核，通过"车间式"管理和"流水线"作业方式，使相关联的审批事项紧密衔接，从机制上提升审批效率。对于企业注册而言，实行"一口式"审批，即"一个窗口统一接件、部门内部联动办理、一个窗口统一出证"。通过建立企业注册电子信息交换平台，实现相关部门信息共享。对于投资项目而言，实行"一窗统一接件、同步绩效等级、审批和自然时间双锁定、全程帮办服务"的"四位一体"运行机制，强化现场和集中办理。总体来看，投资项目、企业设立及单办事项审批用时分别不超过原来的1/2、1/3、1/4，可网上办理审批事项201项，其中55项立等可取办理，平均审批效率提速75%。

在创新事前审批方式的同时，天津滨海新区进一步强化事中事后监管。其一，将行政审批权与事中事后监管权明确区分开来，组建市场监管局，由原来工商局、食品药品监督局和质量技术监督局整合而成，对生产、流通和消费三个领域的产（商）品质量和食品安全实施全过程监管，建立综合市场

---

① 寇晓东、郝思凯、张兰婷：《系统论视域下的行政审批局改革：结构、动力与走向》，《上海行政学院学报》2022年第2期。

监管体系，统筹履行各种监管职能。其二，建立重点专项会商机制、审查员机制、观察员机制。根据工作需要，在一些与事中事后监管直接相关的事项上，由行政审批局商请监管部门派出观察员，参与审核工作，充分听取观察员意见，加强审批与监管的有机衔接，使审批与监管形成合力。[①] 其三，通过网络将18个监管部门进行联通，行政审批局可通过网络将审批结果信息及时告知事后监管部门，监管部门也可通过网络将监管中实施的行政处罚情况及时反馈给行政审批局，行政审批局根据监管信息建立失信名单并及时在网上公布，加大企业失信违法成本，建立起激励守信、惩戒失信的机制。

2. 银川特色：信息化支撑的智慧政务

2014年初，银川市集中开展了行政审批"清零"工作，对各部门实施的行政许可、非行政许可、部门管理等事项予以清空，重新"洗牌"、重新梳理、重新论证、重新确认。行政审批事项由原来的149项精简规范为89项，精简幅度达40.27%。为了解决行政审批部门林立、职权分散造成的"审批难"问题，加快行政审批权相对集中改革，2014年8月，在不增加机构和编制的前提下，银川市成立了行政审批服务局，将教育、工信、交通、住房保障等26个市直部门负责的500多项审批及公共服务事项，全部划转到行政审批服务局，实行"一枚印章管到底"，原有的行政部门只保留监督管理权限。

自成立运行以来，行政审批服务局针对影响审批进度的环节、要件，开展了五次全面细致梳理，取消"重叠"审批、消除"搭车"审批、归并"同质"审批，完成了对办理事项的多要素、精细化优化（对申报材料、审批流程、办理时限、审批结果等内容的重新设计规划）。与此同时，选择209个事项在网上办理，探索推出了78项企业能够自主决策、审批频次高、受众面广的具体审批事项开展"审批改备案"。沿用滨海新区"车间式流水线"的审批模式，实现了对简单事项立等审批，对关联审批一章多效，对联办事项一口办理，对网上审批一次领证，对勘察验收统一勘验。目前，50%的审批事项实现即办，审批效率提升30%；减少审批环节149个，涉及147项事项；减

[①] 艾琳、王刚：《行政审批制度改革中的"亚历山大绳结"现象与破解研究——以天津、银川行政审批局改革为例》，《中国行政管理》2016年第2期。

少事项要件384个，涉及155项事项；放宽市场主体准入门槛11条，涉及11项审批。

行政审批服务局通过创新体制机制，引进网上审批和电子监察系统，进一步规范了审批行为，提高了运行效率，保障了权力在阳光下运行。信息化支撑的智慧政务始终伴随银川市行政审批改革，制度改革与信息化紧密结合。"智慧政务"在便民利企一站式审批、在线办理网上审批基础上，正逐步迈入备案制改革阶段。这一阶段的关键在于实现精准监管，通过全市各部门数据共享的审管互动平台，以信用档案为基础、大数据为技术手段，实行惩戒与激励并举、行政审批和行政监管协调推进的行政体制。[1]

三、西南五省政务服务"跨省通办"

"跨省通办"是一种政务服务模式，是转变政府职能、提升政务服务能力的重要途径，是畅通国民经济循环、促进要素自由流动的重要支撑，对于提升国家治理体系和治理能力现代化水平具有重要作用。[2] 西南五省积极推进省级政府合作，创新政务服务协同治理。

一是完善工作机制。为确保国务院关于"跨省通办"系列决策部署在西南地区率先落地落实，以协调小组名义印发"跨省通办"相关文件15个，协商建立了10项工作机制。例如，在省级协作方面，建立联席会议、协调小组、组内会商等工作机制，从各省政府办公厅、政务服务管理机构、内部工作分工等层面，确保改革统一步调，分工协作；成立综合调度组、事项管理组、线下服务组、平台建设组四个工作组。建立事项动态管理机制，在不折不扣贯彻落实全国"跨省通办"事项清单基础上，梳理公布了第一批20项通办事项清单，第二批42项通办事项清单。

二是明确工作规程。《西南五省政务服务"跨省通办"工作规程》要求，

---

[1] 宋林霖：《"行政审批局"模式：基于行政组织与环境互动的理论分析框架》，《中国行政管理》2016年第6期。

[2] 刘旭然：《政务服务跨省通办：基本面向、发展梗阻与治理策略》，《行政管理改革》2022年第12期。

通办清单外的事项，收件地"跨省通办"窗口可联系属地"跨省通办"窗口，通过"点对点"方式开展"跨省通办"工作，最大限度便民利企。建立平台共建共用机制，充分依托国家政务服务平台，在不改变各省（区、市）政务服务平台建设主体的基础上，由中国建设银行总行建设的西南地区"跨省通办"系统平台，正在成为政务服务事项"翻译机"、数据"连通器"。建立专家资源共享机制，印发《西南地区政务服务"跨省通办"专家库管理办法》，组建西南地区"跨省通办"专家库（164人），统一开展政策制定、事项梳理、巡回互助、调研交流、宣传培训等工作，为西南地区"跨省通办"持续提供强有力的人力资源支持。

三是完善业务协作机制。西南地区达成一致共识，"跨省通办"首先是"机构通""人通"，进而推动"事项通""平台通""办理通"。建立窗口互信互认机制，西南地区省级层面签订一次合作协议，所辖560余个地级、县级行政区，无须再次签订。印发西南地区县级以上"跨省通办"窗口联络清单，1300余名政务服务管理机构和政务大厅"跨省通办"窗口负责人员工作联络"拨拨就灵"，实现西南地区地级、县级行政区100%全覆盖。建立结对试点机制，通过"自愿申报、双向选择"，明确西南地区相关地级、县级行政区在工作联动、线下基础、线上办理、事项梳理等方面深入开展结对试点，探索可复制推广的基层经验。目前，西南地区地级、县级行政区"跨省通办""结对子"257组。以贵州省赤水市和四川省泸州市为例，两地地处川黔交界、仅一桥之隔，在结对试点过程中"你帮我办、我帮你办"，形成了毗邻地区全面无障碍通办工作机制。建立巡回互助机制，协调小组依托"跨省通办"专家库资源，成立若干工作组，统一开展跨区域的工作调研、工作交流、工作培训。

四是创新平台载体。开通"跨省通办"服务专区，正逐步按照群众生活密切相关的高频服务事项，提供查找事项、申请办理、查询进度、服务评估、意见建议等服务，支撑全程网办、异地代收代办、多地联办等办理模式，让外来务工人员和企业办事减少"两地跑""折返跑"。服务专区为外来务工人员接入电子社保卡申领、医保电子凭证申领、养老保险关系转移接续等"跨省通办"高频事项。此外，服务专区还提供住房公积金异地转移接续、异地就医结算备案、企业资质查询、出口退税查询等140多项便民利企服务。为方便用户选择，服务专区对所有事项按照个人和法人办事进行分类，并分别根据不同主题、生命周期、办事部门等进行相关政务服务事项的整合，便于企业和群众一键直达。

第三节　持续推进地方营商环境治理创新

优化营商环境成为政府治理和地方政府创新的新场域，营商环境的创新治理围绕制度、组织、技术层面逻辑等展开，要进一步完善创新的制度环境，推动扩散效应和再创新的形成。

一、完善营商环境治理创新的组织制度保障

一是将营商环境治理创新纳入实现组织基本职责的范畴。应积极推动政府职能转变，以提升营商环境治理水平和政务服务管理效率为目标，通过各种创新手段实现地方经济社会的可持续发展，促使地方政府主动发起创新。二是完善创新的制度保障。制定政府创新的相关制度以鼓励政府采取各种创新措施，主要包括人事管理制度的变革和政府内部流程再造，创造政府创新的制度条件，为组织主动推行创新奠定良好的制度基础。三是提高政府组织人、财、物等资源的必要配置。地方政府在资源充沛的情况下更倾向于创新。因此，对于地方政府之间资源不平衡的局面，需提高地方政府组织各类资源使用效率，为有效的营商环境创新提供条件。四是创新评估监督机制。在基层政府治理创新过程中，为保障其可持续发展，应依据创新评估监督机制的反馈结果。对于执行力强、治理创新成效好、创新意识高的基层官员给予相应的激励措施，创新激励保障机制、创新考评监督机制、创新容错纠错机制与问责相融合是促进基层政府治理创新实践转化为治理效能的重要因素。

二、建立营商环境治理创新的学习互鉴文化

一是重视领导者个人素质对地方政府营商环境治理创新的驱动作用。基

层政府治理创新面临着动力持久的困境，其中主体性因素是影响基层政府治理创新动力持久性的重要因素，领导者的性格特征与地方政府营商环境创新的驱动密切相关。在构建性格特质与地方政府创新的动力机制方面，要发展一种参与型协商型的组织文化，培养善于倾听和采纳下属意见的管理者。要培养管理者的战略决策能力，提高管理者的决策能力和决策水平，提升决策者市场经济、法律知识等素养。二是提升跨区域营商环境学习意识。要善于发现和挖掘先进地区营商环境治理新思路、新办法，善于因地制宜，结合区域实际，仿效、复制可利用的创新经验。特别是能够"聚焦市场主体关切，进一步转变政府职能，一体推进简政放权、放管结合、优化服务改革，推进全链条优化审批、全过程公正监管、全周期提升服务，推动有效市场和有为政府更好结合"的举措办法。三是发挥先进经验的扩散效应。优化营商环境是培育和激发市场主体活力、增强发展内生动力的关键之举，党中央、国务院对此高度重视。2021年，国务院部署在北京、上海、重庆、杭州、广州、深圳6个城市开展营商环境创新试点。相关地方和部门认真落实各项试点改革任务，积极探索创新，着力为市场主体减负担、破堵点、解难题，取得明显成效，形成了一批可复制推广的试点经验（见附录），值得学习推广。

三、建立营商环境治理创新的良性府际关系

一是进一步简政放权，扩大地方政府主动型创新的空间。上级政府对下级政府的扩权，能促使下一级政府增加创新的可能性，创新的意愿也大大增加。放权改革的实质是增强地方政府的管理能力，要为营商环境治理创新增权赋能。二是加快管理流程再造，减少政府间横向沟通的障碍。通过加快管理流程再造，以减少政府间横向沟通的障碍，能为地方政府有效回应管理危机创造条件。通过有效府际沟通协同机制，推进合作型营商环境治理创新升级，注重发挥非正式协同的灵活性，在协同过程中能够充分考虑各主体的需求和偏好，在营商环境问题的决策上也有更大的协商空间和灵活性，对于促进信息与资源流动、提升参与主体间信任与互惠感知起到重要作用。三是推进现代信息技术在营商环境治理创新中的应用。政府数字化转型是持续优化

营商环境的关键驱动力,要强化组织间的协同整合、优化业务流程、推进政府数字化运作,通过搜集、分类、整理、解构、管理、控制、反馈等环节,可以为优化营商环境提供数据支撑,帮助企业做好自身的商业定位和决策,帮助政府制定优化营商环境的政策、改革制度、完善法律法规。

四、完善营商环境治理创新的多元参与机制

地方政府创新的形成机制是一种"内外驱嵌入式"的过程,而优化营商环境主要围绕企业生命周期展开,涉及企业、公民根本权益,而基层官员和基层市场主体、群众是推动和发起营商环境治理创新的重要主体,因此,两者主体责任意识的强弱对于形成稳定的制度化结构至关重要。一是通过开展基层政府营商环境治理创新制度化培训专题,加强基层干部的思想修养和能力素质培养,强化基层领导班子建设。二是提高公民和市场主体自治能力。通过举行座谈会、教育讲座等方式提高基层群众的政治素养,满足基层群众的政治参与诉求,加强创新理念与责任意识;通过完善民主政治,发展公民权利,提高市场主体自治能力,建立公民、市场主体需求进入政府组织的沟通机制;使公众、市场主体的需求能及时进入政府管理的范畴,并成为地方政府营商环境治理创新的内容指向。三是发展社会组织力量。现有的地方政府创新中心是地方政府,政府创新的结果也往往取决于政府所扮演的角色,可以探索多中心的地方政府创新模式,充分发挥行业协会商会等社会组织在营商环境治理中的作用。

复习与思考

1. 如何理解政府创新在现在政府治理过程中的作用?
2. 如何理解营商环境治理创新的动力机制?
3. 如何理解营商环境治理创新的行动逻辑及其特殊性?
4. 如何持续推进我国地方政府营商环境治理创新?

第八章 营商环境治理的域外经验

学习目标

1. 了解新西兰、新加坡、美国、俄罗斯营商环境治理的举措。
2. 熟悉新西兰、新加坡、美国、俄罗斯营商环境治理的成果。
3. 掌握新西兰、新加坡、美国、俄罗斯营商环境治理的经验。

案例导入

新加坡：最具营商便利度的世界经济体[①]

自 2006 年起，新加坡连续十年位居全球营商环境榜首，其主要做法包括以下几点：一是为企业开办提供三个便利。注册程序简便，只需登录新加坡会计与企业管制局的商业文件系统，便能在线完成公司及海外分支机构的注册登记；商用设施便利，企业办公选址不论处于任何地区、任何区域环境下，都具备完善的基础配套设施；招募员工容易，新加坡是知识智力型人才富集地，不仅拥有强大的本地人才招聘队伍，而且还大力引进国际精英人才。二是系统、科学且针对性强的税收政策。新加坡签署了 50 个避免双重课税协定、30 项投资保证协议，这使得在新加坡进行跨国业务的总公司享有税收优惠。针对批准的国际航运企业计划与全国商人计划，赋予 10% 或 5% 优惠税率的资格收入。三是发达的投融资服务。新加坡的融资租赁市场非常成熟，可根据不同类型的贸易企业提供多样的融资模式，对于投资海外的公司，提供"保险＋贷款"的融资模式。四是构建多边贸易体系。新加坡与诸如美国、日本、澳大利亚、新西兰等主要经济体国家签署了自由贸易协定，还签署了

[①] 参见成汉平《新加坡何以成为全球最具竞争力经济体》，《学习时报》2024 年 8 月 23 日。

36 项投资担保协议，主要是保护本国企业免受在国外投资的非商业性风险。同时，与 50 多个国家签署的避免双重征税协议确保了对在新加坡成立的所有企业进行公平征税。五是健全、完备的商业（服务）法规体系。新加坡在知识产权保护、人才引进、工资福利待遇、移民、电子商务等方面拥有法规体系；有健全、公正的司法审判体系及援助企业解决纠纷的有效渠道；具有知识产权保护法制，主要法律有《专利法案》《商标法案》《注册商标设计法》《版权法》等，为企业提供强有力的知识产权保护。

丹麦：最具营商便利度的欧洲经济体

近五年，世界银行营商环境报告中，丹麦均居欧洲首位，其主要做法：一是简政增效。丹麦政府一方面采取免除注册企业管理层自然人居民的要求，缩减企业注册时间至 24 小时；另一方面扩大公共投资，投入 33 亿克朗用于提高水电气等公共事业效率。同时，鼓励私人企业参与竞争，这些措施使国内经济 2017 年、2018 年分别增长 1.5% 和 1.8%，通货膨胀水平、国家债务水平和失业率均持续低位。另外，丹麦在国际上是屈指可数的长期保持 3A 信用评级的国家之一，这为外国公司到丹麦投资创业提供了良好的信用条件。二是就业保障政策。丹麦通过建立灵活的雇佣解雇政策、失业安置政策和劳动力市场政策，以此保障企业运行的稳定。三是大力支持"双创"发展。丹麦政府研发支出占 GDP 比重达到 3.03%，位居欧盟第三，主要支持医药业及"高效、清洁、可持续"的新能源发展，如利用风力、秸秆和垃圾发电等。同时，吸引科技产业国际巨头 Facebook 和苹果公司落户建立大型数据中心。[1]

思考：营商环境治理的域外经验有哪些共性举措？

第一节　新西兰营商环境

在新西兰，企业经营投资的法律和政策都是透明公开的，人们可以在网上及相关部门进行查询。只要法律没有禁止，就被认为是可以从事的行业。

---

[1] 参见胡兴旺、周淼《优化营商环境的国内外典型做法及经验借鉴》，《财政科学》2018 年第 9 期。

在现实操作中，一些涉及国家安全的行业，诸如电信、能源开发、银行和航空等领域，需要申请许可。外国人购买土地和房产需要获得批准，以及商业捕捞因为考虑到海洋资源需要配额外，其他大部分行业不存在准入限制。在政策上，新西兰的小企业与大企业享受的政策并无不同。一些创业人士在家办公所支出的水费、电费及房子的地税，甚至开私家车出去跑业务的费用，都可以得到税收上的抵扣。新西兰政府对外资企业没有歧视，给予同等国民待遇。良好的社会环境、健全的法律制度、充足的原材料供应、企业发展的必要条件充足，本身就是优惠政策。根据联合国贸发会议（UNCTDA）《2023年世界投资报告》，2022年新西兰吸收外贸流量75.4亿美元；截至2022年末，新西兰吸收外贸存量938.5亿美元。澳大利亚是新西兰吸收外商投资的最大来源地，占外商投资总量的51%；其次是中国香港和美国，分别占8%和7%，中国内地对新西兰投资位列第10位，占比为1%。外商投资主要分布在金融保险业、制造业、农林牧渔业、零售贸易业、批发贸易业等领域。金融保险业位列海外投资领域第1位，占外商投资总量的34.2%；制造业与农林牧渔业分列第2位、第3位，各占外商投资总量的15%、8.19%。

一、新西兰营商环境治理概述

新西兰连续多年在世界银行发布的营商环境报告中排名第一（见图8-1）。为使投资者开办企业更加便捷，新西兰政府在简化业务程序方面作出了诸多努力。在新西兰成立一家企业仅需半天时间，开办企业所需程序只有1个。新西兰政府近期还进一步简化了预注册及注册的登记手续，并降低了公司注册登记费。2019年4月，新西兰税务局与纳税人及各专业服务机构紧密合作，对税务系统进行深入改革，为近250万纳税人自动计算所得税。同时税收政策也得到及时有效的更新，中小企业税务事项处理时间每年因此减少9个小时，税收合规性也得到了相应提高。此外，为了更好地服务纳税人，新西兰政府加大了对政府员工工作技能和能力的投资，帮助他们以全新的、迅速的、智能化的方式工作，提高其服务质量。

图 8-1 新西兰营商环境排名变化

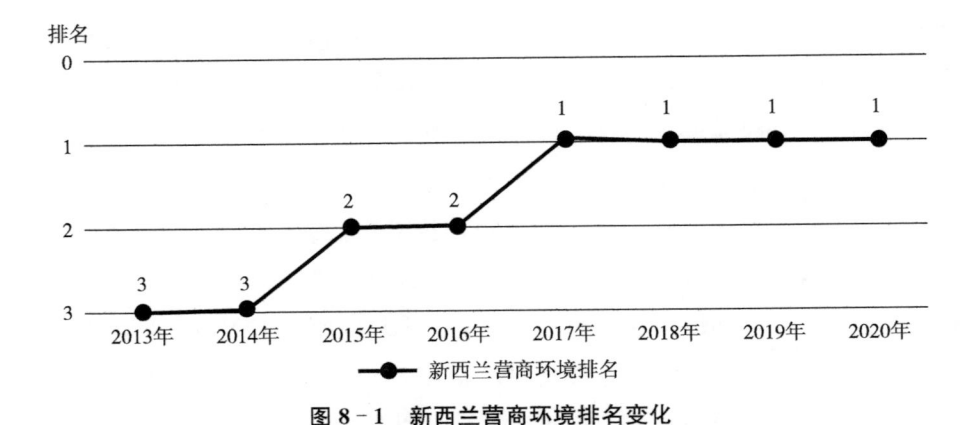

资料来源：根据世界银行营商环境报告整理而成。

二、新西兰营商环境治理的典型举措

1. 新西兰招商引资的基本政策环境

首先，新西兰的生产要素概况。生产要素可以从用电、用水、用气等基础角度衡量其便利度。第一，用电措施。新西兰用电主要分为居民用电、商业用电及工业用电，不同种类用电价格有所不同。新西兰商业、创新与就业部公布的价格显示，2019 年，居民用电价格约为 29.11 分/千瓦时，商业用电约为 17.22 分/千瓦时，工业用电约为 13.59 分/千瓦时。第二，用水措施。在除奥克兰外的大部分地区，水费包含在市政收费（council charges）中，不单独计费。市政收费标准因地区而异。在奥克兰，地方议会设立专门公司提供主要用水和污水服务。收费标准每年 7 月 1 日更新，按居民和非居民用水分别制定。第三，用气措施。汽油主要分为优质汽油和常规汽油，柴油主要分为零售柴油和商用柴油，天然气根据用途不同分为民用、商用、工业用及批发用天然气。第四，劳动力价格。新西兰统计局 2020 年 6 月统计数据显示，新西兰劳动力每小时平均工资为 33.33 新元（约合 21.96 美元），包含加班在内的周平均工资为 1248.88 新元（约合 822.78 美元），略低于澳大利亚周平均工资（约合 873.82 美元）。从群体来看，欧洲裔的工资水平较高，亚裔及毛利人工资水平居中，太平洋岛民工资水平相对较低。

其次，吸引外资的政策法规。新西兰政府欢迎可持续、生产力强且兼容性高的海外投资。海外投资在创造就业机会、创新及采用新技术等方面发挥了重要的作用，并为新西兰融入全球市场提供了更加多元化的方式。就主管部门而言，新西兰的外商投资管理和促进机构主要为海外投资办公室和贸易发展局。新西兰海外投资办公室隶属于新西兰土地局，主要职责是执行新西兰政府制定的外商投资政策，审批海外投资者在新西兰的投资。新西兰贸易发展局为新西兰的投资促进机构，主要负责向海外投资者推介新西兰市场，并提供与新西兰投资和贸易相关的支持服务。就市场准入而言，新西兰的对外开放程度较高，除了核技术、转基因技术等世界各国都严格控制的领域外，没有其他禁止外资进入的领域。根据新西兰《海外投资法（2005）》和《海外投资条例（2005）》规定，海外投资者投资新西兰敏感资产需要通知海外投资办公室或经海外投资办公室批准。海外投资者包括四类：非新西兰公民、常住居民个人；外国企业；外资持股比例超过25%的新西兰企业；由新西兰个人或企业代表上述海外投资者进行投资。敏感资产包括商业资产、捕鱼配额、敏感土地三大类。就税收管理而言，新西兰实行属地税制，主要税种包括企业所得税、预提所得税、商品服务税、个人所得税、消费税、附加福利税等。新西兰税收环境相对友好，不征收以下税种：遗产税、印花税、一般资本利得税、地方税或州税、社保税及医疗保健税。新西兰税务局负责税收政策执行、税款征缴、纳税管理等事项。

最后，企业普惠政策。新西兰政府对内外资企业一视同仁，几乎没有针对外投资的差异化优惠政策。新西兰政府鼓励外商投资食品饮料、初级产业、信息与通信技术等重点领域，对企业研发活动、投资未上市公司等给予一定税收优惠，在特定行业给予投资者部分资金补贴。鼓励外商投资的领域包括：乳制品增值产品，包括婴儿配方奶粉、高档乳制品如奶昔、黄油、奶酪等，肉类加工业与葡萄酒等；初级产业涉及林业和原木加工、水产品和捕鱼业等；信息与通信技术产业涉及IT、游戏、电子政务、电子保险和环境工程等；高端制造业涉及航空、轻合金、游艇等；基础设施产业涉及酒店、住宅、旅游设施等。

2. 新西兰招商引资的数字政务环境

在2018年联合国电子政务调查中，新西兰电子政务发展与电子参与指数均排名第七。政府注重开放公众和企业希望利用和再利用的公共数据，通过制定数据开放政策法规和推行数字战略计划来促进数字化政府的发展，同时简化在线办理业务流程，向公众提供高效的政务服务。[①]

第一，推行政府数据公开。完备的法律法规、便利的网站服务与专业的部门人员形成强大合力，共同推进新西兰的政府数据开放工作。2009年，政府设立数据开放网站 data.govt.nz，该网站设置包括家庭、土地、教育等22种可公开访问的数据目录，提供数据集，以供用户查找和下载对应数据。网站的"博客"板块更新政府数据开放报告信息、数据开放战略计划和进展，发布政府相关新闻及举办研讨会的具体事项，便于用户了解政府数据开放政策和战略的实施进展，并可在线学习公众使用政府数据的相关经验。同时，政府制定《开放政府合作伙伴之新西兰国家行动规划2016—2018》《新西兰政府开放存取与许可框架》《电子表格或CSV：开放数据管理者指南》等规划和指南，统计部发布《新西兰统计部数据管理与开放实践指南》，内政部提供《旨在再利用的高价值公共数据的优先权制定与发布：步骤与指南》，使数据开放工作得到相对充分的政策法规支持。政府还设立跨部门的数据开放治理小组，担负起制定并完善开放政府信息和数据发展战略、监督数据开放项目实施的职能，并将政府数据开放纳入政府信息和通信技术战略，设立政府首席技术官、政府首席隐私官、政府信息服务顾问等专门职位，其中政府首席隐私官负责帮助各部门在开放数据的同时保障信息管理的隐私与安全。

第二，提供在线政务服务。新西兰通过设立政府门户与新闻媒体在线网站，为企业创立、业务拓展等阶段性工作提供便利。例如，商业、创新和就业部（ministry of business, innovation and employment，MBIE）的官方网站由分类明确的运营板块组成，公民和企业可在该网站快速查询所需的特定领域信息和服务。例如，由MBIE管理的新西兰商业网站（business.govt.nz）向企业提供识别财产、规避风险的工具，企业家可通过在线测试衡量自身的技能和水平，并享有网站推荐的免费线上技能培训课程。企业家还可使用招聘和管理员工的在线测试工具，在费用可控范围内雇用到符合条件的员

[①] 宋林霖、陈训：《新西兰营商环境治理模式及对中国的启示》，《秘书》2022年第3期。

工。例如，企业的法定登记注册由公司办公室这一政府机构负责，其官方网站管理着所有公司和组织的数据，在线提供包括公司申请注册、寻找金融服务提供商、注册和管理个人财产证券的各项指南，在线提供有关市场监管等的法律法规。又如，统计局网站实时更新包括季度企业数量在内的多种公开数据，提供面向中小企业的基准测试及具有将某一企业与同类型企业的业务进行绩效评估功能的工具，被测试企业的全方位表现可与其竞争对手进行详细比较，为被测试企业改进经营策略、实现更高绩效目标提供参考。再如，新西兰官方新闻媒体"新西兰故事"在线提供工具包，企业家可从该网站获取免费的专业资源和图表信息，积极拓展海外业务。

第三，实行数字战略工作计划。数字战略工作计划的制订与有效实施有利于政府达成促进数字经济蓬勃发展的政策目标。为应对使用数字技术所带来的各种机遇及可能产生的风险，新西兰政府制定"迈向新西兰数字化战略"（towards a digital strategy for aotearoa）。该战略包括信任、包容、成长三个主题的数字项目，并确定未来2年至5年的核心事项与活动，以及2032年以后的长期战略发展目标。该战略自2021年6月起面向公众和协会等公开征求意见，得到各行各业的大力支持。新西兰政府还制定数字公共服务战略，该战略包含适应经济建设、满足数字化要求的四个公共服务关键目标，即提高新西兰经济发展水平、改善政府与公民的互动方式、提供现代化公共服务、加强毛利人与王室的关系。同时，为实现高效提供公共服务这一目标，确定了五个重点数字领域，为政府公共服务现代化和转型升级指明方向。该战略还提出制订整体政府云计划（all-of-government cloud programme）、薪资计划、公平数字访问计划和数字技能培训项目，分别于2018年和2021年发布数据战略和路线图，致力于建立包容集成的数据系统。政府首席数字官负责监督国有部门的数字化开发和管理；政府首席数据信息安全官负责监督政府在信息安全方面的决策行为；政府首席隐私官负责提供整体政府云计划的隐私管理方法，以此提高公共部门的隐私保护能力，促进各个项目的实施，并增强公众对政府共享、使用和管理各种数据的信心，从而实现更高生产力、更低排放的国家蓝图。

3. 新西兰招商引资的高效法治环境

一个经济体能否形成公开透明、竞争有序的营商环境，取决于其法律政策是否公平正义。世界银行的营商环境评估指标体系也重视从法律法规是否完善的角度进行评估。在该评估体系中，新西兰的营商环境法治化指标排名优势明显。政府从严格立法程序、健全商业监管体系、保护知识产权等方面着力，为企业生存和发展提供完备的法律保障。

第一，建立公正立法保障。营造法治化营商环境的重要前提条件是公正的立法程序。新西兰设有最高法院、上诉法院、高等法院、若干地方法院，以及受理有关就业、家庭、青年事务、毛利人事务、环境等相关法律问题的专门法院，负责受理相关具体上诉案件。地方法院独立于政府之外，法官由总督任命，无须经过议会投票选举，司法部门层级明确并服从于议会的决议。新西兰还设置议会法律顾问办公室（the parliamentary counsel office，PCO）。根据2019年新西兰立法法案的规定，PCO由总检察长负责；若没有总检察长，则由总理管理。PCO是负责起草新西兰政府法案（税务法案除外）和一些二级立法的法定办公室，该办公室履行起草、发布和整合立法，以及根据当前修订计划完善法案等职能，对立法工作实行精细化管理。PCO下设的立法网站legislation.govt.nz向公众免费提供最新版本的法案、拟议法案、二级立法及补充单证相关文件。该网站为查询立法法案和法律法规提供了按法规名称首字母检索、关键词检索和高级检索三种方式，以保证公众找到所需法律信息。此网站还设有法律信息研究所、《新西兰公报》、议会网站的外部链接，用户可点击链接访问相应的官方网站，有效减少公众的非必要查找时间。

第二，健全商业监管体系。严格的商业监管对企业加快业务拓展、参与市场竞争发挥着重要作用。MBIE是新西兰最大的监管部门之一，同时是金融市场、消费者保护等17种监管体系的管理者，并对支持MBIE工作的三个关键领域的法规进行管理。在监管体系中，政府对金融市场和公司治理的监管有利于营造良好的市场环境，促进公司的良好运营。金融市场监管体系是为新西兰资本市场和金融服务提供法律框架的基础性体系，目前已发布《2011年金融市场管理局法案》（financial markets authority act 2011）、《2013年金融市场行为法案》（financial markets conduct act 2013）、《2011年金融市场监管者法案》（financial markets supervisors act 2011），为企业、投资者和消费者参与金融市场提供有力的法律支撑。在该监管体系中，MBIE 提供有关金融市场监管的政策建议。金融市场管理局（financial markets authority，FMA）则负责制定监督金融市场参与者需要遵守的监管规则，通过向一些金融市场参与者发放许可证来增强公众对金融市场的信心。

第三，注重知识产权保护。商业活动的开展需要政府对私有产权进行保护，引导市场主体关注自身的合法权益。《知识产权法》基于对知识产权提供法律保护，有效实现激励知识创新、促进社会发展的终极目标。新西兰知识产权保护工作由 MBIE 主管，知识产权局是该部门所属的商业单位，致力于制定知识产权保护的政策规定，审查和授予专利、商标、外观设计和植物品种的专有产权，提供申请知识产权的网站，同时通过执行有关知识产权保护的法律法规，来提高初创企业中年轻企业家的知识产权保护意识，鼓励企业开展创新性研发活动。新西兰以法律严密在全球享有盛誉，法律体系较为成熟，为知识产权保护工作提供相对完备的法律支撑，使企业的专利、商标和版权等得到有效的法律保护。新西兰在 2010 年成为世界上第一个拥有国家级知识产权课程教学专业资源的国家。另外，新西兰加入有关商标国际保护的《马德里公约》（madrid convention）及有关商标、商品和国际服务分类的《尼斯协定》（nice agreement），签署《商标法新加坡条约》（singapore treaty on the law of trademarks）等，不断提高产权保护水平。

三、新西兰营商环境治理经验评述

新西兰吸引外商投资的优势主要包括：经济市场化和法治化程度较高；政府管理高效、透明；政治稳定，社会安全；具有现代化的基础设施和先进发达的通信、公路、铁路、海运和能源网络；从业人员文化程度高，掌握多种技能；资产成本在太平洋地区最具竞争力；资金自由流动不受限制。

优良的营商环境是一个国家或经济体经济发展与社会进步的重要标志，营商环境便利度的高低直接影响企业开办、运营、退出的全生命周期。新西兰作为发达经济体，其市场发展较为成熟，营商环境便利度排名在世界银行营商环境报告中多年位居前列。对该报告中的指标进行分析，初步归纳出新西兰由营商政务环境、营商法治环境、营商税务环境三方面形成的独特治理模式。我国可借鉴新西兰营商环境治理模式的经验，进一步促进我国的营商环境向更高水平发展。加快建设数字政府，优化营商政务服务；注重制定营商法律法规，提升行政执法效能；加强税务管理，提高征税纳税便利度。

第二节　新加坡营商环境

一、新加坡营商环境治理概述

1965 年 8 月，新加坡成为独立主权国家。根据新加坡共和国宪法，新加坡实行的是一院议会制（内阁制），为代议民主制单一制体系。国家机构实行三权分立，新加坡总统由直接民选产生，为国家元首，负责礼仪性工作，也是新加坡武装部队名义上的最高统帅。新加坡国会议员也是选举产生，国会中多数党的党魁担任总理，总理负责组成内阁，推荐内阁部长和部门首长。内阁对国会负责，并接受国会的监督和质询，总理及其领导的内阁拥有行政权。新加坡总理为政府首脑，拥有实际国家行政权力。

新加坡的立法机关是一院制的国会，由民选直接产生的议员组成。国会有权通过法律、修改宪法、批准预算和监督政府。新加坡的司法机关是独立于行政和立法机关的法院系统，由最高法院和下级法院组成。最高法院包括上诉庭和高等法院，负责审理重大刑事或民事案件及上诉案件。

20 世纪 70 年代以来，新加坡经济迅速发展，被誉为"亚洲四小龙"之一，人均 GDP、人类发展指数高居全球前列。目前，新加坡是全球重要的炼油、贸易、物流中心，也是亚洲最大的国际金融中心。新加坡的经济模式是开放型市场经济，强调自由贸易、外资引进、教育投资和基础设施建设。新加坡拥有世界上最繁忙的港口之一，也是金融、航运、石油化工、生物科技等领域的重要中心。新加坡的经济实力在亚洲和全球都名列前茅，2022 年的 GDP 约为

4667.9 亿美元，人均 GDP 约为 82807 美元。[①] 新加坡营商环境的世界排名一直稳定在前二，其营商环境发展具有丰富且典型的经验（见图 8-2）。

图 8-2 新加坡营商环境排名变化

资料来源：根据世界银行营商环境报告整理而成。

二、新加坡营商环境治理的典型举措

1. 服务型政府助力职能转变

新加坡只保持数量较少的行政机构，由除国防部和外交部以外的各政府职能部门分管下设法定机构，这些法定机构根据国会法令及法律程序，出于履行不同的专门性公共职能而设定。包括新加坡总理办公室，新加坡政府总计有 16 个部委，共下辖 65 个法定机构。[②] 新加坡的法定机构编制上隶属于政府各部门，实际上保持相对独立，属于非部门性、半独立性的公共组织。其社会化的组织模式和企业化的运营方式使它具备了政府部门所不拥有的灵活性和高效性。由于企业化运营的法定机构将公众作为提供服务的对象，因此这些部门必须以公众需要作为工作目的，这在一定程度上提升了新加坡服务型政府的水平。

在法律地位方面，法定机构具有独立的法人地位，可以参与民事诉讼和

[①] 引用世界银行数据，https://data.worldbank.org.cn/indicator/NY.GDP.MKTP.CD?locations=SG。

[②] 参见新加坡法定机构网站目录，https://www.sgdi.gov.sg/statutory-boards。

工商业活动，有助于借助市场力量履行其职责，相较于政府行政机构而言拥有更大的自主性与灵活性。在组织人事方面，新加坡法定机构的高层由高级公务员、专家学者等担任，而中层管理及基层人员则面向全球进行招聘，并且法定机构在人事任免上拥有自主权，其雇员并不由文官委员会进行统一录取选拔。这一点在各个法定机构间职员的薪酬等级、奖惩制度的不同中也得以体现。法定机构还可以凭借优厚待遇吸引离开公务员序列的人才。在财务管理方面，由于新加坡法定机构采取市场化运作模式，可以自行获得和处理资产并自负盈亏，除通过向政府提供服务获取代理费之外，个人或企业在使用法定机构提供的产品或服务时也要支付费用使其获取经费。就推动经济发展和优化营商环境而言，法定机构可以通过法律的方式被赋予多项权力，更方便以企业视角推进审批事项的集成化办理。在创业和启动阶段，创业企业只需要与较少的部门或第三方服务机构进行互动便可以完成审批相关手续。在日常运营过程中，企业也可以通过经济发展局、企业发展局、企业通网站等"一站式"服务渠道获取或申请相关政策。

2. 整体性政府推进部门协同

为克服部门分散、各自为政等现实问题，西方国家在新公共管理运动之后批判继承提出了整体性政府的理念，在垂直和水平两方面共同进行沟通协调。新加坡整体性政府的理念其一表现为政府部门的改革与合并。为整合政府对企职能，提升企业便利度，贯彻整体性政府的理念，新加坡企业发展局（internation enterprise singapore）于2018年4月1日由标准、生产力与创新局（spring singapore）和国际企业发展局（enterprise singapore）合并而来，隶属于新加坡贸易与工业部（ministry of trade & industry），作为一个整体性专门机构，其除延续标准局作为国家标准和认证机构，继续通过质量和标准建立对新加坡产品和服务的信任之外，还承担着帮助新加坡企业拓展海外业务，吸纳国际企业落户新加坡，助力新加坡营商环境国际化的使命。[①]

新加坡整体性政府的理念其二表现为政府各部门间的协同合作。同样隶

---

① 参见新加坡企业发展局网站，https://www.enterprisesg.gov.sg/about-us/overview。

属于贸工部的新加坡经济发展局（economic development board），由于与上文提到的新加坡企业发展局职能相近，二者在对企工作的诸多方面展开合作。经济发展局的职责包含推动新加坡制造业和国际可交易服务业的投资及产业发展，其负责的产业范围占据新加坡年度 GDP 的 1/3。从两部门的职能范围来看，二者各有专长，经济发展局侧重于"引进来"，积极协助国际企业出海落地新加坡，为海外企业在新加坡设立区域总部牵线搭桥，并通过全球商业投资者计划，为有意从新加坡推动业务和投资增长并符合资格的全球投资者授予新加坡永久居民身份。企业发展局则侧重于"走出去"，其为本土中小企业提供拓展海外业务的一对一免费业务咨询，采取量身定做的市场评估与项目匹配，帮助本土中小企业得以快速捕捉全球增长需求并借此实现国际化发展。同时二者也时常通力合作，两部门联合推出全球创新联盟（Global Innovation Alliance，GIA）计划，旨在帮助新加坡初创企业和科技型中小企业获得海外市场的机会，并推动创新方面的双向合作。在此计划中，两部门共同牵头与海外城市的市场伙伴达成协作，将本土企业与海外商业和科技社群联系起来。

3. 双层面视角构建政商关系

政商关系存在于世界上每一个国家，正确处理政商关系是当今世界共同面临的时代问题，政商关系的构建可以从制度规章与文化伦理来实现。[①] 制度规章保障了政商关系中的"清"，在法律和制度层面，遵纪守法是政府和企业行为的底线要求，任何违法行为都应得到惩处。而政商关系中"亲"的层面则更多依循文化理念来维系，即便拥有相似的政府部门与接近的职能设计，在以政府为主体和以企业为主体两种截然不同的理念指引下，政府与其所制定的政策也将会发挥出大相径庭的功效。

从制度规章层面来看，政商关系的构建依靠规范公务员与商人的互动行为，新加坡通过对公务员队伍的塑造与约束成为世界上廉洁程度最高的国家之一。首先，拥有完备的廉政法律体系。新加坡国会颁布了严格具体的《防止贪污法》，并在此之后与时俱进、不断完善，此外还通过颁布多部公务员法

---

① 竺乾威：《什么样的政商关系才算既"亲"又"清"》，《人民论坛》2016 年第 28 期。

案要求公务员严格遵守，使肃贪倡廉具有坚实的法律依据。特别值得注意的是，新加坡法律对腐败采用最狭义的解释，公职人员不得接受任何形式的非法报酬，即便未实际接受利益，但只要其显示出这种意图仍可被视为有罪。其次，新加坡反贪调查局直接隶属于总理办公室，得到最高决策者的全力支持，被赋予了相当高的独立自主权和广泛的特权，有权调查任何形式的贪腐行为和一切政府官员，并且不必借助警察局等外界力量。最后，采用高薪养廉的制度，将公务员队伍的工资待遇和生活水平保持在较高水平，并根据经济发展情况进行及时调整，以期促进行政的廉洁高效。新加坡公务员的收入在全球来看也处于较高水平，除月薪外公务员还享受业绩奖励、医疗住房退休保障等优厚待遇，从内在动机上消减公务员腐败行为。尽管有学者指出，高薪不一定养廉，但新加坡优厚的福利待遇吸纳和激励更多优秀人才加入公务员序列之中，以此获得政府行为的高效。

从文化理念层面来看，新加坡自建国伊始就奠定了"亲商理念"的政商关系基调，政府认识到其并非社会财富的真正创造者，而是要通过创设营商环境使企业良好发展，从而取得经济增长。故而国会出台的法案和政府颁布的制度都以企业为中心，着眼于为企业提供便利与服务。政府行使经济职能都以促进企业发展为目标，具体到审批制度、税收制度设计都基于企业视角。新加坡在对企业限制最少的同时，给予其最大的优惠与帮助，在亲商文化与理念的影响下不仅培育起一大批本土企业，更推动新加坡企业落地海外市场，同时新加坡对绝大多数外资实行无差别国民待遇，在特定情况下还出台鼓励外企进入和投资的优惠政策，如全球总部计划采用不等额度的税收优惠和减免鼓励国际企业在新加坡设立区域总部。新加坡政府通过在各行各业成立不同的委员会，在企业界接受吸纳各个行业、数百个企业家的意见，充分听取市场主体对于未来经济的展望，以及所期望得到的政府援助，以便政府从企业视角出发制定发展规划蓝图。在这一政企互动过程中，提升了企业对政府的好感与信任，使其更愿意与政府接触，同时也深化了政府与企业共存亡的共识意识，一旦企业大批倒闭、经济迅速下滑，那么政府政权也岌岌可危。

4. 数字化转型赋能智慧国家

新加坡计划利用前沿信息技术及数字化手段建设"智慧国家"以推动其

进入下一阶段的发展。该计划希望利用高度的数字化强化基础设施建设，克服物理空间局限和资源限制，借助数字革命所带来的机遇实现国家的繁荣并在世界营商环境中保持领先地位。[①] 新加坡是世界上首批启动电子政务计划并通过数字化进行政府转型的国家之一，2019年至2021年新加坡连续三年在智慧城市指数排名中荣居首位。[②] 为使企业获取政府电子服务和资源变得"触手可及"，由新加坡贸易和工业部、智慧国家政府办公室及政府技术局联合开发"商贸通"（go business）平台，可提供超过300种政府电子服务及目录，为税收优惠、专项津贴、非金融援助等惠企措施的申请条件及流程查询提供"一站式"服务。同时，可供企业在线进行经营许可的申请、修改、延续、终止的办理。[③] "商贸通"还将商业补助的申请集中到一个网站，企业在"商业补助金门户"填写在线表格就可以申请多家机构的不同补助金，该网站会将申请转交给相对应机构，企业也可在此网站查看拨款状态及管理申请和拨款。此外，特别针对初创企业设立新加坡创业网站，该平台从初创公司、投资者、企业孵化器三个角度为初创企业提供全方位"一站式"服务，不仅可以使初创公司获得资金和技术支持，同时还可以为有意愿的投资者提供便捷的投资机会。

作为推动新加坡"智慧国家"的战略性国家项目，新加坡政府分别建立"个人数字身份"（singpass）和"企业数字身份"（corppass）两种数字认证身份，目的是使用统一数字身份账号以在线处理所有事项。新加坡居民可利用"个人数字身份"应用程序一键访问常用的政府数字服务，以及查询用户个人重要信息。为便利新加坡企业与政府的在线互动，"企业数字身份"成为商业实体出于管理需要与政府机构进行在线互动时唯一的授权系统。"企业数字身份"借助企业内层级与身份的不同，利用自上而下逐级递减的权限构建起了

[①] 马亮：《大数据技术何以创新公共治理？——新加坡智慧国案例研究》，《电子政务》2015年第5期。

[②] 参见2022世界数字竞争力调查评比（World Digital Competitiveness Ranking 2022），https://www.imd.org/centers/wcc/world-competitiveness-center/rankings/world-digital-competitiveness-ranking/。

[③] 参见"商贸通"（go business）平台官网，https://www.gobusiness.gov.sg/about-us/?src=topnav。

一套便捷又严密的企业数字服务系统，由此企业不同层级人员都可利用该系统访问政府数字服务或进行企业间交易，极大地提升了新加坡营商政务环境的数字化程度与营商便利度。

三、新加坡营商环境治理经验评述

新加坡通过打造服务型政府以推进政府职能转变，其核心要义是降低制度性交易成本，借由将权力边界进行调整，政府直接管理的事项变少而法定机构管辖事务增多，从而实现权力的重新厘定与下放；同时凭借法定机构自主运营的特点，迫使其必须以公众利益为行动出发点，从而根本性提升政务服务质量与水平。类似于"企业家政府"的制度设计可以有效克服官僚制带来的低效与僵化，以"顾客满意"为基点，不仅使企业降低在政府部门办理事项的必要时间与费用，同时也为企业节省了如贿赂等大量不必要的违规灰色成本。

在"一个政府"的整体性政府视角引领下，新加坡政府各部门间的合并、协同及不断变革都基于促进效率更优的总体目标。通过部门合并将功能相近的业务进行整合，减少企业在不同部门间跑动的效率成本，并消弭政府自身各部门间的沟通交流成本，从而降低制度性交易成本；推进部门协同也是同理，在复杂情况或重点项目中集中合力，发挥不同部门优长，以实现不断降本增效的目的。

凭借政商关系的构建与调整，制度性交易成本得到进一步降低改善。在法律与制度规章方面，通过对公务员序列的严格要求，保证官员与商人的交往处在正常清廉的区间内，减少了商人为处好关系而付出的成本。由此使得任何人在政府办事都享受同等待遇，政府面向企业的机会平等化也带来了商业竞争，促使效率提升。在文化理念方面，由于法律政策颁布和出台的出发点和立足点已是基于企业视角，那么将大大降低企业经营行为与现行法律发生矛盾冲突的概率，不仅企业的诉讼成本与法务成本得以降低，同时亲商重商的社会文化氛围也更加鼓励商业行为进行自由探索与发挥。

通过数字化政府转型同样能够起到降低制度性交易成本的作用，以企业

"一站式"服务为例，网络在线办理可以大大提高企业办事的速度。由于政府对于商业活动的制度与规制，企业曾经需要前往不同政府部门递交文书和申请而产生的时间和金钱成本，在传统经营过程中无法被企业内化，这一成本在网络"一站式"服务推广之后得以消解。数据信息技术在提升硬件设施水平方面也发挥重要作用，经由大数据改善的城市交通系统和能源供应系统，为企业经营的物质环境带来极大的改善，同样有助于提升营商便利度，优化营商物质环境。

第三节 美国营商环境

一、美国营商环境治理概述

美国拥有强大的科技创新能力，拥有众多世界级的高校、研究机构、科技企业和创业平台。美国拥有较完善的市场体系和法治环境，市场环境促使企业自主性较强，能够根据市场需求作出调整和决策，提供多样化的产品和服务（美国营商环境排名见图 8-3）。在法治环境方面，美国的法律制度和司

图 8-3 美国营商环境排名变化

资料来源：根据世界银行营商环境报告整理而成。

法体系健全，保障了产权安全、契约执行和商业纠纷解决。美国拥有较强的消费需求和投资潜力，其居民收入水平相对较高，消费习惯也较积极。这种消费需求不仅促进了国内生产和就业，还为企业提供了销售市场。消费支出在美国 GDP 中占据较大比例，稳定了经济增长。美国拥有广阔的市场空间和多样化的产业结构，吸引了国内外投资。其发达的金融体系和投资环境为企业提供了融资和扩张的机会。上述这些情况，是受众多治理因素影响而形成的。具体可从立法体制、行政体制、司法体制和经济体制四个层面理解美国营商环境的发展情况。

1. 美国的立法体制

国会（congress）作为美国的最高立法机关，由参议院（senate）和众议院（house of representatives）组成，两院议员由各州选民直接选举产生。国会的立法工作主要在两院设立的委员会中进行，委员会的决议是一项议案能否通过的关键。目前，国会委员会大致可分为三类，即常设委员会、特别委员会及联合委员会。参议院和众议院的地位平等，相互独立，共同享有宪法赋予国会的立法权力，内容涉及课税举债、贸易管理、归化立法、铸币衡量、邮政建设、专利保护、法院设立、海盗惩治、军事战争等。

美国的立法程序比较复杂，一项议案通常要经国会提交、委员会审议、议院决议、总统签署四个步骤才能成为法律。根据美国宪法规定，只有国会议员有权提出议案。这些议案反映其所在政党和地区选民、总统和行政部门及为其提供支持和赞助的利益集团的立法构想。其中，有关征税和拨款的议案必须由众议院提出，其他议案则可由任何一院首先提出或同时提出。国会议员提出的议案由两院议长送交委员会进行审议，从而进入立法的关键阶段。委员会通常会在审议报告中详细阐述其赞同该议案的理由、对议案作出的修改及讨论过程中的反对意见，供议院参考。接到委员会的报告后，议院会根据相关程序对议案进行辩论和表决。在这一环节，众议院的规则委员会可决定议案的审议顺序和辩论规则。待辩论结束后，两院即对议案进行表决。决议的法定人数为议员总数的一半以上，在此前提下，若议案获得半数以上赞成票即为通过。如果总统在接到议案后的 10 个工作日内予以签署，那么该议案则成为正式生效的法律；如果总统在此期间没有对议案作出答复，而国会仍处于开会期间,则该议案自动生效成为法律;如果总统不赞同该议案,则可对其进行直接否决或搁置否决。

总之,美国的立法程序比较烦琐,各种政治力量在此过程中相互角力,每一份议案的通过都是斗争和妥协的结果。因此,虽然每届国会提出的议案数量众多,但最终获得国会通过并由总统签署成为正式法律的议案只有5%左右。

2. 美国的行政体制

美国总统作为国家元首、政府首脑和军队统帅,通过间接选举产生,任期四年,可连任一次。根据宪法规定,美国总统的权力涉及行政、外交、军事、立法四个方面,但在行使权力的过程中会受到国会的制约。在行政方面,美国总统有权任命政府官员,但对高级官员的提名须经参议院出席议员半数以上通过才能生效,而对低级官员的任命则无须参议院批准。美国宪法规定,总统享有法律的执行权,国会制定的法律都要由总统及其领导下的行政机构予以具体实施。在外交方面,美国总统有权制定外交政策、派遣驻外使节和特使、代表国家对另一国进行访问、与外国签署协定或缔结条约等。但总统对外交代表的任命必须获得参议院出席议员半数以上的批准,其与外国签订的条约须经参议院2/3以上出席议员的同意才能生效。在军事方面,美国总统有权制定军事战略、进行战争动员、指挥军队作战、决定谈判停火、控制核武器的制造和使用等。总统享有在和平时期的军事领导权,包括统率武装部队、委派军官、确定常备军队规模、对军法执行进行监督等,但宣战、招募军队、制定军事法律、决定战争拨款等权力则由国会掌握。在立法方面,总统主要通过向国会提交咨文和对议案进行审批的方式参与和控制立法过程。如前所述,某些国会议员提出的议案实际反映了总统的立法构想,国会通过的议案只有经总统签署才能正式成为法律。但国会也享有推翻总统否决的权力,即对于总统直接否决的议案,若国会经过复议且获得2/3以上的赞成票,则意味着该议案将自动生效成为法律。

3. 美国的司法体制

美国宪法规定,司法权归联邦法院系统所有。美国共有52个相互独立的法院系统,包括联邦法院系统、首都哥伦比亚特区法院系统和50个州法院系统。虽然联邦最高法院的判决对美国各级、各类的法院均有约束力,但联邦法院系统与州法院系统之间并不存在管辖或隶属关系。联邦法院系统包括联邦最高法院、联邦上诉法院、联邦地区法院和专门法院。美国总统领导下的政府机构主要包括白宫直属机构、行政各部、独立机构与政府公司三类，总统有权任命部长、大使、最高法院法官等高级官员，但须经过参议院的批准。白宫直属机构作为总统办事机构，主要由白宫办公厅、经济顾问委员会、国家安全委员会、管理与预算办公室、美国贸易代表办公室等组成。

4. 美国的经济体制

美国实行典型的资本主义市场经济，经济资源归私人所有，资源配置由市场供求关系和价值机制决定。这种经济体制以自由竞争为核心，市场进入壁垒较低，而政府对经济的干预通常是出于维护国家安全、促进公平竞争、保护自然环境和保障消费者权益的目的。[1] 美国政府在经济政策上推崇自由市场经济，同时强调贸易保护主义，提出了"美国优先"（america first）的口号，旨在保护美国在国际贸易中的地位。强调要降低企业税率，为企业提供更多的自由和机会，同时也要降低贫困和失业率。为此，美国政府宣布将大规模扩张基础设施建设，并在能源、技术、教育等领域进行大力投资，还推动了税收改革，缩小了贫富差距，增加了中产阶级的收入。

从宏观层面看，美国失业率和通货膨胀率在新冠疫情后呈下降趋势，经济正在逐渐恢复正常。然而，美国经济中仍存在不少问题，如财政赤字和国家债务高企、贸易逆差和收入分配不均等。这些问题可能会对美国经济的长期发展产生不利影响。从行业层面看，美国经济中的新兴产业和传统产业发展态势也值得关注。新兴产业中，人工智能、生物技术、5G 通信等领域得到了迅猛发展，成为美国经济增长的新动力。同时，传统产业中，汽车、石油、银行等行业正在面临转型和变革的挑战。[2] 这些行业在未来的发展中需要更加注重技术创新和可持续性发展，以应对未来的挑战。从政策层面看，美国政府的财政和货币政策也会对美国经济产生重大影响。2020 年，美国政府推出了规

---

[1] 茅铭晨：《政府管制理论研究综述》，《管理世界》2007 年第 2 期。
[2] 雷少华：《超越地缘政治——产业政策与大国竞争》，《世界经济与政治》2019 年第 5 期。

模庞大的财政刺激计划，以缓解新冠疫情对经济的冲击。同时，美联储也采取了一系列货币政策措施，包括降息、量化宽松等，[①] 以维持经济的稳定。

二、美国营商环境治理的典型举措

美国的庞大 GDP 一直是国际瞩目的焦点。尽管其人口只有 3 亿，却能在全球范围内居于经济巨头的地位。科技创新是推动经济增长的重要动力，也是提高生产效率和竞争力的关键因素。美国在科技创新方面一直处于世界领先地位，拥有众多世界级的高校、研究机构、科技企业和创业平台。根据《2022 年全球创新指数（GII）报告》，美国在全球创新排名中位居第三，仅次于瑞士和瑞典。美国在知识创造、人才流动、市场成熟度等方面都表现优异。美国还拥有全球最多的诺贝尔奖得主、专利申请量和科技出版物。美国的科技创新为其经济发展提供了源源不断的动力和优势。市场体系和法治环境确实是维持经济活力和效率的重要基础，而美国在这两方面都具备显著的优势。

美国作为典型的市场经济国家，体现了市场竞争和企业自主性的特点，同时其健全的法律制度也为经济的正常运行提供了保障。具体而言，美国优化营商环境的创新举措体现在对中小企业的关怀机制层面，可以从完善小企业法律保护体系、缓解小企业融资难的问题、提升小企业的管理能力、帮助小企业抵抗突发重大风险四个角度理解美国营商环境的优势与特点。

第一，完善小企业法律保护体系。1953 年，美国颁布了《小企业法》，确定了小企业的法律地位和国家对小企业的基本政策和管理措施，成为支持小企业的基本法。此外，美国还颁布了《机会均等法》《联邦政府采购法》《小企业投资法》《小企业经济政策法》《小企业创新发展法》《小企业投资奖励法》《扩大小企业出口法》《小企业贷款增加法》《小企业项目改进法》《小企业投资中心技术改进法》等，[②] 将技术创新和解决就业确立为小企业的两大功

[①] 刘洋：《美国量化宽松货币政策对中国通货膨胀的溢出效应分析》，《统计与决策》2021 年第 23 期。

[②] 张岭、张胜、王情等：《美国支持中小企业融资的金融服务体系研究》，《亚太经济》2013 年第 4 期。

能，不断优化小企业的外部环境。2010年9月，美国国会通过了《小企业就业法案》，对小企业实施了高达140亿美元的减税、信贷和其他刺激措施，以促进经济增长和增加就业。

第二，缓解小企业融资难的问题。小企业在融资方面存在诸多劣势，面临着融资周期较短、融资成本较高、无抵押物贷款难等问题。信贷是小企业最主要的融资来源，然而根据美联储的相关报告，只有不到一半的小企业信贷需求得到了满足。为改善小企业的融资环境，美国成立了专门的政策性机构，美国小企业管理局（small business administration，SBA）就是典型代表。[①] SBA通过贷款担保计划、小企业投资公司计划（small business investment company，SBIC）及履约担保计划等途径向小企业提供贷款担保服务，促使银行等金融机构向小企业发放贷款，提高了小企业筹措资金的能力，同时降低了违约风险。

第三，提升小企业的管理能力。小企业主的个人素质往往会决定小企业经营是否成功。许多小企业主缺乏经营规划，缺乏企业管理的基础知识、实际经验和技术知识，是小企业管理和经营困难的重要原因。为帮助美国小企业提升管理能力，SBA与和其合作的机构向小企业提供系统的教育、技术培训，帮助小企业家规避在公司成立和经营过程中可能遇到的各种问题。此外，小企业发展中心（small business development center，SBDC）及小企业志愿者机构SCORE等也为小企业主提供免费的面对面业务咨询和低成本培训，这对于规范小企业经营、帮助小企业建立完善的公司规章制度、促进小企业持续健康发展等方面有重要意义。

第四，帮助小企业抵抗突发重大风险。小企业经济体量较小，较为分散，抵抗风险能力较差。联邦政府通过相关机构如SBA向受灾地区的小企业提供灾后恢复贷款担保等方式，帮助受灾小企业恢复生产经营，渡过难关。美国给予小企业多元化、系统化的服务支持，为小企业提供更完善的融资环境、就业保障、订单保障、出口份额支持、科技创新支持等，有助于进一步促进小企业发展壮大，增强小企业活力，以更好地发挥其在国民经济中的重要作

[①] 吕劲松：《关于中小企业融资难、融资贵问题的思考》，《金融研究》2015年第11期。

用，有助于市场经济的发展和完善，促进竞争型市场经济的形成，减缓资金、劳动力等资源分配不均衡的问题，有助于控制失业率、缓解贫富差距带来的社会矛盾，对于经济增长和社会稳定具有重要意义。

三、美国营商环境治理经验评述

美国优化营商环境的经验最为集中体现在美国政府对于小企业的扶持。SBA 作为服务于小企业发展的专门机构，对小企业的支持是全方位的，不论是战略使命的设定上，还是实务工作的运作上，始终围绕支持、服务小企业发展，既有直接的点到点的援助支持，也有针对整个小企业营商环境改善、小企业主素质能力提升方面的努力。[1] SBA 重视政策性支持与商业运作有效结合，其提供的担保服务对于商业贷款的带动对此表现得最为充分。通过担保，小企业金融业务风险得到了合理分担，有效调动了各类商业金融机构的参与积极性。SBA 还针对灾后及处于不利处境中的小企业，设置了紧急救济措施，更重要的是为小企业营造更为有利的生存环境，提供包括融资、担保、培训等在内的全方位支持。此外，在关注社会公平和可持续发展等问题解决的同时，SBA 越来越关注对高新技术小企业的扶持，对于小企业技术创新方面的专项政策成为新的发力点，专项支持带动形成的各类创新基金、各项优惠政策，为小企业提供了创新动力。

第四节　俄罗斯营商环境

中俄两国几乎同时在 20 世纪 90 年代初开启有效的市场化改革，并在 21 世纪经济全球化不断推进、治理现代化持续提升的当下，面临营商环境亟待完善的重大挑战。俄罗斯立足本土实际，对标国际优势，大力改善营商环境，

---

[1] 琳达·麦克马洪、王宇、黄珊：《美国小企业管理局：基本框架与主要目标》，《金融发展研究》2019 年第 8 期。

实现了在世界银行营商环境排名中的跨越式提升：俄罗斯营商环境排名由 2013 年的第 112 位前进至 2020 年的第 28 位（见图 8-4）。

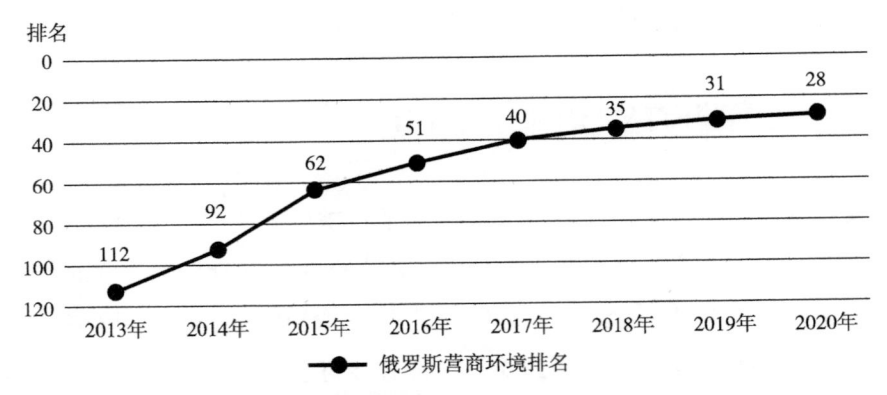

图 8-4　俄罗斯营商环境排名变化

资料来源：根据世界银行营商环境报告整理而成。

一、俄罗斯营商环境治理概述

营商环境治理外现于流程优化，内含于制度提升，立足于组织重塑。因此，可以大体从流程、制度、组织三个方面总结俄罗斯营商环境治理的改革措施。其中"流程"是指围绕企业开办、运营、破产等"全生命周期"各个环节的政府运作过程。从"流程"的概念出发，可以发现不同国家、不同地区的政府在日常程序运作过程中存在很大差异。由此判断，不同国家、不同地区的政府在有关企业开办、运营、破产等方面的制度千差万别。进而，需要从对"流程"的关注，转向对"制度"的考察。"制度"是指许多或大量彼此之间具有同一性或均质性的要素的一种集合。而"组织"是基于治理流程优化和制度设计的基础上，对于具有营商环境建设职能的组织机构的内在运行程序和规则的重塑，最终以组织职能优化的形式呈现。

精简审批事项，简化审批程序。第一，企业注册方面，俄罗斯联邦政府法令将企业注册程序由 9 项简化至 3 项，注册时间由 30 天缩减至 5 天。第二，建筑许可方面，将企业办理建筑许可证的程序由 42 项简化至 11 项，办理时间由 1852 天缩减至 25 天。第三，获得电力方面，将电力连接程序由 10 项简化至 5 项，连接时间由 10 天缩减至 5 天。第四，跨境贸易方面，将出口贸易所需文件数由 8 份缩减至 4 份，办理时间由 36 天缩减至 7 天；进口贸易所需文件数由 10 份缩减至 4 份，办理时间由 36 天缩减至 7 天。[①]

2011 年，俄罗斯联邦政府成立了由普京总统担任主席的"战略倡议署"监督委员会。监督委员会为自治非营利组织，它的组成成员包括俄罗斯联邦第一副总理、地区州长、全俄中小企业公共组织主席、俄罗斯储蓄银行总裁等代表，以及行业组织代表和企业家代表。监督委员会审议关于修订监事会组成的提案，确定关键绩效指标和优先发展战略，批准项目和促进新项目的举措等。此外，俄罗斯联邦政府还成立了专家咨询机构，即"促进新项目战略倡议机构"专家委员会。专家委员会为常设机构，其成员包括国家发展机构主席、联邦国家机构副院长、莫斯科国立大学经济学院院长、莫斯科律师协会主席等学术界代表和智库专家。专家委员会主要负责对项目和倡议进行审查，就监事会的会议议程提出建议，草拟监事会的会议决定等。

确立监管制度，维护市场秩序。第一，市场准入方面，俄罗斯放宽市场准入条件，允许中小企业进入原先由政府部门或国有企业垄断的行业，为中小企业创造公平竞争的市场环境。同时，建立政府部门、国有企业与中小企业的互动联系制度，提高政府部门和国有企业采购中小企业货物、工程和服务的比例。第二，市场竞争方面，确立保护市场竞争制度。同时，颁布州长关键绩效指标法令，将落实《俄罗斯地区竞争发展标准》以促进市场竞争，作为州长的重要绩效指标，要求州长对本地区市场环境负责，以此加速构建公平竞争的市场环境。第三，企业经营方面，明确俄罗斯联邦税务局有权将 12 个月内不进行纳税申报也不进行银行业务的"僵尸企业"，从法人统一登记册中除名的相关制度，以此防止其发起人或负责人再次申请注册新公司，从而降低其他企业经营者选择合作对象的风险，进而营造依法经营、合规守信的市场环境。

明确服务制度，提升服务质量。第一，投资服务方面，确立为投资基础设施建设的企业提供土地产权交易法律支持、办理施工许可过程协调、电力热力连接过程协调等服务的相关制度。第二，登记财产方面，与 MFC 签订文

---

① 宋林霖、黄雅卓：《俄罗斯法治化营商环境治理绩效的生成逻辑》，《江淮论坛》2021 年第 1 期。

件接收和签发协议，确立向申请人提供财产登记咨询服务，增加登记财产办理地点，增强财产登记服务可获得性的相关制度。第三，税收优惠方面，采取优先支持战略，根据长期发展规划，对部分投资领域进行税收优先支持；建立税收机构之间的有效互动，共同制定税收优惠法律法规、政策措施，合力协调投资者与投资项目之间的运营问题；优化税收优惠机制，提供方便易懂的税收优惠申请办法及相关咨询服务。第四，企业扶持方面，确立为中小企业提供多种形式的财务支持和金融服务的相关制度，确保小额信贷组织财务的可持续性。

二、俄罗斯营商环境治理的典型举措

改善投资条件、形成有利的营商环境是俄罗斯联邦政府的当务之急，也是长远之策。因此，俄罗斯联邦政府通过改善商业立法、简化营商条件、建立监管机构等方式，确保俄罗斯营商环境得到全面改善与提升，具体措施如下：

1. 制订行动计划

在国家层面上，俄罗斯联邦政府改善营商环境的首要措施便是制订行动计划。俄罗斯制定了 12 个"国家企业家倡议路线图"，其中包括改善营商环境的具体措施和可衡量的效果评估指标。这些"路线图"都不是由联邦政府亲自制定，而是由企业家在政府机构的支持下共同确立的，因而这 12 个"路线图"有更多的商业精神和更少的官僚气息。所有"路线图"实施效果良好，基本实现了预设目标。与此同时，俄罗斯联邦政府还成立了监督审查机构，即"政府经济发展与一体化委员会"，一方面对创造有利营商环境的法律行为进行商议与讨论，另一方面及时监督计划实施情况，并对计划实施过程中的失范、违规行为进行纠正和惩罚，以此确保 12 个"国家企业家倡议路线图"的有效实施与精准落地。[①]

---

① 宋林霖、黄雅卓：《俄罗斯营商环境优化：影响因素与效果评估》，《中国行政管理》2020 年第 5 期。

2. 确立实施标准

在地方政府层面，为促进营商环境的改善与提升，俄罗斯联邦政府经济发展部与促进新项目战略实施机构，在分析了多个地区的成功改革经验及其政府与企业的互动机制后，共同制定了"改善营商环境的实施标准"，以此作为进一步提升俄罗斯营商环境吸引力与有效性，并逐步改善地方政府与企业互动关系的重要抓手。该标准于2012年在俄罗斯11个地区试点实施并取得良好效果。同年12月，该标准在俄罗斯联邦国务委员会上审查通过。此后，该标准便作为指导俄罗斯各地方政府改善营商环境的"纲领性文件"，得到严格落实与有效实施。与此同时，俄罗斯联邦政府还建立了该标准的"三级评估系统"，以确保在标准实施过程中，对各地方政府进行及时监督与多边控制。"三级评估系统"具体包括：工商界代表组成专家组的公开分析、俄罗斯联邦政府经济发展部的部门评估及促进新项目战略实施机构的最终评价。其中，专家组主要对地方政府实施标准的实际有效性和实施结果的商界满意度进行评估，经济发展部侧重对地方政府实施过程中的行为规范性进行评估，而促进新项目战略实施机构则结合专家意见和部门评估结果，给出地方政府实施情况的总体评价。

3. 实施国家评级

在地方政府层面，俄罗斯联邦政府还实施了国家评级，即由俄罗斯联邦主要商业协会和促进新项目战略实施机构，共同组成了俄罗斯联邦地区营商环境的国家评级机构，对地方政府在营商环境改革方面所做的努力进行评估，并从中筛选出地方政府改善营商环境的最佳做法，同时对实施积极并有效措施的地方政府进行奖励，以此鼓励地方政府在改善营商环境方面勇于创新、积极作为。具体来看，在制定国家评级方法时，俄罗斯联邦主要商业协会和促进新项目战略实施机构考虑了国内和国际现有评级标准及其他营商环境评估机制，从而确立了国家评级的44项指标，其中包括商业公共服务的有效性、商业保护措施的可用性、投资领域的基本立法、基础设施发展水平、关键商业资源的可获得性等。并据此将国家评级分为四个方向，即监管环境（评估企业注册程序的有效性、产权保护的有效性等）、商业机构（评估保护投资者权利的区域立法质量、与营商有关的行政组织的行政效率等）、资源和基础设施（评估基础设施的质量和可用性、劳动力资源的可获得性等）和中小企业支持（评估该地区对中小企业的补贴和其他支持措施、为中小企业提供的发展平台等）。与此同时，俄罗斯联邦主要商业协会和促进新项目战略实施机构还确立了国家评级结果的表示方法，直观反映一地的改革实施情况及其与其他地区比较的相对位置，从而激发各地方政府"学习先进、争当先进"的改革热情，以促使营商环境得到实质性改善。

三、俄罗斯营商环境治理经验评述

俄罗斯在 2012 年开始营商环境治理工作，并且规定得非常详尽。例如，在"开办企业"这一指标上，2014 年规定"取消开设公司银行账户前银行签名卡公证的要求"，2015 年规定"取消公司注册的最低资本要求和通知税务机关开设银行账户的要求"，2016 年规定"缩短开设公司银行账户所需的时间"。又如，在"登记财产"这一指标上，2012 年规定"取消在土地上获得地籍护照的要求"，2014 年规定"简化程序和规定处理转移申请的有效时限"，2015 年规定"取消公证要求并引入更严格的财产登记时限"，2016 年规定"减少财产登记所需的时间"，2018 年规定"缩短申请国家所有权转让登记所需的时间"。另外，俄罗斯在世界银行营商环境报告中的排名提升，与其国家领导集体的高度重视和比较完善的政策过程高度相关，但指标的变化与企业注册数量、经济增长速度并未呈现完全正相关。其原因在于整体系统的制度建设和较为长期的法治建设方面的缺失。

俄罗斯联邦政府积极主动对标世界先进的行政管理理念和方法，是彰显其革弊立新的决心，重树国家形象、重振国民信心的重要手段。俄罗斯经济现代化的进程在一定程度上取决于其融入世界的速度、深度和广度。这不是经济政策层面的问题，应改变俄罗斯国家执行机构和司法机构，拆分侦察、检察和司法机构的联系；应改变国家管理企业经营活动的整个意识形态。俄罗斯政府认识到，要进一步优化营商环境，不能只在单个的评级指标上下功夫，要站在国家整体的战略高度上，坚决惩治腐败问题，加强法治建设，保障政策的可持续而非运动式推进，以此才能真正推动俄罗斯营商环境的向好发展，更大范围地吸引外国投资，为国内中小企业营造良好的发展环境，实现俄罗斯经济稳定与经济发展的双重目标。

复习与思考

1. 试论述新西兰营商环境的治理经验。
2. 试论述新加坡营商环境的治理经验。
3. 试论述美国营商环境的治理经验。
4. 试论述俄罗斯营商环境的治理经验。

结语　迈向中国特色、国际一流营商环境的战略思考

在世界银行多年指标测评的影响和带动下，营商环境建设已经成为考量国家经济治理能力的重要方面，并呈现党中央和国务院高位推动、地方政府发挥自主性和首创精神、技术治理与制度治理相融合、空间布局立体式和全覆盖等特点，对构建高水平社会主义市场经济体制、区域经济社会高质量发展发挥积极成效，但面对国际国内复杂深刻的环境变化，综合考虑社会主要矛盾和经济建设的时空性特征，营商环境改革需要更多战略性思考和适应性判断。

一、科学认识中国营商环境改革创新的基本定位

中国特色营商环境治理是在中国共产党领导下完善社会主义市场经济体制的必然选择，也是对社会主要矛盾和经济发展现实矛盾认识及破解的路径选择，体现出中国国家经济治理现代化的必然要求。当前，我国正迈上全面建设社会主义现代化国家新征程，高质量发展是全面建设社会主义现代化国家的首要任务，这标志着我们党对经济社会发展规律的认识和运用达到了新的高度，而建设中国特色营商环境是适应我国经济由高速增长阶段向高质量发展阶段转变、构建新型开放经济格局、推动经济发展的重要政策选项，也是释放经济发展潜能、不断创建和完善制度环境的关键举措。

首先，从构建新发展格局的角度认识营商环境治理创新。在构建新发展格局过程中，营商环境是畅通双循环不可或缺的催化器和加速器。一方面，优化营商环境为畅通国内大循环提供强大的支撑，打通制约经济循环的关键堵点，促进商品要素资源在更大范围畅通流动，促进消费的扩大和提档升级；

另一方面，优化营商环境为促进国内国际双循环搭建通道，有效利用全球要素和市场资源，促进和改善国内生产要素质量和配置，提升国内大循环效率和水平，从而实现国内国际双循环真正互促式发展。

其次，从破解区域协调发展难题的角度认识营商环境治理创新。区域协调发展是中国式现代化的一个重要命题，致力于实现全体人民共同富裕给中国区域协调发展战略提出了新的要求。地方政府基于政治利益、经济利益和公共利益的利益驱动其行动逻辑在竞争与合作间变迁，或因政治利益而催动竞争兼顾合作，或因经济利益而趋向竞争，或因公共利益而走向合作。而良好的府际关系有助于地区营商环境创新的成功经验加以扩散，是区域协调发展在面临风险与不确定因素下推动改革的基础。同时，在建设全国统一大市场的背景下，产业转型升级与跨域转移是推动区域协调发展的动力之一。但需要注意的是，产业转移的过程存在"区位黏性"，而府际关系、政府与市场关系的调试有助于破解路径依赖和转移阻力，为地区间产业转移的层次由低变高、产业空间转移的层次逐渐提升及产业转移由单个企业或独立生产环节转移转向链条式和集群式转移提供可能。为此，要高度重视优化营商环境，以产业转移促进区域协调发展，重构国内价值链循环体系，应对可能出现"极化—扩散"效应和产业政策趋同的问题。

最后，从地方政府职能转变的角度认识营商环境治理创新。中国营商环境治理伴随地方政府经济发展策略的演变，成为政府治理体系和治理能力的试金石，地方政府的角色也逐步从"经济管理者"转变为"营商环境经营者"。传统政府经济建设方式以招商引资为重点，利用域外人、才、智的资源来引导民众学习企业经营，而优化营商环境则旨在为企业全生命周期提供依法依规、高效、精准、连贯的制度供给，地方政府职能转变及履行方式的重大转向是新时代政府与市场关系调整的必然要求。

二、全面把握中国营商环境改革路径上的转型特质

中国营商环境改革的行动过程经历了逻辑转变。在世界营商环境话语引介之初，中国各级政府秉持"应试心态"与"赶超思维"，通过聚焦考核指

标、嵌入信息技术、缩短办事时间、降低办事成本等终端改革，实现短期内提升绩效的预期目标。这种"工具型"营商环境治理面临指标适配程度低、信息共享效率低、主体参与有限、服务选择偏好等问题，亟须通过完善营商环境制度治理体系，寻求中国营商环境治理的逻辑平衡，营造企业全生命周期的公平、透明、可预期的市场生态。

一是加强政府与市场关系的法治化建设，构建公平公正的市场主体保护制度。加强知识产权司法保护，持续推进知识产权刑事、民事、行政、公益诉讼检察融合履职，全面提升知识产权保护水平；构建市场主体诉求表达制度，保障各类企业平稳运行，实现市场运营所处环境、相关政策、规则与程序不因领导干部的更替而改变、不因领导干部的注意力转移而改变；在市场主体的退出制度中建立破产府院联动工作机制，完善工作协调机制，推动实现个案协调向制度化对接转变。

二是深化政务服务供给侧制度体系建设，全方位提升服务效能。首先，贴近用户需求是创新政务服务的根本宗旨。对于审批过程涉及多个部门职能的服务事项，应尽可能简化优化审批流程，统一受理层级，压缩办理时限。对于包含大量情形分支的服务事项，应根据办事场景的不同提供导引式服务，实现服务精准直达。对于涉及对象群体规模较大的服务事项，应细化用户群体分类，深入研究个性化的服务需求。其次，深化业务改革是提升服务效能的必然要求。各级政府部门应聚焦企业登记、职工参保、建筑施工许可、开具基层证明、不动产登记等高频服务事项，深入研究分析服务堵点的特点，改进业务受理规则，重塑办事服务流程，为提升政务服务效能拓展更大空间。最后，强化技术赋能是改善服务体验的重要手段。各地区各部门应加强电子证照、电子印章、电子签名等共性基础支撑技术的深度应用，确保网上政务服务平稳持续运行。

三是健全线上线下竞争生态，构建规范有序的市场监管制度。从市场主体角度出发，聚焦关键场景，通过整合各方面监管要求和标准制定综合监管合规框架，建立风险监管、信用监管、分级分类监管、协同监管、科技监管、共治监管等监管制度，着力构建以"风险＋信用"为基础、以"分级分类＋协同"为关键、以"科技＋共治"为驱动的新型监管体系。

四是立足政府职责体系建设，积极构建具有中国特色的营商环境评估指标体系。营商环境评估要科学精准量化制度性交易成本，为改革导向的发挥配备刻度标尺，实实在在地降低市场主体的制度性交易成本，提升制度的竞争力和治理现代化水平。随着优化营商环境越来越受到重视，不少地方开始探索引入第三方评估，力求抓住优化营商环境的主动权，打造招商引资、兴商兴业的新名片。但是，营商环境评估指标体系如果"食洋不化"，无法进行本土化转化创新，就难以让企业体验到评估优化的获得感。因此，指标体系的构建在借鉴与参照国际认可度较高的指标体系后，应基于中国建设的实际情况，以政府管理与服务的效率为核心，建立一套导向明确、指标科学、符合自身发展要求的评估指标体系。

三、切实增强建设国际一流营商环境的行动自觉

国际一流营商环境治理是在世界银行营商环境治理理念提出与扩散、全球维度测评的基础上，提出的以市场化、法治化、国际化为目标导向的更高标准的经济治理绩效。国际一流营商环境治理体系的典型特征包括以下几个方面：

首先，制度一流是中国构建国际一流营商环境的根本标识。大国竞争本质上是国家制度和治理体系的竞争。在中国共产党领导的国家经济治理制度体系中，完善和发展成熟定型的社会主义市场经济体制，展现中国高水平社会主义市场经济体制优势是实现制度自信的重要体现。充分发挥社会主义制度优势和市场经济配置的优势，是坚持和发展中国特色社会主义的一项极其重要的内容。打造国际一流营商环境是新发展阶段培育理性成熟的市场主体、建设高标准市场体系和优化政府经济治理效能的总体方案，将极大加速构建高水平社会主义市场经济体制的历史进程，有助于深化对社会主义基本制度和市场经济运行规律的认识，为拓展发展中国家走向现代化的路径、为人类社会探索更加合理的发展道路作出新的贡献。

其次，标准一流是中国构建国际一流营商环境的鲜明底色。为积极对标国际经贸规则实现高水平对外开放，中国以建设国际一流营商环境为主线，积极践行"由商品和要素流动型开放向规则等制度型开放转变"的信心和决

心,更深层次、更宽领域、更大力度推进全方位高水平开放,深入推进规则、规制、管理标准等制度型开放,增强国际合作和竞争新优势。国际标准化组织数据显示,仅从2015年至2020年,随着经济和技术实力进一步提升,中国主持的国际标准数量超过了800项,为在深化经济全球化进程中推进世界经贸规则朝向更加公平透明方向发展作出重要贡献。

最后,效果一流是中国构建国际一流营商环境的现实体现。当前,世界处于百年未有之大变局,国际格局加速演变,国际形势中不稳定不确定因素持续上升,中国发展外部环境中的挑战因素明显增多。中美贸易摩擦面临升级风险,贸易保护主义、单边主义抬头,多边主义和自由贸易体制受到冲击,经济全球化出现波折。为在应对纷繁复杂变幻中赢得机遇、赢得主动、赢得优势,中国坚持依托国际一流营商环境吸引更多人才、资金、技术,增强国内经济稳定性与抵御外部风险和压力的能力。近年来,在全球跨国投资低迷的背景下,中国吸引外资实现稳中有增、稳中提质,印证中国市场对外资依然保持较强吸引力。

四、大力弘扬企业家精神是推动营商环境持续良性发展的重要支撑

培育和弘扬企业家精神是新时代经济理论和经济实践的重要内容。党的二十大报告明确提出,"弘扬企业家精神","加快建设世界一流企业",彰显了企业家精神在企业高质量发展进程中的重要作用。《中共中央 国务院关于促进民营经济发展壮大的意见》明确提出,"民营经济是推进中国式现代化的生力军",同时要求"培育和弘扬企业家精神"。民营企业已经成为推动我国发展不可或缺的力量,企业家精神不断彰显。推动民营经济高质量发展,重在培育和弘扬企业家精神,尤其需要全面准确理解企业家精神。

首先,弘扬企业家精神需要更好发挥企业的主体性作用。弘扬企业家精神,就要更好发挥企业的主体性作用,发挥市场配置资源的决定性作用。企业是现代市场经济的主体,稳定经济运行、激发经济发展活力、创造社会财富主要来自企业的经营活动。在这个充满不确定性的时代,更加需要企业家

以对市场的深刻理解和把握，通过自身的积极作为，为不确定的时代注入更多确定性。企业创新需要制度政策支持，需要良好的社会生态系统。政府在基础科学、战略技术方向等方面要发挥重要作用。同时，创新需要要素间的协同，如企业家精神＋产权制度＋专利技术＋风险资本＋创新氛围等。政府要对各种类型的企业真正做到一视同仁，积极回应其关切，消除其后顾之忧，真正尊重和爱护企业家，积极治理动辄对其"污名化"的舆论环境，优化稳定公平透明的发展环境。

其次，弘扬企业家精神需要法治资源供给精准性。政府要保持法律制度和政策的透明、稳定、可预期。政府制定有关企业的法律政策，应广泛征求意见，听取各类企业的心声及关切。制度政策的变化有一定的过渡期或缓冲期，要尽量减少政策出台、执行的不确定性，最大限度地减少行政干预。为此，要提高市场监管治理的透明度和确定性，以稳定的制度政策环境来稳定市场预期与投资者信心。从宏观治理角度看，稳定产权和营商环境等法律制度是保障企业家精神的基础。优化法治化营商环境，依法保护民营企业产权和企业家权益，维护中国企业法人在海外合法权益，都是激发企业家精神所需要的。法律维持社会的公正，公正的环境保障企业免于受到冲击，有利于民营企业高质量发展。完善法律规范体系，强化企业合规，构建民营企业健康可持续体制机制，提供了企业治理的制度基础设施。

最后，弘扬企业家精神需要社会准确认识企业家作用。企业家精神是从千千万万的企业家创新经济发展，打拼出来、抽象出来的，具有系统和普遍意义上的精神，这种精神就是勇于开拓、勇于创新、敢于冒险竞争的精神；也是创新精神、敬业精神与合作精神的联合精神。社会需要企业家精神，时代呼唤企业家精神。事实表明，企业家精神是推动经济高速发展的动力源泉，也是经济高速发展的关键要素，更是引领改革的动力所在。在中国，一部改革史，就是一部企业家搏击市场的发展史，也是激发企业家创新精神的实践史。今后，除了从经济制度、法治环境角度增进企业家精神之外，要进一步从社会文化认知层面加强企业家精神的宣传，强化社会认同感，让企业家生产出最好的产品、创造出最好的技术，让企业家精神发扬光大。

参考文献

著作类

[1] 洪银兴，刘建平．公共经济学导论［M］．北京：经济科学出版社，2003．

[2] 兰小欢．置身事内：中国政府与经济发展［M］．上海：上海人民出版社，2021．

[3] 李思慎，刘之昆．李立三之谜［M］．北京：人民出版社，2005．

[4] 刘宝成，张梦莎．美国商务环境［M］．北京：对外经济贸易大学出版社，2016．

[5] 刘厚金．政府经济职能的法治化研究［M］．北京：北京大学出版社，2021．

[6] 罗培新．世界银行营商环境评估：方法·规则·案例［M］．南京：译林出版社，2020．

[7] 宋林霖．中国公共政策制定的时间成本管理研究［M］．天津：天津人民出版社，2016．

[8] 宋林霖．中国共产党执政能力建设研究：以中国政治现代化为背景［M］．天津：天津人民出版社，2016．

[9] 宋林霖．世界银行营商环境评估指标体系详析［M］．天津：天津人民出版社，2018．

[10] 宋林霖．中国市场综合监管概论［M］．北京：国家行政学院出版社，2023．

[11] 宋林霖，朱光磊．贵州贵安新区行政审批制度改革创新研究［M］．天津：天津人民出版社，2019．

[12] 世界银行．2019年营商环境报告：强化培训　促进改革［M］．天

津：天津人民出版社，2020.

[13] 孙晋. 中国企业法律制度的研究与变革 [M]. 北京：中国社会科学出版社，2003.

[14] 王小鲁，樊纲，胡李鹏. 中国分省企业经营环境指数 2020 年报告 [M]. 北京：社会科学文献出版社，2021.

[15] 薛暮桥. 中国社会主义经济问题研究 [M]. 北京：人民出版社，2012.

[16] 俞可平. 论国家治理现代化 [M]. 北京：社会科学文献出版社，2015.

[17] 周黎安. 转型中的地方政府：官员激励与治理 [M]. 上海：格致出版社，2008.

[18] 朱光磊. 地方政府职能转变问题研究：基于杭州市的实践 [M]. 天津：南开大学出版社，2012.

[19] 朱光磊. 政府职能转变研究论纲 [M]. 北京：中国社会科学出版社，2018.

[20] 朱光磊，宋林霖，王雪丽. 中国政府发展研究报告：2020 [M]. 天津：南开大学出版社，2023.

[21] 中共中央马克思恩格斯列宁斯大林著作编译局. 马克思主义经典著作选读 [M]. 北京：人民出版社，1999.

[22] 张平. 中国改革开放：1978—2008. 理论篇上 [M]. 北京：人民出版社，2009.

[23] 郑永年，黄彦杰. 制内市场：中国国家主导型政治经济学 [M]. 杭州：浙江人民出版社，2021.

[24] 〔秘鲁〕赫尔南多·德·索托. 资本的秘密 [M]. 北京：华夏出版社，2012.

[25] 〔美〕道格拉斯·诺斯. 经济史中的结构与变迁 [M]. 上海：上海三联书店，1994.

[26] Dimitrios Doukas. Media law and market regulation in the european union [M]. Hart Publishing Ltd.，2015.

[27] Dorn Nicholas. Democracy and diversity in financial market regulation [M]. Taylor and Francis，2014.

[28] Lundqvist Åsa. Family policy paradoxes: gender equality and labour market regulation in sweden, 1930—2010 [M]. Policy Press, 2011.

[29] Masahiro Kawai, Eswar S. Prasad. Financial market regulation and reforms in emerging markets [M]. Brookings Institution Press and Asian Development Bank Institute, 2011.

期刊报纸类

[1] 安森东. 市场监管现代化：问题与破题 [J]. 行政管理改革，2022（5）.

[2] 鲍静，贾开. 数字治理体系和治理能力现代化研究：原则、框架与要素 [J]. 政治学研究，2019（3）.

[3] 陈伟伟，张琦. 系统优化我国区域营商环境的逻辑框架和思路 [J]. 改革，2019（5）.

[4] 陈奇星，汪仲启. 推进政府治理现代化视域下地方政府市场监管模式创新研究：以上海市为例 [J]. 中国行政管理，2020（5）.

[5] 陈天祥，黄宝强. 沉寂与复兴：公共行政中的公共利益理论 [J]. 中山大学学报（社会科学版），2019（4）.

[6] 成协中. 优化营商环境的法治保障：现状、问题与展望 [J]. 经贸法律评论，2020（3）.

[7] 程梦颖，胡凡生，梁志弘，等. 法治化营商环境的理念、内涵与策略 [J]. 现代商贸工业，2023，44（16）.

[8] 杜运周，刘秋辰，程建青. 什么样的营商环境生态产生城市高创业活跃度？：基于制度组态的分析 [J]. 管理世界，2020（9）.

[9] 董淳锷. 市场事前监管向事中事后监管转变的经济法阐释 [J]. 当代法学，2021，35（2）.

[10] 范逢春，欧李梅. 数字政府治理的中国话语体系构建 [J]. 上海行政学院学报，2022（4）.

[11] 范如国. 平台技术赋能、公共博弈与复杂适应性治理 [J]. 中国社会科学，2021（12）.

[12] 范合君，吴婷，何思锦."互联网＋政务服务"平台如何优化城市

营商环境?：基于互动治理的视角［J］．管理世界，2022（10）．

［13］郭燕芬，柏维春．营商环境建设中的政府责任：历史逻辑、理论逻辑与实践逻辑［J］．重庆社会科学，2019（2）．

［14］邰庆．优化数字经济营商环境背景下支配地位认定条款之重塑［J］．行政法学研究，2020（5）．

［15］龚维斌．社会建设助推市场监管的逻辑和重点：基于国家、市场与社会关系的视角［J］．中国行政管理，2020（10）．

［16］胡颖廉．"中国式"市场监管：逻辑起点、理论观点和研究重点［J］．中国行政管理，2019（5）．

［17］胡颖廉．剩余监督权的逻辑和困境：基于食品安全监督体制的分析［J］．江海学刊，2018（2）．

［18］胡颖廉．差序异构：政府职能边界模糊的新解释．以市场监管部门为例［J］．新视野，2022（1）．

［19］胡仙芝，马长俊．治理型监管：中国市场监管改革的新向标［J］．新视野，2021（4）．

［20］胡凤乔，叶杰．新时代的政商关系研究：进展与前瞻［J］．浙江工商大学学报，2018（3）．

［21］胡兴旺，周淼．优化营商环境的国内外典型做法及经验借鉴［J］．财政科学，2018（9）．

［22］贺荣兰．政府市场监管权的法律配置及其优化［J］．甘肃社会科学，2019（6）．

［23］贺磊，王韬骅．"放管服"改革驱动营商环境优化的国家治理责任［J］．河南师范大学学报（哲学社会科学版），2023，50（6）．

［24］韩保庆，彭五堂．市场监管怎样助力构建新发展格局［J］．当代经济管理，2022，44（4）．

［25］黄燕芬，刘志成．建设全国统一大市场的理论逻辑与推进路径［J］．江淮论坛，2022（4）．

［26］韩文龙，晏宇翔．构建高水平社会主义市场经济体制的重大理论与实践问题研究［J］．政治经济学评论，2022（2）．

[27] 姜明安. 新时代法治政府建设与营商环境改善 [J]. 中共中央党校（国家行政学院）学报, 2019 (5).

[28] 江小涓, 黄颖轩. 数字时代的市场秩序、市场监管与平台治理 [J]. 经济研究, 2021 (12).

[29] 吉富星. 市场监管体系中企业自治的逻辑框架和推进机制 [J]. 甘肃社会科学, 2021 (5).

[30] 娄成武, 张国勇. 治理视阈下的营商环境：内在逻辑与构建思路 [J]. 辽宁大学学报（哲学社会科学版）, 2018 (2).

[31] 罗培新. 世界银行新旧营商环境评估规则及方法 [J]. 东方法学, 2023 (4).

[32] 李洪雷. 营商环境优化的行政法治保障 [J]. 重庆社会科学, 2019 (2).

[33] 李志军. 我国城市营商环境的评估指标体系构建及其南北差异分析 [J]. 改革, 2022 (2).

[34] 李文钊, 翟文康, 刘文璋. "放管服"改革何以优化营商环境？：基于治理结构视角 [J]. 管理世界, 2023, 39 (9).

[35] 林毅夫. 中国经验：经济发展和转型中有效市场与有为政府缺一不可 [J]. 行政管理改革, 2017 (10).

[36] 林建浩, 陈良源. 商事制度改革背景下的市场监管多元共治 [J]. 经济社会体制比较, 2021 (1).

[37] 刘亚平, 苏娇妮. 中国市场监管改革70年的变迁经验与演进逻辑 [J]. 中国行政管理, 2019 (5).

[38] 刘双舟, 马婷婷. 国家治理语境下市场监管领域"黑名单"制度的优化 [J]. 行政管理改革, 2020 (7).

[39] 刘朋朋. 高质量发展背景下政府市场监管的路径方向：基于317个地市级政府绩效评估结果的分析 [J]. 重庆社会科学, 2019 (7).

[40] 刘亚平, 苏娇妮. 中国市场监管改革70年的变迁经验与演进逻辑 [J]. 中国行政管理, 2019 (5).

[41] 刘洋. 美国量化宽松货币政策对中国通货膨胀的溢出效应分析 [J]. 统计与决策, 2021 (23).

[42] 刘鹏，钟光耀．比较公共行政视野下的市场监管模式比较及启示：基于美德日三国的观察 [J]．中国行政管理，2019（5）．

[43] 刘志成，臧跃茹．构建现代市场监管体系：现实基础、改革方向与推进思路 [J]．宏观经济研究，2021（8）．

[44] 骆梅英，黄柳建．市场监管综合行政执法改革中的权限配置 [J]．苏州大学学报（哲学社会科学版），2021，42（6）．

[45] 刘青．习近平法治思想中的系统观与法治政府建设 [J]．行政法学研究，2022（1）．

[46] 楼何超．浙江"最多跑一次"改革的实践及启示 [J]．宏观经济管理，2020（8）．

[47] 吕劲松．关于中小企业融资难、融资贵问题的思考 [J]．金融研究，2015（11）．

[48] 雷少华．超越地缘政治：产业政策与大国竞争 [J]．世界经济与政治，2019（5）．

[49] 廖福崇．数字治理优化营商环境的机制研究 [J]．首都经济贸易大学学报，2022，24（4）．

[50] 琳达·麦克马洪，王宇，黄珊．美国小企业管理局：基本框架与主要目标 [J]．金融发展研究，2019（8）．

[51] 马相东，王跃生．新时代吸引外资新方略：从招商政策优惠到营商环境优化 [J]．中共中央党校学报，2018（4）．

[52] 马向萌．持续优化营商环境，推动正定新区经济高质量发展 [J]．投资与合作，2023（7）．

[53] 马亮．大数据技术何以创新公共治理？：新加坡智慧国案例研究 [J]．电子政务，2015（5）．

[54] 孟天广．数字治理生态：数字政府的理论迭代与模型演化 [J]．政治学研究，2022（5）．

[55] 茅铭晨．政府管制理论研究综述 [J]．管理世界，2007（2）．

[56] 彭向刚，马冉．政务营商环境优化及其评估指标体系构建 [J]．学术研究，2018（11）．

[57] 潘思蔚, 徐越倩. 数字营商环境及其评估 [J]. 浙江社会科学, 2022 (11).

[58] 彭江辉, 王思庆. 机构改革背景下市场监管综合行政执法改革的困境与对策: 以湖南省为例 [J]. 湖南科技大学学报 (社会科学版), 2020, 23 (3).

[59] 潘翻番, 包垌含, 薛澜. 市场监管体系转型背景下自我规制的实施机制研究 [J]. 经济社会体制比较, 2022 (4).

[60] 沈荣华. 优化营商环境的内涵、现状与思考 [J]. 行政管理改革, 2020 (10).

[61] 孙源, 章昌平, 商容轩, 等. 数字营商环境: 从世界银行评估标准到中国方案 [J]. 学海, 2021 (4).

[62] 宋林霖, 陈志超. 深化地方市场监管机构改革的目标与路径 [J]. 行政管理改革, 2019 (9).

[63] 宋林霖, 黄雅卓. 俄罗斯营商环境优化: 影响因素与效果评估 [J]. 中国行政管理, 2020 (5).

[64] 宋林霖, 陈训. 新西兰营商环境治理模式及对中国的启示 [J]. 秘书, 2022 (3).

[65] 宋林霖, 何成祥. 行政审批局建设的四维机制: 基于行政组织要素理论分析框架 [J]. 北京行政学院学报, 2019 (1).

[66] 宋林霖, 任亚肃, 彭云. 香港特别行政区营商环境治理模式创新及对内地的启示 [J]. 秘书, 2023 (5).

[67] 宋林霖, 柳淇方, 彭云. 营商环境便利化的生成逻辑与推进路径: 基于新加坡营商环境治理经验 [J]. 行政科学论坛, 2023, 10 (5).

[68] 宋林霖, 陈志超. 温度、测度、制度: 中国营商环境治理结构及其调试 [J]. 中国行政管理, 2023, 39 (5).

[69] 石亚军, 王琴. 以整体性重构推进市场监管和执法体制改革 [J]. 东岳论丛, 2020, 41 (1).

[70] 童有好. 营造民营经济高质量发展环境的若干问题及对策 [J]. 经济纵横, 2019 (4).

[71] 邰鹏峰, 李江萍. 市场监管体制改革若干思考 [J]. 开放导报,

2015（2）.

［72］汪波，牛朝文 . 从 ChatGPT 到 GovGPT：生成式人工智能驱动的政务服务生态系统构建［J］. 电子政务，2023（9）.

［73］吴汉洪 . 市场监管与建设现代化经济体系［J］. 学习与探索，2018（6）.

［74］吴帅 ."互联网+"背景下政府市场监管策略创新［J］. 北京社会科学，2020（12）.

［75］王健，王鹏 . 新一轮市场监管机构改革的特点、影响、挑战和建议［J］. 行政管理改革，2018（7）.

［76］王湘军，庞尚尚 . 新技术赋能市场监管智能化：图景、障碍与进路［J］. 行政论坛，2021，28（3）.

［77］王正新，刘俊 . 从传统营商环境走向"数智化"营商环境［J］. 理论探索，2023（2）.

［78］王湘军，刘莉 . 冲击与重构：社会变迁背景下我国市场监管手段探论［J］. 中共中央党校（国家行政学院）学报，2019，23（2）.

［79］王克稳 . 论市场监管事权的纵向分配［J］. 苏州大学学报（哲学社会科学版），2021，42（6）.

［80］王君也 . 新时代长江经济带生态环境治理与协调机制研究［J］. 天津社会科学，2023（5）.

［81］文丰安 . 优化营商环境视域下我国基层社会治理的实践历程及提升路径［J］. 经济体制改革，2020（6）.

［82］薛峰 . 我国市场综合监管的理念创新与实现路径［J］. 上海经济，2018（4）.

［83］徐鸣 . 监管限度内中国监管绩效评估体系的构建研究［J］. 当代经济管理，2019，41（7）.

［84］姚雷 . 营造促进企业家公平竞争诚信经营的市场环境［J］. 人民论坛，2019（9）.

［85］杨进，张攀 . 地区法治环境与企业绩效：基于中国营商环境调查数据的实证研究［J］. 山西财经大学学报，2018（9）.

［86］郁建兴，樊靓 . 数字技术赋能社会治理及其限度：以杭州城市大脑

为分析对象［J］. 经济社会体制比较，2022（1）.

［87］叶岚，王有强. 基层智慧监管的政策过程与创新机制：以东部沿海城市区级市场监管部门为例［J］. 中国行政管理，2019（8）.

［88］禹竹蕊. 新时代规制语境下市场监管体系的构建［J］. 社会科学家，2019（7）.

［89］张友连，胡洁林. 论法治营商环境中的"包容审慎"监管：基于《优化营商环境条例》的分析［J］. 浙江工业大学学报（社会科学版），2020（3）.

［90］张占斌. "十四五"期间优化营商环境的重要意义与重点任务［J］. 行政管理改革，2020（12）.

［91］张三保，康璧成，张志学. 中国省份营商环境评估：指标体系与量化分析［J］. 经济管理，2020（4）.

［92］张定安，彭云，武俊伟. 深化行政审批制度改革 推进政府治理现代化［J］. 中国行政管理，2022（7）.

［93］张鹏. 数字经济的本质及其发展逻辑［J］. 经济学家，2019（2）.

［94］张毅，王宇华，王启飞. "互联网＋"环境下的智慧监管模式［J］. 上海行政学院学报，2020，21（2）.

［95］张德淼，李林芳. 营商环境的数字化转型：生成逻辑与实践进路［J］. 北京行政学院学报，2023（6）.

［96］张劲松，卢兆梅，詹圣泽，等. 营商环境优化与城市空间格局的提升：以厦门为例［J］. 中国软科学，2020（10）.

［97］竺乾威. 什么样的政商关系才算既"亲"又"清"［J］. 人民论坛，2016（28）.

［98］周泽将，雷玲，伞子瑶. 营商环境与企业高质量发展：基于公司治理视角的机制分析［J］. 财政研究，2022（5）.

［99］Allcott, H, A. Collard-Wexler, and S. O'Connell. "How do electricity shortages affect industry? evidence from india," *American Economic Review*, 2016.

［100］Alm, J., T. Cherry, M. Jones, and M. McKee. "Taxpayer information assistance services and tax compliance behavior," *Journal of Econom-*

ic Psychology，2010.

[101] Carlson，V. "Studying firm locations: survey responses vs. econometric models," *Journal of Regional Analysis and Policy*，2000.

[102] Cirmizi，E.，L. Klapper，and M. Uttamchandani. "The challenges of bankruptcy reform," *World Bank Research Observer*，2012.

[103] Green，A.，and C. Moser. "Do property rights institutions matter at the local level? Evidence from Madagascar," *Journal of Development Studies*，2013.

[104] Geginat，C.，and R. Ramalho. "Electricity connections and firm performance in 183 countries," *Energy Economics*，2015.

[105] Immordino，G.，and F. F. Russo. "Cashless payments and tax evasion," *European Journal of Political Economy*，2018.

[106] Këlliçi，E.，and I. Baholli. "Mobile payments，driving economies in development countries toward less risky transactions and lowering informality," *European Academic Research*，2015.

[107] Melitz，M. J. "The impact of trade on intra-industry reallocations and aggregate industry productivity," *Econometrica*，2003.

[108] Tirole，J. "market failures and public policy," *American Economic Review*，2015.

[109] 25项最佳实践案例为浙江改革提供思路：营商环境新赛道上，怎样跑出加速度[N]. 浙江日报，2023—07—12.

[110] 国家发展改革委举行5月份新闻发布会介绍宏观经济运行情况并回应热点问题[N]. 中国人民政府网，2021—05—18.

[111] 蔡冬梅. 包头政商恳谈早餐会，吃出了什么"味道"？[N]. 光明网，2023—07—30.

[112] 数智观察：市场主体年均新增千万家小微市场快速增长折射发展信心[N]. 新华网，2021—07—30.

附录 首批在全国复制推广的营商环境创新试点改革举措清单

序号	改革事项	主要内容	主管单位	备注
一、进一步破除区域分割和地方保护等不合理限制				
1	开展"一照多址"改革	除直接涉及公共安全和人民群众生命健康的领域外,对于市场主体在住所以外开展经营活动、属于同一县级登记机关管辖的,允许在营业执照上加载新设立住所(经营场所)的地址,免于分支机构登记,实现"一张营业执照、多个经营地址"。鼓励有条件的地区在同一地级及以上城市范围内,探索开展企业跨县(市、区、旗)"一照多址"。改革后,相关部门加强事后核查和监管	市场监管总局等国务院相关部门	非试点地区可参考借鉴
2	便利企业分支机构、连锁门店信息变更	大型企业分支机构办理人员、经营范围不涉及新办许可证的信息变更时,在同一地级及以上城市范围内可视性集中同一办理	市场监管总局	非试点地区可参考借鉴
3	消除招标和政府采购领域对外地企业设置的隐性门槛和壁垒	清理取消要求投标单位必须在项目所在地或采购人所在地设立分公司或办事处等排斥外地投标人的行为,同步完善与统一开放的招标投标和政府采购市场相适应的监管模式	国家发展改革委、市场监管总局等国务院相关部门	在全国推行
4	推进客货运输电子证照跨区域互认与核验	推进各地制作和发放的道路运输从业人员从业资格证(道路客、货运)、道路运输经营许可证(道路客、货运)、道路运输证(道路客、货运)等3类电子证照全国互认,执法检查部门通过电子证照二维码在线核验、网站查询等方式核验电子证照真伪	交通运输部	在全国推行

续　表

序号	改革事项	主要内容	主管单位	备注
二、健全更加开放透明、规范高效的市场主体准入和退出机制				
5	拓展企业开办"一网通办"业务范围	将员工社保登记、住房公积金缴存登记等环节纳入"一网通办"平台，实现申请人一次身份认证后即可"一网通办"企业开办全部服务事项，并在设立登记完成后可随时通过"一网通办"平台办理任一企业开办服务事项。推进电子营业执照、电子发票、电子签章同步发放及应用，方便企业网上办事	市场监管总局、人力资源和社会保障部、住房城乡建设部、税务总局	在全国推行
6	进一步便利企业开立银行账户	探索整合企业开办实名验证信息、企业登记信息和银行开户备案信息，自然人、法人等通过线上平台申请企业营业执照时，经企业授权同意后，线上平台将有关基本信息和银行开户预约信息实时推送给申请人选定的开户银行，开户银行生成企业账户预约账号，并通过线上平台推送给税务、人力资源社会保障、住房公积金管理部门。开户银行根据预约需求，按规定为企业开立账户后，及时将相关信息通过线上平台推送至相关部门	市场监管总局、人民银行、公安部、人力资源和社会保障部、住房城乡建设部、税务总局	在全国推行
7	优化律师事务所核名管理	允许省级司法行政部门律师系统同司法部全国律师综合管理信息系统律师事务所名称数据库进行对接，对申请人申请的律师事务所名称，由省级司法行政部门作出名称预核准决定并报司法部备案，缩短核名时限	司法部	在全国推行
8	企业住所（经营场所）标准化登记	通过相关部门数据共享，建立标准化住所（经营场所）数据库，实现房屋产权证明、不动产权证书编号、路名等信息在线比对核验。建立健全住所（经营场所）负面清单管理制度，在办理住所登记的同时，防范虚假住所等突出风险	市场监管总局等国务院相关部门	非试点地区可参考借鉴
9	推行企业登记信息变更网上办理	通过企业开办"一网通办"平台完成登记注册的企业，可通过平台实现全程网上办理变更手续，企业登记的变更信息同步推送至相关部门，相关部门在办理后续业务时不再要求企业重复提交	市场监管总局等国务院相关部门	非试点地区可参考借鉴

续 表

序号	改革事项	主要内容	主管单位	备注
10	推行企业年度报告"多报合一"改革	相关部门可依法依规共享企业年度报告有关信息，企业只需填报一次年度报告，无需再向多个部门重复报送相关信息，实现涉及市场监管、社保、税务、海关等事项年度报告的"多报合一"	市场监管总局、人力资源和社会保障部、海关总署、税务总局	非试点地区可参考借鉴
11	探索建立市场主体除名制度	对被列入经营异常名录或被标记为经营异常状态满两年，且近两年未申报纳税的市场主体，商事登记机关对其做除名决定。除名后，市场主体应依法完成清算、办理注销登记，且不得从事与清算和注销无关的活动。被除名期间市场主体存续，并可对除名决定申请行政复议或提起行政诉讼	市场监管总局	非试点地区可参考借鉴
12	进一步便利破产管理人查询破产企业财产信息	允许破产管理人通过线上注册登录等方式，经身份核验后，依法查询有关机构（包括土地管理、房产管理、车辆管理、税务、市场监管、社保等部门和单位）掌握的破产企业财产相关信息，提高破产办理效率	最高人民法院、公安部、人力资源和社会保障部、自然资源部、住房城乡建设部、税务总局、市场监管总局等国务院相关部门	在全国推行
13	进一步完善破产管理人选任制度	允许破产企业的相关权利人推荐破产管理人，并由人民法院指定	最高人民法院	非试点地区可参考借鉴
三、持续提升投资和建设便利度					
14	推进社会投资项目"用地清单制度"	在土地供应前，可开展地质灾害、地震安全、压覆矿产、气候可行性、水资源论证、防洪、考古调查勘探发掘等评估，并对文物、历史建筑保护对象、古树名木、人防工程、地下管线等进行现状普查，形成评估结果和普查意见清单，在土地供应时一并交付用地单位。相关单位在项目后续报建或验收环节，原则上不得增加清单外的要求。改革后，相关单位提升评估的科学性、精准性及论证深度，避免企业拿地后需重复论证。同时，当项目外部条件发生变化，相关单位及时对评估报告等进行调整完善	国家发展改革委、自然资源部、住房城乡建设部、水利部、中国气象局、国家林草局、国家文物局、中国地震局、国家人防办等	非试点地区可参考借鉴

续 表

序号	改革事项	主要内容	主管单位	备注
15	分阶段整合相关测绘测量事项	按照同一标的物只测一次原则，分阶段整合优化测绘事项，推动将立项用地规划许可阶段勘测定界测绘、宗地测绘合并为一个测绘事项；将工程建设许可与施工许可阶段房产与测绘、人防面积测绘、定位测量、建设工程规划验线、正负零检测等事项，在具备条件的情况下进行整合。将竣工验收阶段竣工规划测量、用地复核测量、房产测量、机动车停车场（库）测量、绿地测量、人防测量、地下管线测量等事项，在具备条件的情况下进行整合。加快统一相关测绘测量技术标准，实现同一阶段"一次委托、成果共享"，避免对同一标的物的重复测绘测量	自然资源部、住房城乡建设部、交通运输部、国家人防办	非试点地区可参考借鉴
16	推行水电气暖等市政接入工程涉及的行政审批在线并联办理	对供电、供水、供气、供暖等市政接入工程涉及的建设工程规划许可、绿化许可、涉路施工许可等实行全程在线并联办理，对符合条件的市政接入工程审批实行告知承诺管理。改革后，有关行政审批部门加大抽查核验力度，对虚假承诺、违反承诺等行为实行惩戒	住房城乡建设部、公安部、自然资源部、交通运输部、国家电网有限公司、中国南方电网有限责任公司	非试点地区可参考借鉴
17	开展联合验收"一口受理"	对实行联合验收的工程建设项目，由住房城乡建设主管部门"一口受理"建设单位申请，并牵头协调相关部门限时开展联合验收，避免建设单位反复与多个政府部门沟通协调	住房城乡建设部、自然资源部、国家人防办	在全国推行
18	进一步优化工程建设项目联合验收	对实行联合验收的工程建设项目，根据项目类别科学合理确定纳入联合验收的事项，原则上未经验收不得投入使用的事项（如规划核实、人防备案、消防验收、消防备案、竣工备案、档案验收等）应当纳入联合验收，其他验收事项可根据实际情况纳入，并综合运用承诺制等多种方式灵活办理检验手续，提高验收率，减少企业等待时间，加快项目投产使用。改革后，相关主管部门和单位对未纳入联合验收的事项也要依申请及时进行验收，并优化验收流程，对验收时发现的问题及时督促建设单位整改	住房城乡建设部、自然资源部、国家人防办	在全国推行

续 表

序号	改革事项	主要内容	主管单位	备注
19	简化实行联合验收的工程建设项目竣工验收备案手续	对实行联合验收的工程建设项目，现场出具竣工联合验收意见书即视为完成竣工验收备案，不动产登记等相关部门在线获取验收结果，企业无需再单独办理竣工验收备案	住房城乡建设部、自然资源部、国家人防办	非试点地区可参考借鉴
20	对已满足使用功能的单位工程开展单独竣工验收	对办理了一张建设工程规划许可证但涉及多个单位的工程建设项目，在符合项目整体质量安全要求，达到安全使用的前提下，对已满足使用功能的单位工程采用单独竣工验收方式，单位工程验收合格后，可单独投入使用。改革后，有关部门建立完善单位工程竣工验收标准，加强风险管控，确保项目整体符合规划要求和质量安全	住房城乡建设部、自然资源部、国家人防办	在全国推行
四、更好支持市场主体创新发展				
21	健全知识产权质押融资风险分担机制和质物处置机制	健全政府引导的知识产权质押融资风险分担和补偿机制，综合运用担保、风险补偿等方式降低信贷风险。探索担保机构等通过债权转股权、反向许可、拍卖等方式快速进行质物处置，保障金融机构的融资债权	国家知识产权局、人民银行、国家版权局、国家金融监督管理总局	在全国推行
22	优化科技企业孵化器及众创空间信息变更管理模式	在科技部门线上信息服务系统中增设国家备案科技企业孵化器及众创空间信息变更申请、审批和修改功能，增设科技企业孵化器及众创空间所属区域变更修改功能。对于名称、场地面积、经营场所等信息变更，由省级科技主管部门审批同意后即可变更，并将变更信息推送至国家科技主管部门，国家科技主管部门对相关信息变更的情况开展抽查检查和事中事后监管	科技部	在全国推行
五、持续提升跨境贸易便利化水平				
23	优化进出口货物查询服务	利用国际贸易"单一窗口"为企业提供本企业进出口货物全流程查询服务。经企业授权和"单一窗口"平台认证，企业申报信息及海关部门处理结果信息可为金融机构开展融资、保险和收付汇等服务提供信用参考	海关总署、商务部	在全国推行
24	加强铁路信息系统与海关信息系统数据交换共享	加强铁路信息系统与海关信息系统数据交换共享，实现相关单证电子化流转，大力推广铁路口岸"快速通关"业务模式，压缩列车停留时间，提高通关效率	海关总署、国家铁路局、中国国家铁路集团有限公司	在全国推行

续 表

序号	改革事项	主要内容	主管单位	备注
25	推进水铁空多式联运信息共享	打破制约多式联运发展的信息壁垒，推进铁路、公路、水路、航空等运输环节信息对接共享，实现运力信息可查、货物全程实时追踪等，促进多种运输方式协同联动	交通运输部、海关总署、国家铁路局、中国民航局、国家邮政局、中国国家铁路集团有限公司	在全国推行
26	进一步深化进出口货物"提前申报""两步申报""船边直提""抵港直装"等改革	推进进出口货物"提前申报""两步申报"措施。在有条件的港口推进进口货物"船边直提"和"出口货物""抵港直装"	海关总署	在全国推行
27	探索开展科研设备、耗材跨境自由流动，简化研发用途设备和样本样品进出口手续	探索制定跨境科研用物资正面清单，对正面清单列明的科研设备、科研样本、实验试剂、耗材等科研物资（纳入出入境特殊物品风险管理的除外）实行单位实现承诺申报、海关便利化通关的管理模式，简化报关单申报、检疫审批、监管证件管理等环节。对国外已上市但国内尚未注册的研发医疗器械，准许企业在强化自主管理、确保安全的前提下提前进口，海关根据相关部门意见办理通关手续	科技部、商务部、国家卫生健康委、海关总署、市场监管总局	非试点地区可参考借鉴
六、维护公平竞争秩序				
28	清理设置非必要条件排斥潜在竞争者行为	清理取消企业在资质资格获取、招投标、政府采购、权益保护等方面存在的差别化待遇，清理通过划分企业等级，增设证明事项，设立项目库，注册、认证、认定等非必要条件排除和竞争限制的行为	国家发展改革委、市场监管总局等国务院相关部门	在全国推行
29	推进招标全流程电子化改革	拓展电子招标交易平台功能，推动平台与预算管理一体化系统信息共享，实行在线提交发票和工程款支付网上查询。加快推进开标评估、合同签订和变更等事项网上办理，实现招投标及合同管理全线上办理、全环节留痕	国家发展改革委、财政部等国务院相关部门	非试点地区可参考借鉴
30	优化水利工程投标手续	推行水利工程在发布招标公告时同步发售或者下载资格预审文件（或招标文件）。取消水利工程施工招标条件中"监理单位已确定"的条件	国家发展改革委、水利部	在全国推行

续 表

序号	改革事项	主要内容	主管单位	备注
七、进一步加强和创新监管					
31	在部分领域建立完善综合监管机制	理顺成品油、农产品等领域监管机制，明确监管责任部门，统一行业监管标准	商务部、农业农村部、市场监管总局等国务院相关部门	在全国推行
32	建立市场主体全生命周期监管链	在市场主体办理注册登记、资质审核、行政许可及接受日常监管、公共服务过程中，及时全面记录市场主体行为及信用信息，在此基础上推进分级分类"信用＋智慧"监管，实现企业信用信息全方位公示、多场景应用、全流程追溯	市场监管总局、国家发展改革委、人民银行等国务院相关部门	非试点地区可参考借鉴
33	在部分重点领域建立事前事中事后全流程监管机制	在食品药品、环境保护、水土保持、医疗卫生等重点领域，建立完善全链条、全流程监管体系，提高监管效能	国家发展改革委、生态环境部、住房城乡建设部、水利部、国家卫生健康委、市场监管总局、国家药监局等国务院相关部门	在全国推行
34	在税务监管领域建立"信用＋风险"监管体系	探索推进动态"信用＋风险"税务监控，简化无风险和低风险企业的涉税业务办理流程，提醒预警或直接阻断高风险企业的涉税企业办理，努力实现从"以票管税"向"以数治税"分类精准监管转变，全方位提高税务执法、服务和监管能力	税务总局	非试点地区可参考借鉴
35	实行特种设备作业人员证书电子化管理	指定特种设备作业人员电子证书，在纸质证书样式基础上加载聘用、违规行为等从业信息，实现与纸质证书并行使用。通过数据交换等方式将相关信息汇聚到地方市场监管部门平台并在线公示，加强对从业人员的管理	市场监管总局	非试点地区可参考借鉴

续表

序号	改革事项	主要内容	主管单位	备注
八、依法保护各类市场主体产权和合法权益				
36	建立健全政务诚信诉讼执行协调机制	探索建立政务诚信诉讼执行协调机制，由地方人民法院定期将涉及政府部门、事业单位失信被执行人信息定向推送给政务诚信牵头部门。政务诚信牵头部门负责协调推动有关单位执行人民法院判决结果，保障市场主体合法权益	最高人民法院、国务院办公厅、国家发展改革委、司法部	在全国推行
37	畅通知识产权领域信息交换渠道	建立商标恶意注册和非正常专利申请的快速处置联动机制。开展商标专利巡回评审和远程评审	国家知识产权局	在全国推行
九、优化经常性涉企服务				
38	简化检验检测机构人员信息变更办理程序	检验检测机构变更法定代表人、最高管理者、技术负责人，由检验检测机构自行修改资质认定系统人员信息，不需再到资质认定部门申请办理	市场监管总局	在全国推行
39	简化不动产非公证继承手续	法定继承人或受遗赠人到不动产登记机构进行登记材料查验，有第一顺序继承人的，第二顺序继承人无需到场，无需提交第二顺序继承人材料。登记申请人应承诺提交的申请材料真实有效，因承诺不实给他人造成损失的，承担相应法律责任	自然资源部	在全国推行
40	对个人存量房交易开放电子发票功能	推行个人存量房交易代开增值税电子发票服务，允许自然人网上缴税后获取增值税电子普通发票，推动实现企业全业务流程网上办理	税务总局、自然资源部	非试点地区可参考借鉴
41	实施不动产登记、交易和缴纳税费"一网通办"	推进全业务类型"互联网+不动产登记"，实施不动产登记、交易和缴纳税费"一窗受理、并行办理"。加快实施网上缴纳税费，推行税费、登记费线上一次收缴、后台自动清分入账（库）	自然资源部、财政部、住房城乡建设部、人民银行、税务总局	非试点地区可参考借鉴
42	开展不动产登记信息及地籍图可视化查询	依托互联网拓展不动产登记信息在线可视化检索和查询服务，任何人经身份验证后可在电子地图上依法查询不动产自然状况、权利限制状况、地籍图等信息，更大便利不动产转移登记，提高土地管理质量水平	自然资源部	非试点地区可参考借鉴
43	推行非接触式发放税务 UKey	探索向新办纳税人非接触式发放税务 UKey，纳税人可以向税务机关免费申领税务 UKey	税务总局、市场监管总局	在全国推行

续 表

序号	改革事项	主要内容	主管单位	备注
44	深化"多税合一"申报改革	探索整合企业所得税和财产行为税综合申报表，尽可能统一不同税种征期，实现多税种"一个入口、一张报表、一次申报、一次缴款、一张凭证"，进一步压减纳税人申报和缴税的次数	税务总局	非试点地区可参考借鉴
45	推行全国车船税缴纳信息联网查询与核验	向保险机构依法依规开放全国车船税缴纳情况免费查询或核验接口，便于车辆异地办理保险及缴税	税务总局、国家金融监督管理总局	在全国推行
46	进一步拓展企业涉税数据开放维度	推动地方税务局的欠税公告信息、非正常户信息和骗取退税、虚开发票等高风险纳税人名单信息，以及税务总局的行政处罚类信息等共享共用，进一步提高征管效能	税务总局	在全国推行
47	对代征税款实行实时电子缴税入库的开具电子完税证明	允许各地在实现代征税款逐笔电子缴税且实施入库的前提下，向纳税人提供电子完税证明	税务总局	非试点地区可参考借鉴
48	推行公安服务"一窗通办"	建设涉及治安、户政、交管等公安服务综合窗口，实行"前台综合收件、后台分类审批、统一窗口出件"，推进更多事项实现在线办理	公安部	非试点地区可参考借鉴
49	推进企业办事"一照通办"	通过政府部门内部数据共享等方式归集或核验企业基本信息，探索实行企业仅凭营业执照即可办理部分高频审批服务事项，无需提交政府部门通过信息共享可以获取的其他材料	市场监管总局等国务院相关部门	非试点地区可参考借鉴
50	进一步扩大电子证照、电子签章等的应用范围	在货物报关、银行贷款、项目申报、招投标、政府采购等业务领域推广在线身份认证、电子证照、电子签章应用，逐步实现在线政务服务互通互认，满足企业、个人在网上办事时对于身份认证、电子证照、加盖电子签章文档的业务需求。依托全国一体化政务数据共享枢纽，支持系统互联互通，推动政务服务数据有序共享。鼓励认证机构在认证证书等领域推广使用电子签章。支持水电气暖等公用事业企业通过政务服务平台，在线获取企业、个人办理业务所需的证照信息	国务院办公厅、国家发展改革委、公安部、财政部、人民银行、海关总署、市场监管总局、国家金融监督管理总局等国务院相关部门	非试点地区可参考借鉴

后 记

诚如德怀特·沃尔多所言，任何政治哲学都必须包括美好生活的讨论，任何公共行政学者都应该有自身对于美好社会的愿景。

从2015年开始，在对行政审批制度改革和政务服务中心建设研究的基础上，我开始着手进行"放管服"改革和优化营商环境专题研究。除了发表系列学术论文外，为满足身处改革一线部门的党员干部学习需求，我们团队还将世界银行营商环境评估指标体系和世界银行营商环境年度报告进行系统翻译，得到了实务部门和学界同人的高度评估。时至今日，我深感营商环境研究是我学术研究生涯的宝贵财富，通过研究这一标志性改革主题，可以深刻透视中国政府职能转变历程，深入理解新时代政府、市场与社会关系的调整变化，透过比较视野反观国际公共行政改革趋势，等等。

党的二十大报告提出了"营造市场化、法治化、国际化一流营商环境"的目标，并提出了"完善产权保护、市场准入、公平竞争、社会信用等市场经济基础制度"的改革方向，这成为新发展阶段我国优化营商环境的指导原则。然而，综观各高等学校公共管理专业课程体系，缺乏营商环境相关课程设置，更缺乏一部能够有效解释当代中国营商环境治理理论与实践的教材。为进一步深入推动营商环境研究，树立营商环境治理在公共管理领域的研究地位，我们团队决定编撰此部教材，以期丰富公共管理类专业课程体系，完善教学实践，帮助专业培养对象探索营商环境建设的基本规律、基本知识和基本方法，适应理论研究和实际工作活动的基本要求。

在本书的编撰工作中，南开大学朱光磊先生、清华大学韩冬雪先生给予我很多支持与帮助，对本书的命名与编撰思路提出宝贵的建议，师恩相伴，如沐春风。

本书是集体合作的成果。导论部分由李广文撰写，第一章由陈志超撰写，第二章由王鹏霖撰写，第三章由许飞撰写，第四章由陈志超撰写，第五章由张玉帅撰写，第六章由许飞撰写，第七章由蒋申超撰写，第八章由王鹏霖撰写，结语部分由李广文撰写，最后由李广文、蒋申超、宋林霖先后修改统稿。在此，对参编本书的科研人员表示由衷的感谢！

本书参阅了大量公共管理的专著与文献，吸收了近年来国内外本领域最新研究成果，在此谨对所有作者和译者一并致谢！

最后，感谢本书编辑、出版、发行等负责同志严谨高效地编辑与耐心细致地沟通。

营商环境研究所涉及的知识体系庞大，同时，营商环境的学理研究和实践具有较强的发展性和动态性。由于作者知识理解和掌握的局限性，本书的体系架构尚有不完善之处，内容也有待丰富，讹误和疏漏之处在所难免。敬请各位专家学者与广大读者批评指正。

希望本书能够为中国营商环境建设事业尽绵薄之力！

宋林霖

2024 年 11 月